权威·前沿·原创

皮书系列为

“十二五”“十三五”“十四五”时期国家重点出版物出版专项规划项目

GREEN BOOK

智库成果出版与传播平台

中国社会科学院创新工程学术出版资助项目

农村绿皮书

GREEN BOOK OF RURAL AREA

中国农村经济形势分析与预测（2022~2023）

ANALYSIS AND FORECAST ON CHINA'S RURAL ECONOMY (2022-2023)

主　编 / 魏后凯　王贵荣

副主编 / 李国祥　孙同全　韩　磊

社会科学文献出版社
SOCIAL SCIENCES ACADEMIC PRESS (CHINA)

图书在版编目(CIP)数据

中国农村经济形势分析与预测．2022~2023／魏后凯，王贵荣主编．--北京：社会科学文献出版社，2023.4

（农村绿皮书）

ISBN 978-7-5228-1664-7

Ⅰ．①中…　Ⅱ．①魏…　②王…　Ⅲ．①农村经济发展-经济分析-中国-2022-2023②农村经济发展-经济预测-中国-2022-2023　Ⅳ．①F323

中国国家版本馆 CIP 数据核字（2023）第 060485 号

农村绿皮书

中国农村经济形势分析与预测（2022~2023）

主　　编／魏后凯　王贵荣

副 主 编／李国祥　孙同全　韩　磊

出 版 人／王利民

组稿编辑／邓泳红

责任编辑／宋　静

责任印制／王京美

出　　版／社会科学文献出版社·皮书出版分社（010）59367127

地址：北京市北三环中路甲 29 号院华龙大厦　邮编：100029

网址：www.ssap.com.cn

发　　行／社会科学文献出版社（010）59367028

印　　装／天津千鹤文化传播有限公司

规　　格／开 本：787mm×1092mm　1/16

印 张：21.5　字 数：323 千字

版　　次／2023 年 4 月第 1 版　2023 年 4 月第 1 次印刷

书　　号／ISBN 978-7-5228-1664-7

定　　价／128.00 元

读者服务电话：4008918866

《中国农村经济形势分析与预测（2022~2023）》编委会

主要编撰者简介

魏后凯　经济学博士，中国社会科学院农村发展研究所所长、研究员，第十三、十四届全国人大农业与农村委员会委员，国务院学位委员会农林经济管理学科评议组成员，中国社会科学院大学特聘课程主讲教授、博士生导师。兼任中国社会科学院城乡发展一体化智库常务副理事长，中国农村发展学会会长、中国林牧渔业经济学会会长，中国区域经济学会副会长、中国城市经济学会副会长，中央农办、农业农村部乡村振兴专家咨询委员会委员，研究领域为区域经济、城镇化与农村发展。

王贵荣　管理学博士，国家统计局农村社会经济调查司司长，高级统计师，新疆农业大学博士生导师。长期从事宏观经济研究、区域经济研究及农村统计工作，多次主持或参与国家重大项目研究，出版专著《新疆奶业结构、行为与绩效研究》，组织参与我国粮食供需平衡表、粮食安全等研究工作，先后在国内核心期刊发表多篇论文和研究报告。

李国祥　农学博士，中国社会科学院农村发展研究所研究员、食物经济研究室主任，中国社会科学院大学教授、农产品市场与贸易方向博士生导师，全国政协参政议政人才库特聘专家、农业农村部农产品市场预警专家组成员、国家粮食安全政策咨询委员会委员。长期从事粮食安全研究和中国农业农村经济形势跟踪分析，为年度报告《中国农村经济形势分析与预测》（农村绿皮书）撰写报告20多年，发表论文和研究报告多篇，出版《中国粮食安全评论》等专著。

孙同全 管理学博士，中国社会科学院农村发展研究所研究员、农村金融研究室主任，中国社会科学院大学教授、博士生导师。兼任中国农村发展学会秘书长、中国社会科学院贫困问题研究中心副秘书长。主要研究方向为农村金融、普惠金融、合作金融、减贫等。

韩 磊 管理学博士，中国社会科学院农村发展研究所副研究员、农村产业经济研究室副主任，兼任中国林牧渔业经济学会副秘书长。主要研究方向为粮食安全、农产品市场、奶业经济，主持完成国家社科基金、人社部留学人员择优资助课题多项，公开发表学术论文和研究报告多篇。

前　言

《中国农村经济形势分析与预测》（以下称“农村绿皮书”）初版于1993年，是由中国社会科学院农村发展研究所和国家统计局农村社会经济调查司共同组织编撰的年度系列研究报告，2023年出版的是第31本。“农村绿皮书”以年度农村经济形势分析与预测为特色，主要是对上一年度农业农村经济运行和市场状况进行客观评价分析，并对当年农业农村经济形势和发展趋势进行展望，在此基础上根据国家战略和社会需求对一些重大和热点问题进行专题研究，为中国农业农村经济研究、决策和实践提供重要参考。

“农村绿皮书”（2022~2023）继续秉承客观公正、科学中立的宗旨和原则，关注中国农业农村经济发展中的重大和热点问题，在翔实数据分析的基础上，力求得出深刻且具有前瞻性和指导意义的观点与结论。全书包括总报告、专题篇和热点篇三个部分。总报告重点分析了2022年中国农业农村经济的运行特点、市场状况和重要进展，对2023年的发展趋势和主要指标进行了预测，并在此基础上提出了保障粮食等稳定安全供给及高质量发展乡村产业的对策建议。专题篇共有7篇研究报告，着重对2022年农业农村经济重要领域的变化和2023年走势进行深入评价分析，其内容涵盖了农村居民收入与消费状况、农业生产与价格运行状况、种植业与林牧渔业经济的发展状况以及农业对外开放形势等。热点篇共有8篇研究报告，着重对保障粮食作物供种安全、构建多元化食物供给体系、发展新型农村集体经济、创新农村土地增值收益分配机制、完善粮食主产区利益补偿机制、治理耕地撂荒、建设宜居宜业和美乡村、健全农村金融服务体系等重大和热点问题进行深入探讨。需要说明的是，本报告中提出的各种观点均为作者个人观点，不代表作者所在机构或部门。

本报告的总体框架结构经过多次集体讨论，并广泛征求了相关方面的意见。参与报告撰写的作者中，除了中国社会科学院农村发展研究所和国家统计局农村社会经济调查司、住户调查司的人员之外，还有国家林业和草原局、中国水产科学研究院、全国农业技术推广服务中心、南京财经大学等机构的研究人员。在全书编撰和出版的过程中，魏后凯、李国祥、孙同全、韩磊分别对报告进行了审校，赵黎翻译并校核了全书英文部分，韩磊、孙同全承担了具体组织协调工作，彭华、秦轲参与了支持协调等工作。全部书稿由韩磊、孙同全、李国祥统稿，最后由魏后凯审定。

本报告的编辑出版，得到了中国社会科学院科研局、中国社会科学院创新工程办、社会科学文献出版社以及国家有关部门的大力支持和帮助，在此表示衷心感谢！

魏后凯

2023 年 3 月 18 日

摘　要

2022年农业农村经济支撑作用显著。全年第一产业增加值88345亿元，比上年实际增长4.1%，对GDP实际增长的贡献率为9.9%，比2021年增加3.2个百分点；第一产业实际增长拉动GDP实际增长0.7%，比上年增加0.2个百分点。农林牧渔业固定资产投资增长4.2%，农副食品加工业固定资产投资增长15.5%，食品制造业固定资产投资增长13.7%。乡村消费品零售额59285亿元，与上年持平；其在全社会消费品零售总额中所占比重上升到13.5%，比2021年增加0.1个百分点。

2022年粮油棉生产结构进一步优化。全年粮食总产量68652万吨，比上年增产367万吨，增长0.5%。粮食增产的贡献全部来源于粮食播种面积的稳定增加。全年粮食播种面积11833万公顷，比上年增加70万公顷，增长0.6%。大豆扩种成效明显，全年大豆播种面积1024万公顷，比上年增加183万公顷，增长21.7%；大豆产量达2028万吨，增产388万吨，增长23.7%。2022年油料棉花不同程度增产。全年油料产量3653万吨，比上年增加41万吨，增长1.1%；棉花产量598万吨，比上年增加25万吨，增长4.3%。

2022年肉禽蛋奶和水产品产量普遍稳定增长。全年猪牛羊禽肉产量9227万吨，比上年增加340万吨，增长3.8%。其中，猪肉产量5541万吨，比上年增加245万吨，增长4.6%；牛肉产量718万吨，比上年增加20万吨，增长3.0%；羊肉产量525万吨，比上年增加11万吨，增长2.0%；禽肉产量2443万吨，比上年增加63万吨，增长2.6%。水产品产量6869万吨，比上年增加179万吨，增长2.7%。其中，养殖水产品产量5568万吨，比上年增加174万吨，增长3.2%。

2022年农产品进出口总额继续扩大。全年农产品进出口总额3343亿美元，比上年增加302亿美元，增长9.9%。其中，农产品出口983亿美元，增加139亿美元，增长16.5%；农产品进口2361亿美元，增加162亿美元，增长7.4%；农产品国际贸易逆差1378亿美元，比上年增加23亿美元，增长1.7%。

2022年多数农产品进口量较大幅度减少。全年进口粮食14687万吨，比上年减少1767万吨，下降10.7%；食用植物油进口量减少到648万吨，比上年减少391万吨，下降37.6%；棉花进口194万吨，比上年减少21万吨，下降9.8%。全年进口肉类（包括杂碎）740万吨，比2021年减少198万吨，下降21.0%。其中，进口猪肉176万吨，比上年减少195万吨，下降52.6%。

2022年农产品及食品价格总体波动幅度较小。全年农产品生产者价格比上年上涨0.4%，食品消费价格上涨2.8%。农产品生产者价格及食品消费价格总体虽然稳定或者波动幅度较小，但结构性差异十分显著。食品消费价格呈现结构性波动态势，带来居民食品烟酒消费支出名义增长速度既大于居民消费价格上涨幅度，又大于居民人均消费支出增长速度。全国居民食品烟酒人均消费7481元，比上年增长4.2%，高出居民消费价格指数2.2个百分点，高出居民人均消费支出增速2.4个百分点，进一步导致居民恩格尔系数不降反升。全国居民恩格尔系数30.5%，比上年上升0.7个百分点。

2022年农村居民人均可支配收入增长速度高于经济增长速度。全年农村居民人均可支配收入20133元，实际增长4.2%，增速比2021年下降5.5个百分点。农村居民人均可支配收入实际增速虽然明显回落，但仍高于GDP实际增速1.2个百分点。对农村居民增收贡献最多的仍然是工资性收入。农村居民人均工资性收入8449元，增长6.2%，对农村居民增收贡献率为40.9%；农村居民人均经营净收入对农村居民增收贡献率明显提高，农村居民人均经营净收入6972元，增长6.2%。农村居民人均经营净收入对农村居民增收贡献率上升到33.7%，比2021年提高6.6个百分点。城乡间居民收入分配状况继续改善。全年农村居民人均可支配收入比城镇居民人均可支配收入实际增速高2.3个百分点，城乡居民收入比为2.45，比上年下降0.05。

展望2023年，尽管仍然面临国际环境的不确定性等挑战，但促进农业农村经济合理运行和高质量发展的有利因素显著增多，农林牧渔业发展总体继续保持良好态势，乡村消费和农村投资增长，主要农产品价格将保持在合理区间运行，对经济社会稳定和发展支撑作用持续显现。预测2023年第一产业增加值将超过9万亿元，增长4%；粮食总产量将突破6.9亿吨，其中玉米产量将达到2.9亿吨左右，大豆产量将超过2100万吨。粮食生产结构进一步优化；猪牛羊禽肉产量将达到9500万吨；农产品进出口规模将超过3500亿美元，农产品出口超过1000亿美元，农产品进口超过2500亿美元，主要农产品进口量呈现增长态势；农产品及食品价格波动幅度总体有限但结构性波动与波动短期化态势延续，农产品生产者价格将回落3%左右，食品消费价格上涨3%左右；农村居民人均可支配收入增加到2.2万元左右，增长约10%，城乡居民收入比将进一步下降到2.40，比2022年下降0.05。

关键词： 农业农村经济　农产品供给　农业强国　高质量发展

目 录

I 总报告

II 专题篇

Ⅲ 热点篇

总报告

General Report

G.1 2022年中国农业农村经济形势分析及2023年展望与预测

总报告课题组*

摘　要： 2022年，农业农村经济有效支撑经济社会稳定与发展。第一产业增加值8.8万亿元，实际增长4.1%，对GDP实际增长贡献率为9.9%；农副食品加工业固定资产投资增长15.5%；乡村消费品零售额5.9万亿元，保持基本稳定，占全社会消费品零售总额比重上升0.1个百分点。粮食总产量68652万吨，比上年增加367万吨。其中，大豆产量2028万吨，比上年增加388万吨。粮食增产的贡献全部来源于粮食播种面积的稳定增加，全年粮食播种面积11833万公顷，比上年增加70万公顷。猪牛羊禽肉产量9227万吨，比上年增加340万吨，其中猪肉产量5541万吨，比上年增加245万吨。粮油和肉类等主要农产品进口量明显减少，但是，全年

* 执笔人：李国祥（博士，中国社会科学院农村发展研究所研究员、食物经济研究室主任，中国社会科学院大学博士生导师）。本报告仅代表课题组观点，主要是执笔人观点，与课题组成员所属机构及研究资料来源部门无关。本报告审定：魏后凯。

农产品进出口总额3343亿美元，比上年增加302亿美元。农产品及食品价格总体波动幅度较小，农产品生产者价格比上年上涨0.4%，玉米等价格运行对农民增收有利；食品消费价格上涨2.8%。展望2023年，中国农业农村经济运行面临的有利因素显著增多，高质量发展态势进一步显现，第一产业增加值将超过9万亿元；粮食总产量将达6.9亿吨，其中大豆产量将达2100万吨，猪牛羊禽肉产量近1亿吨；农产品进出口规模将进一步扩大，总额超过3500亿美元；农产品生产者价格将回落3%左右，食品消费价格上涨3%左右，农产品及食品价格结构性波动与波动短期化态势会延续；农村居民人均可支配收入达2.2万元，城乡居民收入比下降到2.4，农村内部居民间收入分配状况将得到改善。

关键词： 农业农村经济　农产品生产　农产品国际贸易　农产品价格　农民收入

一　2022年中国农业农村经济运行及其发展特征分析

2022年，多重超预期因素冲击中国农业农村经济运行。国内新冠疫情散发多发重发，极端异常灾害天气影响一些地区农业生产，农业生产资料价格上涨压力大，农产品市场预期反复变化，经济下行带来农民外出务工困难。国际上俄乌冲突、美元波动、西方国家严重通货膨胀以及国际农产品市场剧烈波动等严重影响中国农产品国际贸易和国内市场供给与价格运行。中国通过高效统筹疫情防控与经济社会发展，强化粮食安全党政同责，加大农业政策支持力度，推进农业高质量发展，农业农村经济运行和发展取得显著成效。2022年，第一产业增加值以及农业农村部分领域部分行业固定资产投资较快增长，乡村消费保持稳定，农业农村经济发展总体对GDP增长拉动明显；主要农产品普遍增产，有效应对国际农产品市场剧烈波动，为实现中国宏观经济稳物价目标和改善全球粮食安全作出积极贡献；农民收入继续较快增长，农民增收韧性显现，城乡居民收入差距进一步缩小，脱贫攻坚成果巩固拓展，守住了防止脱贫人口规模性返贫底线。

（一）农业农村经济支撑作用显著

第一产业增加值增长对经济增长拉动明显。2022 年，第一产业增加值 88345 亿元①，比上年实际增长 4.1%，虽然实际增速回落了 3.0 个百分点，但高于 GDP 实际增长 1.1 个百分点，对 GDP 实际增长的贡献率为 9.9%，比上年增加 3.2 个百分点。第一产业稳定增长，对促进经济社会稳定提供有力支撑，对缓解经济下行压力作出积极贡献。2022 年，第一产业实际增长拉动 GDP 实际增长 0.7%，比上年增加 0.2 个百分点。第一产业增加值实际增长，对 GDP 实际增长无论是贡献率还是拉动率，都是近 5 年较高的（见表 1）。按当年价格计算，第一产业增加值在 GDP 中比重为 7.3%，与 2021 年持平。

表 1　2018~2022 年 GDP 实际增长与第一产业增加值实际增长及其贡献和拉动情况

单位：%

年份	GDP 较上年实际增长	第一产业增加值		
		较上年实际增长	贡献率	拉动 GDP 实际增长
2018	6.7	3.5	4.1	0.3
2019	6.0	3.1	3.9	0.2
2020	2.2	3.1	10.4	0.2
2021	8.1	7.1	6.7	0.5
2022	3.0	4.1	9.9	0.7

注：贡献率指第一产业增加值增量与 GDP 增量之比；拉动 GDP 实际增长指 GDP 实际增长速度与第一产业贡献率之乘积。

资料来源：《中国统计年鉴（2022）》和《中华人民共和国 2022 年国民经济和社会发展统计公报》。

① 本报告第一部分分析中国农业农村经济形势所选用的每一产业增加值、国内农产品产量、价格、收入消费和支出等数据，除特别注明外，都来源于国家统计局网站和公开出版的相关年鉴。在计算数据时对小数进位操作存在差异可能导致小数位不完全一致，特此说明。另外，由于本报告选择的数据直接来源不同，其数据值存在一定差异。为了尊重原数据真实性，课题组原则上不进行调整。

农产品加工业投资较快增长。针对国内有效需求不足等突出矛盾，国家提前实施部分“十四五”规划重大工程项目，加快地方政府专项债券发行使用，各地推进宜居宜业和美乡村建设，涉农领域顺应三产融合发展大势，强化水电路等农村基础设施短板和薄弱环节建设，持续推进高标准农田建设，新建一批优势特色产业集群、国家现代农业产业园、农业产业强镇，以及国家农村产业融合发展示范园，持续实施农村低收入群体危房改造和抗震改造，有效地带动了固定资产投资，虽然第一产业固定资产投资基本稳定，但食品加工业固定资产投资高速增长。2022 年，第一产业固定资产投资比上年增长 0.2%，农林牧渔业固定资产投资增长 4.2%，农副食品加工业固定资产投资增长 15.5%，食品制造业固定资产投资增长 13.7%。食品相关制造业投资增长快，为农业农村经济发展增添了后劲，对扩大内需和促进农民增收等都产生了积极影响。

财政对农业农村领域固定资产投资发挥重要作用。2022 年中央财政安排 1096 亿元支持全国建设高标准农田 1 亿亩，全国财政投入高标准农田建设力度进一步加大①（见图 1）。根据《关于 2022 年中央和地方预算执行情况与 2023 年中央和地方预算草案的报告》，2022 年，国家财政支持新建 50 个国家现代农业产业园、40 个优势特色产业集群、200 个农业产业强镇，打造 400 个红色美丽村庄，带动社会对农业农村投资，促进乡村产业发展和乡村全面振兴。

农村消费基本稳定。受多重超预期因素冲击，全社会消费总体出现滑坡。尽管 2022 年全社会消费品零售总额比上年略有下降，但粮油食品销售规模继续保持较快增长。2022 年，限额以上单位粮油食品类零售额 18668 亿元，比上年增长 8.7%。按城乡分，2022 年，乡村消费品零售额 59285 亿元，与上年持平。城镇消费品零售额有所下滑，使乡村消费品零售额在全社会消费品零售总额中所占比重上升到 13.5%，比 2021 年增加 0.1 个百分点。

乡村人口继续减少。2022 年末，乡村常住人口 49104 万人，比上年减少 731 万人；乡村人口占总人口比重下降到 34.8%（城镇化率为 65.2%），

① 《2022 年底全国已累计建成 10 亿亩高标准农田》，《人民日报》2023 年 1 月 16 日。

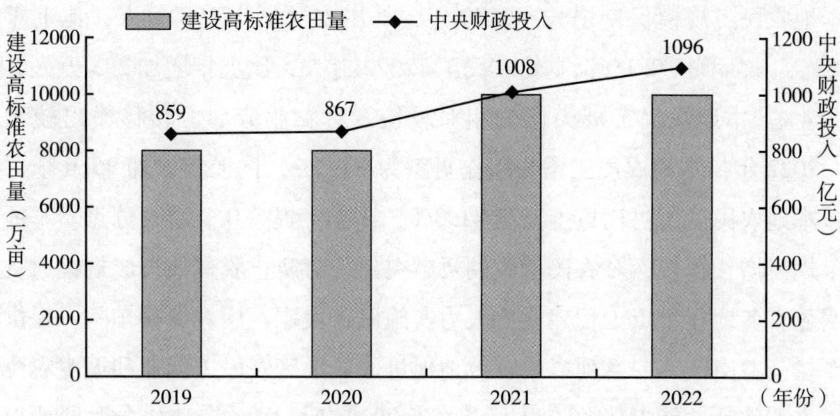

图 1　2019 年以来中央财政投入高标准农田建设情况

资料来源：《2022 年底全国已累计建成 10 亿亩高标准农田》，《人民日报》2023 年 1 月 16 日。

比上年减少 0.5 个百分点。乡村人口年度减少规模不足 1000 万人，这是 1998 年以来的首次。2022 年是 1996 年以来乡村人口在总人口中所占比重年度下降幅度少于 1 个百分点的第 2 个年份。乡村人口规模缩小减缓，除与新冠疫情在全国多地反复散发和经济增长下行压力不减等短期影响因素有关外，还与人口增长及城镇化进入新阶段等直接相关，与实施乡村振兴战略增强了农村对人口的吸引力也有关系，这些因素会长期对乡村人口迁移产生影响。乡村人口数量减少减缓态势明显，意味着乡村人口分布将进入相对稳定阶段，这对于因村施策推进宜居宜业和美乡村建设具有重要参考意义。乡村人口数量减少及其全国总人口数量减少，对粮食等供给及其产能势必也会带来影响，国家在实施粮油产能提升行动时需要充分考虑这一基本国情的变化。

全国农民工规模继续扩大。乡村人口减少，一个重要原因是农民工外出务工及其带来乡村人口的迁移。第一季度往往是农民工外出务工的黄金期，因一些地方新冠疫情散发重发，农民工外出务工受到严重不利影响。各地采取积极措施，帮助农民工解决困难，最终实现外出农民工数量基本稳定，回乡留乡农民工就近就地就业数量继续增长。2022 年，农民工总量 29562 万人，比上年增加 311 万人，增长 1.1%。其中，外出农民工规模基本稳定，而本地农民工规模保持增长。2022 年，外出农民工 17190 万人，比上年增加 18 万人，增长 0.1%；本地农民工 12372 万人，比上年增加 293 万人，增长 2.4%。本地农民工规模增长相对较快，对农业劳动力转移作出较大贡献。2022 年，本地农民工增长所作贡献为 94.2%，比上年增加 25.0 个百分点；本地农民工所占比重上升到 41.3%，比上年提高 0.7 个百分点。本地农民工规模增长较快，对农民增收的贡献突出，对防止脱贫人口成规模返贫成效明显。各地在重点工程建设中大力实施以工代赈，用好帮扶车间，提供更多乡村公益岗位，一系列举措有效地促进脱贫地区农民工就业和返乡农民工等重点群体就地就近就业。根据《关于 2022 年国民经济和社会发展计划执行情况与 2023 年国民经济和社会发展计划草案的报告》，2022 年脱贫人口务工规模达 3278 万人，比上年增加 133 万人，实现了政府工作报告确定的稳中有增目标。

2022 年，农业农村经济运行和发展在保障粮食及其他食品供给和扩大国内需求方面作用突出，第一产业对经济增长贡献和拉动增多，食品加工业固定资产投资增长快，粮食和重要农产品市场供给充裕，对物价总体稳定发挥支撑作用，对有效避免国内市场过度收缩和消费过度下滑发挥积极作用。城镇化不断推进，乡村人口加快减少，农民工就业形势变化，这些都将对农业农村经济运行和发展带来深远影响。值得注意的是，以青壮年劳动力为主的外出农民工规模不断扩大，势必改变乡村人口结构、加快农村高龄化。

（二）主要农作物生产总体稳定

面对各种不利因素，各地各部门积极采取有效措施加以应对，为保障全年粮食丰收和重要农作物产品生产稳定发展发挥重要积极作用。针对秋汛给夏收小麦带来的不利影响，各地加强后期田间管理，夏粮获得丰收。面对夏季长江流域和华南部分省份较长时间高温干旱等严重自然灾害，以及新冠疫情影响备耕春播夏播秋播和收获，各地不误农时抢抓粮食播种和收获，各级行政主管部门督促和协调农机通行，保障农事活动有序开展。针对化肥等农业生产资料价格上涨，国家调控市场和进出口，并分三批向种粮农民发放农资补贴。一系列举措行之有效。

粮食产量创历史新高。2022 年，粮食总产量 68652 万吨（见表 2），比上年增产 367 万吨，增长 0.5%。其中，受播种面积减少和单产下降双重影响，稻谷产量 20850 万吨，减产 534 万吨，下降 2.0%；因单产提高幅度大于播种面积减少幅度，小麦产量 13772 万吨，增产 78 万吨，增长 0.6%；因增产地区单产提高明显，有效地抵消了播种面积减少影响，玉米产量 27720 万吨，增产 465 万吨，增长 1.7%；因播种面积较大幅度增加，大豆产量 2028 万吨，增产 388 万吨，增长 23.7%。

表 2　2022 年粮食及四大作物生产情况

作物	产量		播种面积		单产	
	数量(万吨)	增长(%)	数量(万公顷)	增长(%)	数量(公斤/公顷)	增长(%)
粮食	68652	0.5	11833	0.6	5801.6	-0.1
稻谷	20850	-2.0	2945	-1.6	7079.6	-0.5
小麦	13772	0.6	2352	-0.2	5855.9	0.8
玉米	27720	1.7	4307	-0.6	6436.1	2.3
大豆	2028	23.7	1024	21.7	1980.3	1.6

资料来源：《中国统计年鉴（2022）》和《国家统计局关于 2022 年粮食产量数据的公告》。

粮食增产的贡献全部来源于粮食播种面积的稳定增加。2022 年，粮食播种面积 11833 万公顷，比上年增加 70 万公顷，增长 0.6%，粮食播种面积增速高于粮食总产量增速 0.1 个百分点。大豆扩种成效明显，大豆播种面积增加较多。全年大豆播种面积 1024 万公顷，比上年增加 183 万公顷，增长 21.7%。大豆播种面积增加的主要来源，一是压实粮食安全党政同责后各地粮食播种面积总体扩大，二是一些地方减少谷物播种面积。全年谷物播种面积 9927 万公顷，比上年减少 91 万公顷，下降 0.9%。其中，稻谷播种面积 2945 万公顷，减少 47 万公顷，下降 1.6%；小麦播种面积 2352 万公顷，减少 5 万公顷，下降 0.2%；玉米播种面积 4307 万公顷，减少 25 万公顷，下降 0.6%。整体来看，随着居民食物消费不断升级，稻谷等口粮消费不断下降，而大豆等需求不断扩大，调减稻谷种植，扩大大豆种植，是适应消费需要、优化粮油种植结构的体现，有助于提高耕地资源配置综合效益。

粮食作物单产略有下降。主要受粮食中大豆种植面积扩大较多且大豆单产不及粮食单产一半从而拉低粮食单产等影响，2022 年，粮食单产每公顷 5801.6 公斤，比上年下降 0.1%。其中，主要受夏季南方异常高温干旱影响，稻谷单产每公顷 7079.6 公斤，下降 0.5%；在克服冬小麦生产多种不利影响后，小麦单产每公顷 5855.9 公斤，提高 0.8%；多地生产条件总体有利，玉米单产每公顷 6436.1 公斤，提高 2.3%；各地采取积极措施争创大豆高产，大豆单产每公顷 1980.3 公斤，提高 1.6%。

粮食稳产保供的核心在于保持粮食播种面积总体稳定、内部种植结构优化，以稳定粮食种植面积应对极端灾害天气等不确定性。粮食安全党政同责不断压实，各省份承担着粮食种植面积稳定的责任。2022 年，各地都积极稳定粮食种植面积，全国 31 个省份粮食播种面积都比 2021 年有所扩大。其中，新增粮食播种面积超过 10 万公顷的是黑龙江和四川，分别增加 13.2 万公顷和 10.6 万公顷，分别增长 0.9%和 1.7%。新增粮食播种面积不足 1 万公顷的省份较多，包括天津、上海、安徽、福建、江西、河南、湖北、湖南、广西、海南、贵州、西藏、青海和宁夏。粮食播种面积增加不明显的省份多数属于几乎没有扩种潜力和缺乏后备耕地资源的情形。

按粮食产销关系划分的三大区域中，粮食产销平衡区对粮食增产的贡献最大。2022 年，主产区 13 个省份粮食总产量 53718 万吨，比上年增产 115 万吨，增长 0.2%；主产区粮食增产对全国粮食增产贡献 31.3%；主产区粮食总产量占全国的 78.2%，比上年下降 0.3 个百分点。主销区 7 个省份粮食总产量 2965 万吨，比 2021 年增产 30 万吨，增长 1.0%；主销区粮食增产对全国粮食增产贡献 8.2%；主销区粮食总产量占全国的 4.3%，与 2021 年持平。产销平衡区 11 个省份粮食总产量 11970 万吨，比 2021 年增产 223 万吨，增长 1.9%；产销平衡区粮食增产对全国粮食增产贡献 60.5%；产销平衡区粮食总产量占全国的 17.4%，比 2021 年提高 0.3 个百分点。按产销关系划分的不同区域，粮食都实现了增产，单纯地通过粮食总产量的贡献未必能全面反映不同区域对保障国家粮食安全的贡献。

进一步地，从不同区域粮食播种面积变化态势来看，主产区对全国粮食扩种面积贡献最大。2022 年，主产区 13 个省份粮食播种面积 8903 万公顷，比上年增加 46 万公顷，增长 0. 5%；主产区粮食扩种面积对全国粮食播种面积增加的贡献率为 65. 7%。主销区 7 个省份粮食播种面积 494 万公顷，比 2021 年增加 6 万公顷，增长 1. 2%；主销区粮食扩种面积对全国粮食播种面积增加的贡献率为 8. 5%。产销平衡区 11 个省份粮食播种面积 2437 万公顷，比 2021 年增加 18 万公顷，增长 0. 7%；产销平衡区粮食扩种面积对全国粮食播种面积增加的贡献率为 25. 8%。2022 年，粮食主产区、主销区和产销平衡区粮食扩种面积占全国比重基本稳定，分别为 75. 2%、4. 2%和 20. 6%。主产区粮食扩种面积显著多于其他地区，表明挖掘粮食生产能力的关键仍然在粮食主产区。

综合来看，2022 年小麦和玉米市场行情对种粮农民有利。同时，为了确保粮食丰收，在稳定粮食补贴的基础上，中央财政先后发放实际种粮农民一次性补贴 400 亿元。为了克服极端灾害天气不利影响，中央财政及时提供救助，支持专业化社会化服务发展，提升粮食生产规模经营水平，农民种粮收益显著提高。2022 年粮食平均每公顷收益 13515 元，比上年增长 9. 4%。其中冬小麦平均每公顷收益 12975 元，增长 29. 5%；玉米平均每公顷收益 14970 元，增长 12. 9%。大豆收益略有下降，2022 年大豆平均每公顷收益 9450 元，下降 1. 0%。

大豆扩种和增产成效显著，关键在于政策支持。2021 年底，中央农村工作会议明确提出要扩种大豆。2022 年中央一号文件明确实施大豆等产能提升工程，通过大豆支持政策，稳定大豆生产者补贴，创新技术措施，在黄淮海、西北、西南地区推广玉米大豆带状复合种植，在东北地区开展粮豆轮作；开展稻改豆、盐碱地种植大豆试点或者示范。根据财政部等部门提供的资料①，自 2022 年始，国家选择内蒙古自治区 4 个旗县和黑龙江 6 个县开展

① 《财政部、农业农村部、银保监会联合开展大豆完全成本保险和种植收入保险试点》，财政部网站，2022 年 5 月 27 日。

为期 3 年的大豆完全成本保险和种植收入保险试点。完全成本保险的赔付金额覆盖物化成本、土地成本和人工成本等生产总成本，种植收入保险的赔付金额体现农产品价格和产量损失的补偿。至于选择完全成本保险还是种植收入保险，由种豆农民自主决策。2022 年，农业农村行政管理部门还在全国开展了大豆高产竞赛，其中新疆创造了春播大豆亩产 442 公斤、江苏夏播大豆亩产 368 公斤和山东复合种植大豆亩产 165 公斤的高产纪录①。

油料小幅度增产。2022 年，油料产量 3653 万吨，比上年增加 41 万吨，增长 1.1%。为了扩种油料，国家加大了油料生产大县奖励力度；近年来，花生和油菜籽等油料价格不断上涨且保持高位运行，油料播种面积扭转了下滑态势，但受耕地资源限制，油料播种面积增加十分有限。2022 年，油料播种面积 1314 万公顷，比上年增加 4 万公顷，增长 0.3%，对油料增产贡献率为 28.5%。油料增产主要来源于单产水平的提高。2022 年，油料单产每公顷 2780 公斤，比上年增加 22 公斤，增长 0.8%，对油料增产贡献率为 71.5%。

棉花明显增产。2022 年，棉花产量 598 万吨，比上年增加 25 万吨，增产 4.3%。其中，棉花种植面积 300 万公顷，比上年减少 3 万公顷，下降 0.9%；棉花单产每公顷 1992 公斤，比上年增加 100 公斤，提高 5.3%。棉花增产全部来源于单产水平提高。分区域来看，虽然长江流域夏季遭受严重干旱造成棉花减产，但是新疆棉花种植面积减少势头放缓，而新疆地区气候条件有利于棉花增产。受结构调整影响，新疆部分棉区改种玉米和大豆等粮食作物，2022 年新疆棉花种植面积 250 万公顷，比上年减少 9 万公顷。尽管新疆棉花种植面积减少，但黄河流域棉区种植面积减少幅度较大，新疆棉花种植面积仍占全国的 83.2%，比上年上升 0.5 个百分点；新疆棉花单产每公顷 2159 公斤，比全国棉花单产每公顷高出 167 公斤；新疆棉花总产量 539 万吨，占全国的 90.2%，比上年提升 0.7 个百分点。正是新疆棉花增产及其占全国产量比重超过 90%的贡献，带来全国棉花明显增产。

糖料产量略有减产。2022 年，糖料产量 11444 万吨，比上年减产 7 万

---

① 《农业农村部公布 2022 年全国大豆高产竞赛结果》，农业农村部网站，2022 年 12 月 30 日。

吨。其中，糖料播种面积 147 万公顷，比上年扩大 10 万公顷；受广西甘蔗主产区生产季节晴热少雨等不利影响，糖料单产每公顷 77850 吨，比上年下降 689 吨。

（三）养殖业生产持续发展

多年来，中国养殖业主要根据社会需求、依靠市场力量发展。在养殖动物中，相关主管部门通常以能繁母猪产能为核心对生猪生产和猪肉市场进行调控，以稳定猪肉价格，保护和平衡生猪生产者和猪肉消费者利益。从市场运行结果看，生猪和猪肉调控措施迫切需要进一步改善。总体上说，面对饲料价格上涨和养殖动物及其产品需求变化带来的市场波动，各类养殖主体以动物防疫为中心，加大科技创新力度，提高养殖效率，2022 年肉禽蛋奶和水产品产量普遍稳定增长，其中猪牛羊禽肉产量 9227 万吨，比上年增加 340 万吨，增长 3. 8%。

猪肉产量继续增加。2022 年，生猪生产进一步扩大，猪肉产量 5541 万吨，比上年增加 245 万吨，增长 4. 6%。近年来，中国猪肉产量及其价格波动明显。分析猪肉产量变化，一个重要目的是探讨生猪价格运行态势变化的供给端原因。2022 年，猪肉增产幅度明显大于猪肉进口减少幅度，全年猪肉供给总体趋于宽松，虽然可以解释年度生产者价格总体进一步下跌的原因，却无法解释年内不同时间段生猪价格剧烈波动，而从生猪存栏、补栏和猪肉产量来看，每季度之间仍然存在较大差异，这在一定程度上可以解释年内不同时间段生猪价格呈现剧烈波动的原因。

从猪肉产量来看，每个季度猪肉产量存在明显差异。2022 年，第一季度猪肉产量最高，达 1561 万吨，同比增长 14. 0%，是四个季度中最高的；第三季度猪肉产量最低，为 1211 万吨，同比增长 0. 7%，增速也是四个季度最低的（见表 3）；第一季度猪肉产量比第三季度猪肉产量多出 28. 9%。在生猪产能相对过剩和猪肉供给增加的情况下，不同季度猪肉产量存在明显差异，反映猪肉消费季度间有差别，即淡季、旺季之分。猪肉需求季度间存在差异，要求生猪产能和出栏、存栏以及补栏量不能按一个常量进行调控。

表 3　2022 年按季度生猪补栏存栏及猪肉产量情况

季度	本期补栏量		出栏生猪产肉量		本期猪肉产量		期末存栏量	
	数量（万头）	同比增长(%)	数量（公斤/头）	同比增长(%)	数量（万吨）	同比增长(%)	数量（万头）	同比增长(%)
第一季度	16897	-6.6	79.8	-0.1	1561	14.0	42253	1.6
第二季度	17825	-5.8	81.0	-0.2	1378	2.4	43057	-1.9
第三季度	16780	9.6	78.4	0.8	1211	0.7	44394	1.4
第四季度	18827	-1.4	77.4	0.7	1391	0.9	45256	0.7

资料来源：农业农村部网站。

2022 年第三季度甚至到 11 月生猪和猪肉供给相对偏紧，这与第三季度猪肉产量全年最低密切相关。按习惯，第三季度和第四季度往往是一年中猪肉消费逐渐扩大的季节。出现生猪与猪肉供给不足，与生猪前期补栏量、期末存栏量、本期出栏数量及其个体重量密切相关。第二季度末生猪存栏 43057 万头，同比下降 1.9%；第三季度可出栏生猪减少，即使出栏生猪产肉量由第二季度每头 81.0 公斤下降到第三季度每头 78.4 公斤，即表明生猪出栏进程明显加快，但仍然没有避免第三季度猪肉产量明显下滑势头。第三季度可出栏生猪减少，重要原因是前期生猪补栏量不足。第一、二季度生猪补栏量分别为 16897 万头和 17825 万头，同比分别下降 6.6%和 5.8%。可见，生猪和猪肉市场调控，除了重视能繁母猪存栏量调节外，还需要关注其他先行指标。

牛羊肉产量继续稳定增产。多年来，受市场需求扩大影响，牛羊肉价格不断上涨并保持高位运行，中国牛羊养殖持续发展，牛羊肉产量总体保持稳定增长。2022 年，牛肉产量突破 700 万吨，达到 718 万吨，比上年增加 20 万吨，增长 3.0%；羊肉产量 525 万吨，比上年增加 11 万吨，增长 2.0%。牛羊肉产量增产，保障了市场供应，促进了处于高位的价格回落。牛奶增产较多。2022 年，牛奶产量 3932 万吨，比上年增加 249 万吨，增长 6.8%。牛奶增产较多，促进了奶类生产者价格稳定运行。

禽类产品生产进一步扩大。2022 年，禽肉产量 2443 万吨，比上年增加 63 万吨，增长 2.6%；禽蛋产量 3456 万吨，比上年增加 47 万吨，增长 1.4%。

水产品生产持续稳定发展。在养殖水产品生产较快增长和捕捞水产品产量基本稳定的情况下，2022 年水产品产量 6869 万吨，比上年增加 179 万吨，增长 2.7%。其中，受前期养殖水产品价格上涨并保持高位运行以及渔业绿色发展深入推进等影响，养殖水产品产量 5568 万吨，比上年增加 174 万吨，增长 3.2%；养殖水产品增产贡献达 97.1%，占全部水产品产量的 81.1%，比 2021 年进一步提升 0.4 个百分点。养殖渔业绿色发展，有效缓解了渔业转型和禁渔限渔增多等带来的捕捞水产品减少产生的市场缺口。

（四）主要农产品进口量减少

2022 年，尽管中国农产品国际贸易规模较大幅度扩大，农产品国际贸易逆差小幅度扩大，但是多数农产品进口量较大幅度减少。为了承担更多国际义务，中国采取有力措施扩大农业生产，粮油等农产品对外依存度下降。同时，面对国际农产品市场价格在俄乌冲突后急剧上涨，中国加强风险管理，避免经济损失，国际贸易企业也积极减少主要农产品进口量。

农产品进出口总额继续扩大。根据中华人民共和国海关总署数据①，2022 年，中国农产品进出口总额 3343 亿美元，比上年增加 302 亿美元，增长 9.9%。其中，农产品出口 983 亿美元，增加 139 亿美元，增长 16.5%；农产品进口 2361 亿美元，增加 162 亿美元，增长 7.4%。全年农产品进出口继续扩大，主要是由国际农产品价格上涨所致。根据商务部数据，2022 年中国农产品出口价格指数为 104.1，物量指数为 100.0；进口农产品价格指数为 115.9，物量指数为 89.4。

由于美元升值，用人民币计价的农产品进出口金额增速高于用美元计价的农产品进出口金额增速。全年人民币平均汇率 1 美元兑 6.7261 元人民币，比 2021 年贬值 4.1%。人民币贬值，加上国际农产品市场价格上涨，都对扩大农产品出口产生影响。用人民币计价，2022 年，农产品国际贸易逆差

---

① 除特别注明出处外，本报告农产品进出口数据来源于中华人民共和国海关总署。

9187 亿元，比上年增加 427 亿元，增长 4.9%。其中，农产品出口 6560 亿元，增加 1110 亿元，增长 20.4%；农产品进口 15746 亿元，增加 1537 亿元，增长 10.8%。全年农产品进出口总额 22306 亿元，增加 2647 亿元，增长 13.5%。农产品进出口总额与第一产业国内生产总值比值达 25.2%，比 2021 年上升 1.6 个百分点。尽管国际农产品市场出现剧烈波动，国际贸易不确定性增多，但中国没有放缓农业对外开放步伐，没有改变农产品国际贸易较快扩大态势。

农产品国际贸易逆差小幅度扩大。2022 年，农产品国际贸易逆差 1378 亿美元，比上年增加 23 亿美元，增长 1.7%。主要农产品进口量明显减少，而农产品进出口逆差继续扩大，进口农产品价格上涨是主要原因。受进出口农产品价格涨幅差异等影响，中国主要出口农产品国际贸易顺差较大幅度减少。根据商务部口径和数据，2022 年，中国出口各类水产品、蔬菜和水果及其制品顺差合计金额 61 亿美元，比上年减少 50 亿美元，下降 44.8%。

中国出口农产品种类更加趋于分散化。农产品出口总体分散，相对比较集中的主要有水产品、蔬菜和水果类产品及制品。根据商务部口径和数据，2022 年，中国出口水、海产品 122 亿美元，比上年增加 12 亿美元，增长 10.5%；出口水产品制品 99.0 亿美元，减少 2 亿美元，下降 1.5%。各类水产品及其制品出口额占农产品出口总额的 22.5%，下降 2.5 个百分点。全年出口食用蔬菜 102 亿美元，增加 1 亿美元，增长 0.9%；出口食用水果及坚果 55 亿美元，减少 8.5 亿美元，下降 13.5%；出口蔬菜、水果、坚果等制品 100 亿美元，增加 17 亿美元，增长 20.5%。出口各类蔬菜和水果及其制品总额占农产品出口总额的 26.1%，下降 3.2 个百分点。

粮食进口量较大幅度减少。2022 年，中国进口粮食 14687 万吨，比上年减少 1767 万吨，下降 10.7%。小麦和稻谷及大米、高粱等进口量增加，而玉米、大豆和大麦等进口量减少。其中，进口小麦 996 万吨，比上年增加 19 万吨，增长 1.9%；大米进口 619 万吨，比上年增加 123 万吨，增长 24.8%；进口玉米 2062 万吨，比上年减少 773 万吨，下降 27.3%；进口大豆9108万吨，比上年减少544万吨，下降5.6%；进口大麦576万吨，比上年减少672万吨，下降53.8%。玉米进口量大幅度减少，主要是中国从乌克兰进口玉米量大幅度减少所致。根据商务部数据，2022年，中国从乌克兰进口玉米526万吨，比上年减少297万吨，下降36.1%。

2022年，大米进口增长较快，大米进口量超过进口配额，主要原因之一是印度大米价格较低从而形成较强的国际竞争力。根据商务部网站数据，2022年，中国从印度进口大米218万吨，比上年增加109万吨，增长100.1%；海关进口单价每吨356.3美元，比上年提高14.4美元，上涨4.2%。进口印度大米价格不仅明显低于国内大米价格，而且明显低于进口泰国等大米价格。2022年，中国从泰国进口大米80万吨，比上年增加16万吨，增长25.5%；海关进口单价每吨573.1美元，比上年降低31.9美元，下降5.3%。进口泰国大米海关价格是进口印度大米海关价格的1.6倍。

小麦、玉米和大米实际进口量全面超过关税配额量。根据国家发展改革委员会网站公布的资料，中国小麦、玉米和大米的关税配额量分别为963.6万吨、720万吨和532万吨。2022年，中国小麦进口量与关税配额量百分比为103.4%（见表4），比上年提升2.0个百分点；玉米进口量与关税配额量百分比为286.4%，比上年回落107.4个百分点；大米进口量与关税配额量百分比为116.4%，比上年上升23.2个百分点。

表4　2018~2022年中国三大主粮关税配额与实际进口量情况

单位：万吨，%

年份	实际进口量			实际进口量与关税配额量百分比		
	小麦	玉米	大米	小麦	玉米	大米
2018	310	352	308	32.2	48.9	57.9
2019	349	479	255	36.2	66.5	47.9
2020	838	1130	294	87.0	156.9	55.3
2021	977	2835	496	101.4	393.8	93.2
2022	996	2062	619	103.4	286.4	116.4

资料来源：中华人民共和国海关总署及国家发展和改革委员会。

中国从美国等国家进口的玉米和大豆明显减少。中国从美国进口的玉米和大豆，既受进口价格影响，也受双边经贸关系和美国玉米、大豆出口形势影响。近年来，美国为了应对国内严重的通货膨胀，明显减少玉米和大豆等农产品出口。根据中国商务部提供的数据，2022 年，中国从美国进口的农产品价格比上年上涨 29.9%，中国从美国进口玉米和大豆量分别位列中国对应农产品进口量的第一位和第二位，进口量分别为 1487 万吨和 2953 万吨，比上年分别下降 25.0%和 8.6%。受出口国遭遇自然灾害造成大豆减产和价格上涨等影响，中国从巴西和阿根廷进口大豆量分别为 5439 万吨和 365 万吨，比 2021 年分别下降 6.5%和 2.7%（见表 5）。

表 5　2018 年以来中国大豆进口量及其前三位国家进口量情况

单位：万吨

年份	中国进口大豆量	进口量第一国家		进口量第二国家		进口量第三国家	
		国家名称	进口量	国家名称	进口量	国家名称	进口量
2018	8803	巴西	6608	美国	1664	加拿大	179
2019	8851	巴西	5767	美国	1694	阿根廷	879
2020	10032	巴西	6428	美国	2587	阿根廷	746
2021	9658	巴西	5815	美国	3230	阿根廷	375
2022	9108	巴西	5439	美国	2953	阿根廷	365

资料来源：商务部网站 2017~2022 年农产品进出口月度资料。

食用植物油进口大幅度减少。受国际食用植物油价格大幅度上涨影响，2022 年食用植物油进口量减少到 648 万吨，比上年减少 391 万吨，下降 37.6%。其中，进口豆油 34 万吨，减少 78 万吨，下降 69.1%；进口棕榈油 341 万吨，减少 124 万吨，下降 26.8%；进口菜籽油及芥籽油 106 万吨，减少 109 万吨，下降 50.7%（见图 2）。全年进口食用植物油海关均价每公斤 9.4 元，比上年提高 2.6 元，上涨 37.6%。其中，进口豆油海关均价每公斤 9.5 元，提高 3.4 元，上涨 55.4%；进口棕榈油海关均价每公斤 8.0 元，提高 2.2 元，上涨 38.1%；进口菜籽油及芥籽油海关均价 10.4 元，提高 3.2 元，上涨 44.5%。

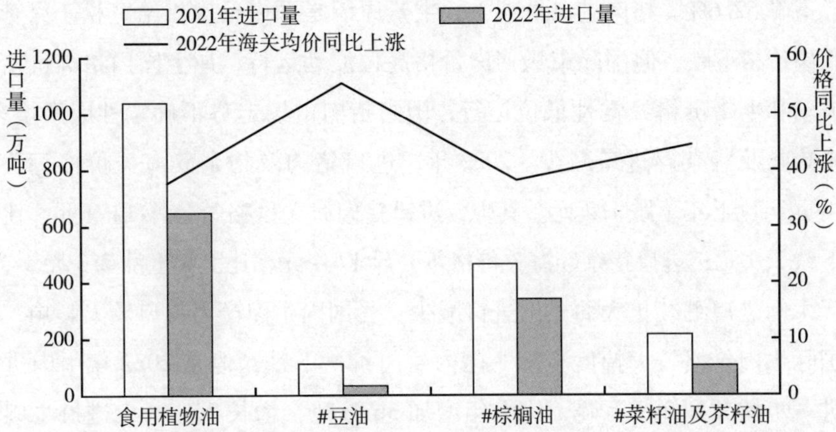

图 2　2021 年和 2022 年食用植物油进口量及 2022 年海关均价同比上涨幅度

资料来源：中华人民共和国海关总署。

进口棕榈油量减少最多，除受国际市场价格大幅度上涨影响外，还与最大出口国印度尼西亚采取限制出口措施等有关。根据商务部网站资料，全年从印度尼西亚进口棕榈油 250 万吨，比上年减少 112 万吨，下降 30.9%。从印度尼西亚进口的棕榈油减少量占全年食用植物油及棕榈油进口减少量的比重分别为 28.6%和 90.2%。随着中国推进高水平农业对外开放，促进农产品国际贸易和全球农产品产业链稳定显得极其迫切，进一步强化国家对食用植物油等进口依存度较高农产品调控力度对于保供稳价格外重要。

棉花进口量明显减少。2022 年，棉花进口 194 万吨，比上年减少 21 万吨，下降 9.8%。棉花进口量减少，受到国内棉花需求下降和进口棉花价格较大幅度上涨影响。全年棉花进口海关价格每吨 17975 元，比 2021 年提高 5598 元，上涨 45.2%。

食糖进口量减少。2022 年，食糖进口 527 万吨，比上年减少 40 万吨，下降 6.9%。食糖进口减少，既受到市场需求不振影响，也受到进口价格上涨影响。全年进口食糖海关价格每吨 3275 元，比上年上涨 25.9%。

猪肉进口量大幅度减少。2022 年，猪肉及猪杂碎进口 286 万吨，比上年减少 214 万吨，下降 42.8%。其中，猪肉进口 176 万吨，比上年减少 195 万吨，下降 52.6%。猪肉进口量减少，主要原因是国内猪肉供给宽松。尽管进口猪肉价格下跌，但国际市场猪肉价格高位波动运行，加上国内猪肉价格剧烈波动和生猪价格经常性低位运行，国内猪肉市场走势不确定性因素增多，带来猪肉及猪杂碎进口减少。2022 年，进口猪肉及猪杂碎海关价格每公斤 15.8 元，比上年下跌 1.2 元。其中，进口猪肉海关价格每公斤 14.9 元，比上年下跌 2.9 元；进口猪杂碎海关价格每公斤 17.4 元，比上年上涨 2.3 元。

牛肉进口继续扩大而羊肉进口减少。受国内牛肉产需缺口较大影响，尽管国际牛肉价格较大幅度上涨，国内牛肉价格下跌，但是 2022 年牛肉进口量进一步扩大到 269 万吨，比上年增加 36 万吨，增长 15.3%；进口牛肉海关价格每公斤 44.1 元，同比上涨 27.4%。受国内羊肉供给较充裕等影响，2022 年进口羊肉降到 36 万吨，比上年减少 5 万吨，下降 12.8%；进口羊肉海关价格每公斤 38.4 元，同比下跌 2.6%。

在肉类进口中，除牛肉进口量增加和猪肉、羊肉进口量减少外，禽肉进口量也减少，从而肉类进口量呈现总体较大幅度减少的特点。2022 年，进口禽肉 58 万吨，比上年减少 16.2%。全年进口肉类（包括杂碎）740 万吨，比 2021 年减少 198 万吨，下降 21.0%。

食用水产品国际贸易顺差大幅度减少。2022 年，食用水产品国际贸易顺差 32 亿美元，比上年减少 40 亿美元，下降 56.1%。受国内市场需求扩大影响，食用水产品出口量有所下降，出口金额虽然继续增长，但食用水产品进口却大规模增加。全年出口食用水产品 369 万吨，比上年减少 5 万吨，下降 1.2%；出口食用水产品 225 亿美元，比上年增加 10 亿美元，增长 4.6%。进口食用水产品 437 万吨，比上年增加 74 万吨，增长 20.6%；进口食用水产品金额 194 亿美元，比上年增加 50 亿美元，增长 34.9%。

（五）农产品及食品价格呈现结构波动态势

农产品及食品价格总体波动幅度较小。2022 年，农产品生产者价格比上年上涨 0.4%。农产品生产者价格总体虽然稳定，但结构性差异十分显著，分品种分时间段的波动程度差异十分明显。不同品种在不同时间段上波动方向和波动程度差异明显，最终结果显示出总体较小波动的特点。年内不同时间段生产者价格波动幅度最大的是生猪。

稻谷等生产者价格回落，小麦等生产者价格涨幅较大，玉米和大豆等生产者价格小幅度上涨。部分农产品及食品价格年内不同时间段波动明显，不同季节棉花等生产者价格剧烈波动。

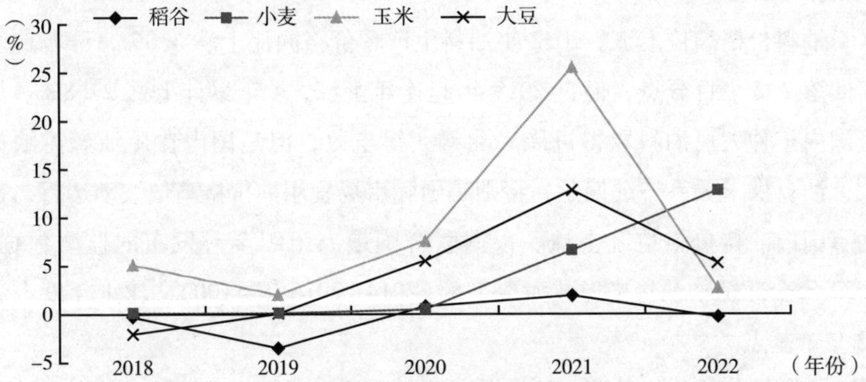

图 3　四大粮食作物生产者价格同比涨幅

资料来源：2022 年《中国农产品价格调查年鉴》及本书 G3。

小麦生产者价格涨幅进一步扩大，玉米和大豆生产者价格保持高位运行。2022 年，小麦生产者价格同比上涨 12. 8%，涨幅比上年扩大 6. 2 个百分点；玉米生产者价格同比上涨 2. 7%，虽然涨幅比上年回落 22. 8 个百分点，但玉米生产者价格自 2018 年起连年呈现上涨态势，5 年累计上涨 48. 7%；大豆生产者价格同比上涨 5. 3%，涨幅比上年回落 7. 5 个百分点，但大豆生产者价格自 2020 年起连续呈现上涨态势，3 年累计上涨 25. 3%，价格高点时较 2019 年同期上涨幅度超过 50%。小麦生产者价格涨幅扩大，玉米和大豆生产者价格高位运行，对农民增收发挥积极作用。特别地，大豆生产者价格持续上涨，对改善大豆种植效益及大豆扩种具有积极影响。受市场供给宽松影响，2022 年稻谷生产者价格同比下降 2. 2%。受 2021 年马铃薯市场价格明显下跌以及马铃薯产区灾害偏重等影响，2022 年薯类生产者价格同比上涨 7.7%。

除小麦外，多数粮食作物产品生产者价格涨幅回落，从而带动谷物价格涨幅整体较大幅度回落。2022 年，谷物生产者价格同比上涨 4.3%，涨幅比上年回落 9.5 个百分点。在谷物价格涨幅回落影响下，农业产品生产者价格涨幅也明显回落，全年农业产品生产者价格同比上涨 2.9%，涨幅比上年回落 7.7 个百分点。

油料价格高位上涨。2022 年油料生产者价格同比上涨 5.0%，涨幅比上年回落 2.2 个百分点，但自 2019 年起连年上涨，4 年累计上涨 27.8%。尽管国内扩种大豆油料取得进展，油料获得丰收，但是国内食用油产需缺口大，油料供求关系持续偏紧，特别是国际市场食用油价格高位波动运行，带动了国内油料价格持续上涨。根据联合国粮农组织 2 月发布的监测数据，2022 年全球植物油价格指数为 187.8（2014~2016 年=100），比上年度上涨 22.9 个基点。

全球植物油价格上涨，除了受近几年主要生产国遭遇严重自然灾害冲击油料减产影响外，还与美国等国家将植物油或者其原料用于生产加工生物能源有很大关系。生物能源发展，扩大了植物油及其原料需求，使其供求关系严重偏紧，加上一些植物油及其原料出口国采取限制出口措施，以及俄乌冲突，导致国际植物油价格较大幅度上涨，对中国油料价格产生了传导效应。根据联合国粮农组织 2 月发布的监测数据，从 2020 年到 2022 年全球植物油价格累计上涨 88.9%。比较而言，国内油料生产者价格涨幅明显低于全球食用油价格涨幅。

棉花价格涨幅总体较大幅度回落。2022 年，棉花生产者价格同比上涨 2.9%，涨幅比上年回落 14.4 个百分点。尽管全年棉花价格总体涨幅较小，但受国际国内经济形势变化对棉花需求影响，不同季节棉花价格波动幅度差异明显。第一、二季度棉花生产者价格同比分别上涨 28.2%和 11.4%，而第四季度棉花生产者价格同比下跌 20.5%，第一季度和第四季度波位差达 48.7 个百分点。第四季度棉花价格较大幅度下跌，虽然受到国内棉花增产影响，但棉花季度间剧烈波动，主要不是由国内棉花生产和供给变化造成的，因为全年棉花进口量增量与棉花国内增产量基本相当，棉花供给基本稳定。全面来看，第三季度后全球经济复苏乏力和国内经济运行下行压力加大等带来需求急剧变化及预期转弱，直接影响棉花收购季价格走势，反映棉花价格受很多不确定性因素影响。

糖料价格呈现波动性上涨态势。2022 年，糖料生产者价格同比上涨 4.5%，涨幅比上年扩大 3.6 个百分点。受国际食糖价格上涨影响，国内糖料生产者价格第一、二季度同比分别上涨 3.2%和 6.8%；收获季开始后，国内糖料有所减产，且进口量下降，糖料价格呈现上涨态势。第四季度糖料生产者价格同比上涨 4.8%。

畜产品价格总体继续回落。2022 年，尽管禽类产品价格上涨，但受猪牛羊价格全面回落主导，饲养动物及其产品生产者价格同比下跌 4.3%，但跌幅比上年收窄 13.6 个百分点。不同种类饲养动物及其产品价格在不同时间段运行态势差异十分显著，特别是生猪价格波动短期化态势显著。

生猪价格总体继续下降。2022 年，生猪生产者价格同比下跌 9.8%，跌幅比上年收窄 25.3 个百分点。生猪价格不仅年际波动剧烈，而且年内不同时间段波动幅度也较大。第一、二季度生猪生产者价格同比分别下跌 51.3%和 25.9%，而第三、四季度生猪生产者价格同比分别上涨 36.1%和 42.1%（见表 6），第四季度和第一季度生猪生产者价格波位差达 93.4 个百分点。生猪生产者价格年内剧烈波动在农产品价格运行中极其罕见。由于生猪产值占畜牧业产值比重一般都超过 40%，比重高的年份甚至接近 50%，且生猪价格波动幅度大，因此，生猪生产者价格运行态势基本上主导着饲养动物及其产品生产者价格运行态势。

表 6　2022 年分季度饲养动物及其产品生产者价格同比涨幅

单位：%

季度	饲养动物及其产品	生猪	活牛	活羊	活家禽	禽蛋	奶类
第一季度	-25.3	-51.3	-1.0	-4.0	-0.7	4.8	0.8
第二季度	-11.7	-25.9	-2.6	-11.7	1.6	7.6	-0.3

续表

季度	饲养动物及其产品	生猪	活牛	活羊	活家禽	禽蛋	奶类
第三季度	15.4	36.1	-2.4	-8.3	7.5	6.8	-0.1
第四季度	25.2	42.1	-1.9	-4.5	6.8	10.0	-0.3

资料来源：国家统计局网站。

针对猪肉市场价格剧烈波动，政府反复使用猪肉收储工具进行调节。2022 年 7 月前，针对猪肉价格过度下跌，国家启动了多轮中央冻猪肉储备收储工作，7 月后，针对生猪价格高位波动运行并呈现上涨态势，相关部门又加大了政策性储备猪肉供应，鼓励生猪扩大再生产，增加了猪肉市场供应，部分缓解了猪肉市场价格较大幅度上涨压力。从供给端探讨猪肉价格年内不同时间段剧烈波动，根本原因还在于不同时间段生猪补栏、存栏、出栏等与市场需求不匹配，有时甚至出现调控信号带来的滞后效应与调控目标相悖的矛盾。2022 年 8 月生猪价格较大幅度上涨，特别是仔猪价格水平超过能繁母猪价格，相关主管部门发出的预警信号与实际情况不完全契合。

活牛活羊价格几年来首次出现小幅度下跌。2022 年，活牛生产者价格同比下跌 1.9%，这是自 2018 年以来的首次；活羊生产者价格同比下跌 6.7%，这是 2017 年以来的首次，反映了牛肉羊肉市场供求关系的改变。近年来，饲料粮价格上涨并高位波动运行，牛羊养殖成本理应上升，但养殖成本并未推动牛羊肉价格上涨。与生猪价格季度间涨跌不一致，活牛活羊价格全年呈现回落运行态势。全年四个季度活牛生产者价格同比跌幅在 1%～2.6%，活羊生产者价格同比跌幅在 4%～11.7%，活羊价格下跌幅度明显大于活牛。尽管活牛活羊价格回落，但仍处于高位，养殖者利润仍较丰厚。牛奶继续较大幅度增产，2022 年不同季度奶类价格涨跌幅度较小，介于 -0.1%～0.8%。

禽类产品价格继续上涨。受养殖成本增加等因素影响，2022 年活家禽与禽蛋生产者价格连续第二年上涨，同比分别上涨 3.8%和 7.3%，活家禽和禽蛋生产者价格两年累计分别上涨 8.7%和 23.9%。分季度来看，除第一季度外，第二、三、四季度活家禽生产者价格同比都呈现上涨态势，涨幅介于1.6%~7.5%。每个季度禽蛋生产者价格都呈现上涨态势，涨幅介于4.8%~10.0%。家禽和禽蛋价格上涨，有效地补偿了饲料价格上涨带来的新增成本，并促进了家禽养殖及其产品效益提升，特别是禽蛋价格累计上涨幅度较大，对于进一步扩大家禽生产和增加禽类产品供给具有积极意义。

水产品价格基本稳定。2022年，在养殖水产品增产主导的影响下，尽管海水捕捞产品生产者价格涨幅逐季不断扩大，但全年渔业产品生产者价格同比上涨0.4%，涨幅比上年缩小7.6个百分点。其中，海水捕捞和养殖产品生产者价格同比分别上涨2.3%和1.1%，淡水养殖产品生产者价格下跌0.7%。全年不同季度渔业产品价格波动幅度也较小，介于-0.5%~2.5%。除第四季度海水捕捞渔业产品生产者价格同比涨幅7.5%外，多数季度养殖渔业产品生产者价格波动幅度在2.5%以内。

城乡居民食品消费价格总体上涨幅度较小。在国内农产品价格运行总体稳定的支撑下，2022年，食品烟酒消费价格同比上涨2.4%，其中食品消费价格上涨2.8%。与农产品生产者价格运行类似，食品消费价格运行呈现结构性波动态势。从构成来看，粮食和奶类等消费价格运行整体较稳定，食用油、蛋类和鲜果消费价格涨幅较大，而猪肉和羊肉等消费价格整体呈现下跌态势。不同季节鲜菜等消费价格波动明显。

粮食消费价格小幅度上涨。受成本上升推动和粮食供求关系改变等因素影响，2022年粮食消费价格同比上涨2.8%，这是第四年连续上涨，累计上涨5.7%。从具体时间段来看，年内多数月份粮食消费价格环比呈现小幅度上涨的态势，因而对消费者来说，对粮食消费价格上涨的总体感觉并不明显。粮食消费价格呈现小幅度上涨态势，与国际粮食价格短期内剧烈波动形成鲜明对比，这与国家对粮食消费市场有效调控密切相关。

食用油消费价格继续上涨。中国食用油对外依存度高，在国际食用油价格较大幅度上涨拉动下，国内食用油消费价格连续4年上涨，2022年食用油消费价格同比上涨5.8%，涨幅比上年收缩1.1个百分点。食用油消费价格4年累计上涨20.6%。

猪肉消费价格总体进一步回落。受生猪价格运行影响，猪肉消费价格总体回落，但不同时间段运行方向和波动幅度差异较大。2022 年，猪肉消费价格同比下跌 6.8%，其中 2 月猪肉消费价格同比下跌 42.5%，10 月猪肉消费价格同比上涨 51.8%。受供求关系改变影响，2022 年牛肉和羊肉消费价格同比分别上涨 0.9%和下跌 3.7%，波动幅度明显低于猪肉消费价格。在猪肉消费价格运行主导下，全年畜肉类消费价格同比下跌 4.3%。

水果消费价格运行总体呈现涨幅扩大态势。2022 年鲜果消费价格同比上涨 12.9%，其中，3 月鲜果消费价格同比上涨 4.3%，7 月鲜果消费价格同比上涨 16.9%，9 月鲜果消费价格同比上涨 17.8%。蔬菜消费价格总体涨幅不大，但不同时间段波动显著。2022 年蔬菜消费价格同比上涨 2.8%，其中，4 月蔬菜消费价格同比上涨 24.0%，11 月蔬菜消费价格同比下跌 21.3%。

蛋类消费价格涨幅较大。受成本上升和周期性波动等影响，2022 年蛋类消费价格同比上涨 7.2%，年内 4 月蛋类消费价格同比上涨幅度曾达 12.1%。奶类消费价格同比上涨 0.8%，其运行继续呈现稳定态势。

面对农产品及食品价格运行新态势，国家强化农产品市场调控，大力发展农业生产，强化产销衔接和储备调节，确保粮食、生猪和蔬菜等稳定供应，这些都为保持物价总体平稳作出积极贡献。但是，生猪和猪肉等价格波动短期化，导致统计数据反映价格波动的复杂化。从猪肉消费价格来看，与上年同期相比涨跌幅度大，对经济社会的影响需要引起关注。

食品消费价格呈现结构性波动态势，带来居民食品烟酒消费支出名义增长速度既大于居民消费价格上涨幅度，又大于居民人均消费支出增长速度。2022 年，全国居民食品烟酒人均消费 7481 元，比上年增长 4.2%，高出居民消费价格指数 2.2 个百分点，高出居民人均消费支出增速 2.4 个百分点。其中，城镇居民食品烟酒人均消费 8958 元，比上年增长 3.2%，高出城市居民消费价格指数 1.2 个百分点，高出城镇居民人均消费支出增速 2.9 个百分点；农村居民食品烟酒人均消费 5485 元，比上年增长 5.5%，高出农村居民消费价格指数 3.5 个百分点，高出农村居民人均消费支出增速 1.0 个百分点。

居民食品烟酒消费支出增长较快，导致居民恩格尔系数不降反升。2022年，全国居民恩格尔系数为30.5%，比上年上升0.7个百分点。其中，城镇居民恩格尔系数为29.5%，比上年上升0.8个百分点；农村居民恩格尔系数为33.0%，比上年上升0.3个百分点。城乡居民恩格尔系数上升，反映了居民食物消费经济负担有所加重。

（六）城乡居民收入差距继续缩小

农村居民收入增长速度高于经济增长速度。2022年，农村居民人均可支配收入20133元，比上年增加1202元，名义增长6.3%（见表7），实际增长4.2%，名义增速和实际增速分别回落4.2个百分点和5.5个百分点。农村居民人均可支配收入实际增速虽然明显回落，但仍高于GDP实际增速1.2个百分点，与第一产业增加值实际增速相当。

表7　2021年和2022年农村居民人均可支配收入情况

单位：元，%

项目	人均可支配收入水平		比上年名义增长		对农村居民增收贡献率		占农村居民可支配收入比重	
	2021年	2022年	2021年	2022年	2021年	2022年	2021年	2022年
农村居民人均可支配收入	18931	20133	10.5	6.3	100.0	100.0	100.0	100.0
#工资性收入	7958	8449	14.1	6.2	54.7	40.9	42.0	42.0
#经营净收入	6566	6972	8.0	6.2	27.2	33.7	34.7	34.6
##农业和牧业	3893	4171	6.9	7.1	14.0	23.1	20.6	20.7
#财产净收入	469	509	11.9	8.4	2.8	3.3	2.5	2.5
#转移净收入	3937	4203	7.5	6.8	15.3	22.1	20.8	20.9

资料来源：《中国农村经济形势分析与预测（2021~2022）》和本书G2。

对农村居民增收贡献最多的仍然是工资性收入。2022年，农村居民人均工资性收入8449元，比上年增加491元，名义增长6.2%，对农村居民增收贡献率为40.9%。面对新冠疫情散发多发等不利影响，各地不断加大力度扩大农民工就业，采取点对点等运输方式，帮助/协助农民工解决外出面临的各种困难；针对3月后经济运行下行压力加大形势和外来农业户籍劳动力就业面临一些困难，国家及时出台稳经济一揽子政策和接续措施，支持吸纳农民工就业较多的行业及中小微企业恢复生产经营，做好就业优先工作和保市场主体工作，为农民工扩大就业创造条件。全年实现了外出农民工数量基本稳定。特别地，国家发挥投资关键作用，持续加大农业农村投资力度，各地更是在加强政府投资重点工程中大力实施以工代赈，全面推进乡村振兴，将特色产业培育和发展作为重中之重，脱贫地区进一步加大补齐基础设施短板力度，为农民就地就近就业提供工作岗位，为农民工返乡创业营造有利条件和环境，这些举措直接对农民增收作出贡献。2022年，本地农民工比外出农民工数量增长速度高出2.3个百分点。在本地农民工需求增加带动下，农民工月均收入继续保持增长态势。2022年，农民工月均收入4615元，比上年增长4.1%。

农村居民人均经营净收入对农村居民增收贡献率明显提高。在农业和牧业收入加快增长带动下，农村居民人均经营净收入实现与人均工资性收入相同增长速度。2022年，农村居民人均经营净收入6972元，比上年增加406元，增长6.2%。农村居民人均经营净收入增速虽然比2021年回落1.8个百分点，但其对农村居民增收贡献率上升到33.7%，比2021年提高6.6个百分点。受二、三产业经营净收入增长乏力影响，2022年经营净收入占农村居民人均可支配收入的34.6%，比上年下降0.1个百分点。农村居民收入与城镇居民收入显著差异之一是家庭经营收入来源相对较多，2022年农村居民人均经营净收入比城镇居民人均经营净收入多1388元。近年来，农民专业合作社和家庭农场等新型农业经营主体不断发展壮大，农业适度规模经营呈现积极发展态势，在农村居民工资性收入和第二、三产业经营净收入增长放缓情况下带来农村居民家庭农业和牧业经营净收入贡献率和地位提高。

农业和牧业经营净收入加快增长。2022年，农村居民人均农业和牧业经营净收入达4171元，比上年增加278元，增长7.1%，农村居民人均农业和牧业经营净收入增速比2021年上升0.2个百分点，其增速高出农村居民人均可支配收入增速0.8个百分点。农村居民农业和牧业收入增长加快，与其他来源收入增速明显回落或者放缓形成鲜明对比。全年农村居民人均农业和牧业经营净收入在农村居民人均可支配收入中所占比重为20.7%，比2021年上升0.1个百分点。当经济下行和农村居民工资性收入增速明显回落时，农村居民经营农业和牧业增收发挥的稳定器作用就会显现。农业和牧业经营净收入对农村居民增收贡献率明显提高，主要得益于农业丰收和农产品价格运行总体对农村居民增收有利以及农业生产成本得到有效控制。

控制农业生产成本与农业增产和农产品价格合理运行同样重要。化肥是农业生产成本及相关费用的重要组成部分。中国每年需要从国际市场上进口钾肥。根据中华人民共和国海关总署数据，2022年，中国进口矿物肥料及化肥893万吨，比上年减少1.7%。其中，进口氯化钾793万吨，增长4.9%。中国出口矿物肥料及化肥2474万吨，减少24.7%。其中，出口尿素283万吨，减少46.5%。俄乌冲突爆发后，国际市场上化肥等农业生产资料国际贸易和物流体系遭到破坏。为此，国家积极采取措施，有效调控化肥等进出口，稳妥做好国内化肥特别是钾肥供应保障，充分发挥了化肥保供稳价工作机制的积极作用，在粮食等稳产保供方面发挥积极作用的同时，促进了高位波动运行的化肥价格不断回落，有效控制了粮食等生产的物质投入成本及其相关费用增加势头，为农村居民增加农业经营净收入作出贡献。

财产净收入对农村居民增收贡献率有所提高。近年来，在小麦、玉米和大豆等农作物产品生产者价格高位运行和种植收益提高带动下，土地流转价格明显上涨，带动农村居民人均财产净收入增长。2022年，农村居民人均财产净收入509元，比上年增加40元，增长8.4%，其中转让承包土地经营权租金收入比上年增长11.3%。虽然全年农村居民人均财产净收入增速比上年回落3.5个百分点，但其对农村居民增收贡献率却上升到3.3%，比2021年提高0.5个百分点。

农村居民人均转移净收入增加对农村居民增收贡献增多。为了增加农村居民收入，保持农业支持政策连续性，加大民生兜底力度，国家稳定耕地地力保护补贴以及玉米、大豆生产者补贴和稻谷补贴政策，扩大大豆玉米带状复合种植补贴和大豆轮作补贴范围，提高农村居民基础养老金最低标准和最低生活保障标准，2022 年农村居民人均养老金或离退休金收入比上年增长 8.5%，农村居民人均最低生活保障水平比上年增长 8.2%，有力地支撑了农村居民转移净收入增加。同时，外出农民工收入水平提高，受新冠疫情等影响农民工回乡留乡增多，带回/寄回农村的非政策性转移收入比上年增长 7.8%。在多种因素作用下，农村居民人均转移净收入 4203 元，比上年增加 266 元，增长 6.8%，增速虽然比上年回落了 0.7 个百分点，但对农村居民增收贡献仍然增多，在农村居民可支配收入中地位上升。全年转移净收入增加对农村居民增收贡献率 22.1%，比上年提高 6.8 个百分点；转移净收入占农村居民人均可支配收入比重为 20.9%，比上年提升 0.1 个百分点。

城乡居民收入分配状况继续改善。在国家相关政策支持下，在部分农产品市场行情有利于农村居民增收影响下，2022 年，农村居民人均可支配收入比城镇居民人均可支配收入名义增速和实际增速分别快 2.4 个百分点和 2.3 个百分点，城乡居民收入倍差（以农村居民人均可支配收入水平为 1 的比率）为 2.45，比上年下降 0.05。

农村内部居民间收入差距有所扩大。随着农村土地流转占比不断提高和农业规模经营不断发展，农村低收入群体越来越依靠工资性收入。2022 年，受经济下行等影响，农村中低收入组居民增长放缓，农村高收入组居民收入增长速度大约是中低收入组居民收入的 2 倍，呈现收入水平越高其增长速度越快态势（见图 4）。全年农村高收入组居民人均可支配收入 46075 元，比上年增长 6.9%；农村低收入组居民人均可支配收入 5025 元，增长 3.5%，增速比高收入组低 3.4 个百分点；农村中间偏下收入组居民人均可支配收入 11965 元，增长 3.3%，增速比高收入组低 3.6 个百分点。农村高收入组与低收入组居民人均可支配收入之比为 9.17，比上年上升 0.30；农村高收入组与中间偏下收入组居民人均可支配收入之比为 3.85，比上年上升 0.13。

脱贫地区农村居民收入保持较快增长。为了守住防止脱贫人口成规模返贫底线，巩固拓展脱贫攻坚成果，各地千方百计增加脱贫地区农村居民收入。通过跨地区劳务协作，拓宽就近就地就业渠道，接续推进产业发展和产

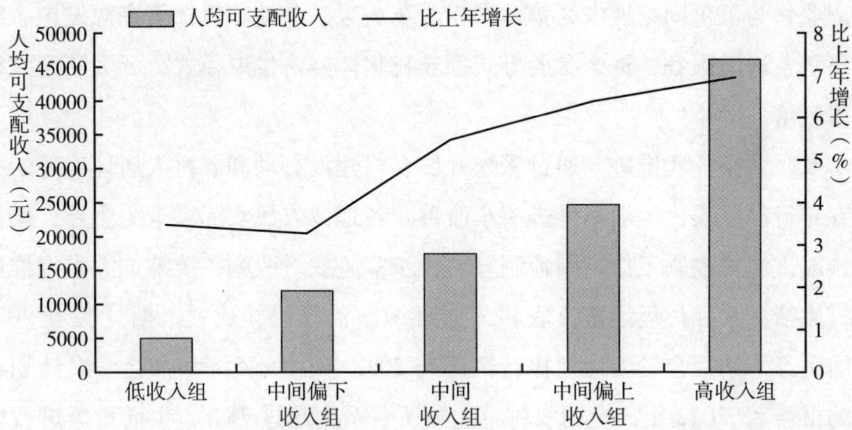

图4　2022年农村内部不同收入组居民人均可支配收入水平及其增长速度情况

资料来源：《中国统计年鉴（2022）》以及本书G2。

业振兴，及时对有返贫风险农村居民提供救助和帮扶等，农村居民收入实现较快增长。2022年，脱贫县农村居民人均可支配收入15111元，比上年增加1060元，名义增长7.5%，实际增长5.4%，名义增速和实际增速比全国农村都高出1.2个百分点。

（七）农业农村高质量发展全面呈现

2022年农业农村经济合理运行和高质量发展表现在多个方面。除农业农村经济有力支撑国民经济、农牧渔业普遍丰收增产、农产品及食品价格总体稳定和农民增收较快外，农产品质量和品质进一步提高，农业农村部反映2022年国家农产品质量安全例行监测总体合格率为97.6%[①]，新认证绿色有机农产品1万个，绿色优质农产品总量达到2亿吨，农产品质量安全形势持续向好；优质专用小麦占比提高到38.5%，比2021年提高1.2个百分点。

农村新产业新业态进一步发展。农产品电商直采和定制生产等模式以及乡村旅游等新产业新业态不断涌现，多地树立大食物观，积极培育发展预制

① 《农业农村部部署2023年农产品质量安全监管工作》，农业农村部网站，2023年3月22日。

菜产业，为了巩固拓展农村集体产权改革成果，各地积极探索资源发包、物业出租、居间服务、资产参股等新型农村集体经济发展模式，壮大新型农村集体经济。

乡村建设扎实推进。通过深入开展乡村建设行动和农村人居环境整治提升五年行动，农民生活条件进一步改善。各地以农民实际需求为主导，摸排整顿改进农村改厕工作，因地制宜，稳步实施农村改厕，统筹加大力度推进农村生活污水和垃圾治理，农村人居环境整治取得新成效。据《关于 2022 年国民经济和社会发展计划执行情况与 2023 年国民经济和社会发展计划草案的报告》，2022 年，全国农村卫生厕所普及率超过 73%，生活垃圾进行收运处理的自然村比例达到 90%。

农村基础设施和公共服务建设继续强化。各地根据农村水电路等基础设施短板领域和薄弱环节，统筹推进农村道路、农村供水、数字乡村等基础设施建设，加强农村教育、医疗、社会保障、养老托育等公共服务体系建设。2022 年，现有行政村全面实现村村通宽带，快递服务覆盖率达 95%，农村自来水普及率达 87%。①

脱贫攻坚成果持续拓展。继续增加中央财政衔接推进乡村振兴补助资金规模，并提高补助资金用于产业发展的比例，推动每个脱贫县都培育特色主导产业，脱贫地区乡村特色产业不断壮大，国家继续支持做好易地扶贫搬迁后续扶持工作，加强农村低收入人口常态化帮扶。

农业农村高质量发展不断取得新进展的同时，乡村人口持续减少和城乡人口格局改变带来农村老龄化和高龄化更趋严重，对粮食和重要农产品供给也带来深远影响；农产品生产资源配置格局与农产品产需缺口所反映的消费升级要求不一致，农产品及食品价格结构性波动加剧；农村居民增收难度加大，农村居民间收入分配差距拉大等，都需要引起高度重视和积极应对。

① 国家发展和改革委员会：《关于 2022 年国民经济和社会发展计划执行情况与 2023 年国民经济和社会发展计划草案的报告——2023 年 3 月 5 日在第十四届全国人民代表大会第一次会议上》，新华网，2023 年 3 月 15 日。

二　2023年中国农业农村经济形势展望及预测

展望2023年，中国农林牧渔业发展总体继续保持良好态势，主要农产品价格将保持在合理区间运行，化肥等农资保供稳价应对机制继续完善，农业投入费用将得到有效控制，农业综合效益进一步提升。结合宏观经济调控目标、农业农村经济走势、第一产业增加值增长规律，估计2023年第一产业增加值将超过9万亿元，比上年增长4%，第一产业增加值在GDP中的比重下降到7.1%。农业农村经济发展、乡村消费和农村投资增长，对经济社会稳定和发展的支撑作用持续显现。

农村消费将加快提质升级。2023年，国家继续加强县域商业体系建设，实施“快递进村”工程，促进“多站合一”乡村客货邮综合站和“一点多能”村级寄递物综合服务点发展，农村消费条件和环境进一步改善，农民收入将加快增长，农民农村消费将会明显加快，估计全年乡村消费品零售额超过6万亿元，为扩大内需作出贡献。

农业农村投资将较快增长。为了夯实国家粮食安全根基，发挥投资关键作用，在2022年底已累计建成10亿亩高标准农田的基础上，国家将进一步加强农田水利和高标准农田等基础设施建设，2023年拟新建4500万亩并改造提升3500万亩高标准农田①，这必将促进农林牧渔业固定资产投资保持较快增长。《关于2022年中央和地方预算执行情况与2023年中央和地方预算草案的报告》提出要统筹推进农业产业融合发展项目，支持地方创建优势特色产业集群、国家现代农业产业园和农业产业强镇，推进农产品产地冷藏保鲜设施建设，支持扩大水利投资和水利基础设施建设。在政府投资带动下，农产品及食品加工业投资具有较好前景，将吸引更大规模农业农村领域投资。

2023年，国家将启动新一轮粮食产能提升行动，同时考虑粮食安全党

① 《2022年底全国已累计建成10亿亩高标准农田》，《人民日报》2023年1月16日。

政同责力度持续加大，小麦和玉米等价格连续较长时间高位运行，农民种植效益明显改善，以及国家调控化肥等农业生产资料手段日益成熟，估计全年粮食播种面积将进一步扩大到17.8亿亩。按照常年粮食单产提高速度，预测2023年粮食总产量将突破6.9亿吨（1.38万亿斤），粮食增产主要来源于玉米增产的贡献。玉米价格运行有利于调动农民种植积极性且单产水平较高，预测2023年玉米种植面积超过6.5亿亩，产量将达2.9亿吨左右。

2023年，大豆种植面积明显扩大的可能性下降，但仍然可能基本稳定，可避免出现上一轮大豆种植面积剧烈波动情形。2022年扩种大豆成效显著，但是，回顾2019~2021年大豆种植面积变化，不难观察到2020年大豆种植面积显著扩种后，2021年大豆种植面积又遭遇较大幅度减少，稳定大豆生产难度相当大。2023年，国家将扎实推进大豆玉米带状复合种植，着力依靠科技创新破解品种、播种、除草、机收等瓶颈；针对东北部分主产区大豆丰收后出现价格下跌和销售压力大影响农民种植大豆积极性等问题，备耕前国家扩大政策性大豆收储并适当提高收购价格。依靠科技提高单产水平，依靠政策支持保障农民种豆收益，估计2023年大豆种植面积将扩大，单产会提高，预测2023年大豆产量将超过2100万吨。

养殖效益对肉类生产具有决定性影响。2023年，尽管生猪养殖效益仍然存在较大不确定性，但在国家支持和调控生猪生产作用下，估计2023年猪肉产量将稳定增长。尽管牛羊价格运行呈现不断回落态势，但牛羊养殖效益仍然较高，家禽因其产品价格上涨并较长时间高位运行给养殖者带来较理想收益，估计2023年牛羊和家禽生产将继续扩大。预测2023年猪牛羊禽肉产量将达9500万吨。

2023年，中国农产品进出口面临的国际环境更趋复杂，气候变化带来的极端异常灾害不确定性、地缘政治紧张和冲突特别是俄乌冲突持续、复苏乏力的世界经济、价格高位波动的农产品国际市场供给和农业生产资料供给以及出口国家随时可能干预或者限制农产品国际贸易，都可能影响农产品进出口。但是，全球主要农产品供求形势总体转向宽松的可能性上升，粮油等价格较长时间高位波动给生产者带来丰厚利润，巴西和美国等主要出口国家明显地扩大了种植规模，增产基础已经形成，新年度国际市场粮食和重要农产品供给增加是普遍预期。考虑到因居民食物消费升级和国内农业资源制约等影响带来的进口规模较大的粮油和肉类等产需缺口将进一步扩大，高水平农业对外开放不断推进，估计 2023 年中国农产品进出口规模将超过 3500 亿美元，农产品出口超过 1000 亿美元，农产品进口超过 2500 亿美元，农产品国际贸易逆差约 1500 亿美元，主要农产品进口量呈现增长态势。

2023 年，农产品及食品价格波动幅度总体有限，结构性波动与波动短期化态势可能会延续。尽管如此，国际国内非常规因素对农产品及食品市场运行的影响程度明显降低，农产品市场运行不仅总体继续保持稳定，而且具体不同农产品市场运行在不同时间段的稳定性也会提升。随着农业生产能力的提高，农产品加工业的发展，以及进口农产品越来越多，国内农产品及食品市场供给总体充裕，这决定了农产品及食品价格运行总体会平稳。但是，影响农产品供给的因素趋于复杂多样化，加上多元化食物供给也给消费者提供更多选择，不同农产品及食品价格短期波动极度分化，消费者会通过更加频繁的替代等途径满足健康营养食物需要，政府主管及调控部门通过干预重点农产品及食品市场运行，这些因素都会使特定农产品及食品市场运行方向及其波动幅度改变。受谷物和大豆生产者价格回落等影响，预测 2023 年农产品生产者价格将回落 3%左右。种植业产品生产者价格总体回落约 2%，饲养动物及产品生产者价格将总体回落 5%左右。尽管农产品价格运行呈现回落态势，但食物消费升级阶段以及进口农产品价格高位运行等将影响食品消费价格走势，预测 2023 年食品消费价格涨幅在 3%左右，蔬菜消费价格等季节性波动仍然明显。

农村居民增收仍然主要取决于工资性收入、经营净收入和转移净收入。总体上说，2023 年农村居民增收外部环境和条件明显改善，按照居民收入增长与经济增长基本同步的要求并考虑多年来农村居民收入增速高于城镇居民收入增速的格局，参考 2023 年政府工作报告提出的国内生产总值增长 5%左右和居民消费价格涨幅 3%左右等预期目标，并充分评估农村居民收入主要来源增加的可能性及态势，估计全年农村居民人均可支配收入将增加到

2.2 万元，名义增长约 10%。

2023 年，中国经济将全面恢复，必将给农民工带来更多就业机会。各地大力培育新型农业经营主体，发展适度规模经营，以及各地贯彻落实党的二十大精神，普遍地将乡村产业振兴作为加快建设农业强国的重中之重，都会明显地增强吸纳更多本地农民工能力，同时国家将继续落实落细就业优先政策，持续关注农民工群体及脱贫人口就业，这些都会带来农村居民工资性收入加快增长。估计 2023 年农村居民人均工资性收入将增加约 1000 元，达到 9500 元左右。

2023 年，在国家强有力政策支持下，农业和牧业生产将继续获得丰收，农产品价格总体继续保持在合理区间运行，对农村居民增收有利。同时，在宏观经济强劲恢复带动下，在全面推进乡村振兴实践中各地重视宜居宜业和美乡村建设作用下，农村居民家庭二、三产业经营净收入增速有望加快。估计 2023 年农村居民人均经营净收入将增加约 500 元，达到 7500 元左右。

2023 年，国家支农惠农富农政策还会加强，支持粮食政策只增不减，必然会带来农村居民政策性转移收入进一步增加。随着经济全面恢复，经济增长将高于 2022 年，外出农民工数量将会增加，劳动力结构性矛盾仍然有利于农民工月均收入的提高，两方面积极因素将带来外出农民工收入的进一步增加，这势必会让外出农民工寄回/带回更多收入，成为农村居民的转移收入。估计 2023 年农村居民人均转移净收入将增加约 300 元，达到 4500 元左右。

2023 年农村居民收入增长加快的可能性较大，但经济恢复基础尚不牢固，农村居民工资性收入增长可能会受到新增就业机会有限和工资水平提高难度大等制约，农产品市场运行瞬息万变，农产品价格对农村居民增收有利的局面是否持续存在不确定性。尽管农村居民增收仍然面临一些不确定因素和困难，但估计 2023 年农村居民收入增长速度仍然快于城镇居民，根据多年来城乡居民收入比变化趋势，预测城乡居民收入比将进一步下降到 2.40，比 2022 年减少 0.05。考虑到经济恢复后就业机会增多，对农村中低收入群体农村居民增收更加有利，农村低收入群体和中间偏下收入群体居民收入增长速度会加快，估计 2023 年农村内部居民间收入分配状况有所改善。

三　保障粮食等稳定安全供给及高质量发展乡村产业的对策

2022年底召开的中央农村工作会议上，习近平总书记强调保障粮食和重要农产品稳定安全供给始终是建设农业强国的头等大事。2023年中央一号文件布置要实施新一轮千亿斤粮食产能提升行动与深入推进大豆和油料产能提升工程。要深刻理解并全面把握中央有关新征程上粮油产能建设的重大时代意义，中国尽管出现总人口减少态势，但尽快让中国粮油产能迈上新台阶，才是保障粮油稳定安全供给的坚实基础。

加快农业强国建设，增强粮食和重要农产品稳定安全供给，最有效的手段就是不断地提高国内粮食和重要农产品生产能力，以抵御极端异常灾害天气，更好地把住粮食安全主动权。2022年南方特别是长江流域遭遇极端高温干旱天气，尽管如此，中国将粮食和重要农产品损失降到最低，实现全年粮食增产，重要经验就是多年来以财政投入为主的水利建设和高标准农田建设发挥重要作用。与中国形成鲜明对比的是，2022年世界上很多国家都遭遇极端异常高温干旱天气，造成世界玉米减产约5000万吨，而中国通过抗灾减灾，玉米继续增产。当今国际贸易秩序，基本上是对开放市场有双边或者多边规则约束，而对关闭出口缺乏多边规则约束和协调机制，出口国随意就可以限制甚至禁止粮油出口，事实上这种情形屡屡发生。在农产品金融化背景下，国际资本还乘机炒作，粮油波动更加剧烈。

2022年，特别是俄乌冲突爆发后的连续几个月内，国际粮食贸易和价格出现剧烈波动，中国沉着应对，有序减少进口，加大国内粮食生产支持力度，不仅避免了国际粮食市场波动加剧，而且为全球粮食安全作出贡献。

稳定粮食等农作物播种面积是切实保障粮食和重要农产品稳定安全供给的关键。稳定性是安全性的重要反映和指标。近年来，全球粮食和重要农产品供给稳定性出现新的复杂变化。不仅极端异常灾害天气会加剧粮食和重要农产品供给波动，而且地缘政治以及贸易工具化等也会直接影响粮食和重要农产品供给稳定性。

提升粮油产能，要借鉴 2009 年新增 1000 亿斤粮食产能做法，应将粮食产能提升和大豆油料产能提升结合起来，确保形成有效粮油产能，既解决现阶段存在的粮油生产资源配置与粮油需求不匹配难题，而且能更好地适应未来中国粮食需要，增强粮食产业韧性，掌控粮食安全主动权，确保粮油等稳定安全供给。

2009 年，为了进一步提高国家粮食安全保障水平，应对国际金融危机和扩大内需，中国实施过一轮新增千亿斤粮食生产能力规划，成效十分显著，中国粮食产能由不足 1.1 万亿斤连续迈上三个台阶，到 2022 年中国粮食总产量已经连续 8 年站稳 1.3 万亿斤以上。2023 年，国家开始实施新一轮千亿斤粮食产能提升行动并深入推进大豆和油料产能提升工程。显然，新时代新征程推进提升粮油产能建设，与十多年前的时代背景和建设任务等并不完全相同，特别是必须充分估计中国总人口减少和老龄化加快、居民食物消费升级对提升粮油产能提出的新要求。只有这样，才能避免提升的粮油产能成为无效产能。

2009 年实施新增 1000 亿斤粮食产能规划后，2013 年就开始出现全国性稻谷、小麦和玉米几乎全面相对过剩的状况，2016 年国家不得不放弃玉米等临时收储政策，随后通过去库存等供给侧结构性改革才将玉米积压问题解决，后来带动小麦积压等问题的解决。直到 2022 年，2009 年新增 1000 亿斤粮食产能所带来的稻谷库存偏多的难题也没有完全解决。近几年粮食多数品种价格普遍上涨，只有稻谷价格始终相对低迷，真实地反映了粮食供求结构性矛盾的状况。

新一轮粮油产能提升的实施，必须通过耕地保护和农田建设以及科技创新等不断提升粮油产能；通过轮作等耕作方式增强农业生产可调整性，克服农业专业化和农业结构调整的黏性。大豆和玉米都是重要的饲料粮，在耕地资源有限的情况下，大豆生产与玉米生产争地矛盾突出。从饲料粮的营养成分来看，主要充作能量饲料的玉米替代性较强。近年来，高粱、大麦、小麦等替代玉米，在养殖业普遍被接受。主要充作蛋白饲料的大豆，尽管科研创新也尝试替代方案，但效果没有玉米替代方案明显。在现有科技水平和中国居民食物消费格局条件下，应让更多的地方优先种植大豆，扩大大豆主产区范围，通过品种创新和政策支持等手段，促进大豆产量迈上新台阶。

要优化实施新一轮新增千亿斤粮食产能行动，根据不同区域粮食安全强化方向和资源禀赋条件等突出功能定位。主产区要继续扩大粮食种植面积，特别是要扩种大豆油料；主销区要在稳定提高口粮自给率方面加强耕地保护和提升耕地质量；平衡区既要稳定口粮自给率，又要根据居民食物消费升级需要在构建食物多元化供给方面多作贡献。

粮食比较效益总体偏低，保证粮食安全必须强化党政同责。要有合理布局，主产区、主销区、产销平衡区都要保面积、保产量。要真正落实"菜篮子"市长负责制，确保猪肉、蔬菜等农副产品供给安全。要改善粮食安全党政同责考核办法，要把更好地发挥政府作用和市场决定性作用有机结合起来，把自上向下行政考核与自下向上申请计划变更统一融合起来，促进粮食生产资源优化配置和新时代新征程社会粮食供求结构性平衡。无论国际粮食形势怎样变化，国内粮食供求关系怎样演变，确保各地严守耕地红线和粮食播种面积只增不减。各地可根据市场需求新变化，自主决定当地一定规模的粮油种植并在粮食安全党政同责考核中予以确认，不断纠正"一刀切"脱离当地实际的做法。黑龙江粮食扩种面积最大，而粮食减产幅度也最大，主要是种植大豆较多，而大豆单产明显低于玉米等粮食作物。可见，党政同责考核，如果片面地强调粮食产量，则考核指标和方法不合理的问题就显现出来。1公斤大豆显然不能等同于1公斤玉米，将二者产量简单相加并不合理。国家要让地方有扩种大豆积极性，既要改变大豆种植效益偏低局面，又要让种植大豆的产区在党政考核中处于有利的地位，这样才能促进大豆产能稳步提高。

要完善粮食等市场调控。深化粮食收储制度改革，创新粮食购销领域体制机制，健全国内国际粮食市场监测预警，根据粮食市场供求变化和价格走势，及时开展小麦、稻谷和大豆政策性粮食收储，合理安排政策性粮食库存销售，加强粮食进出口调节，加快粮食进口供应链体系建设，促进粮食进口来源多元化，构建更高层次、更高质量、更有效率、更可持续的粮食安全保障体系，巩固提升国家粮食安全保障能力。

要完善生猪市场调控。动态调整生猪产能促进猪肉市场供求常态化平衡是完善生猪调控的重要方向。猪肉等产品价格年内短时间剧烈波动，虽然全年猪肉消费价格总体呈现为下跌，但消费者用于食物消费的支出负担则呈现加重态势，这势必会对经济社会稳定带来影响。中国已经建立了以稳定能繁母猪产能为关键的生猪市场调控体系。一旦能繁母猪超过4100万头，相关部门就会发出预警并采取相应措施，这对于促进猪肉稳定供给具有一定的作用。考虑到近年来猪肉市场价格短期内剧烈波动始终没有熨平，并进一步观察到特定时间段猪肉产量受到前期生猪补栏量、本期出栏量和出栏单体体重等多个因素影响，建议相关部门根据猪肉市场实际运行情况，以猪肉稳价保供为目标，发挥大型龙头养猪企业作用，让养猪企业参与市场调控，及时调控生猪出栏进度和规模，合理安排生猪出栏量、存栏量和补栏量，动态确定能繁母猪产能。

加快农业强国建设，推进乡村产业振兴，必须大力发展壮大乡村特色优势产业，促进农民增收。要加快构建乡村现代产业体系，确保把乡村产业发展落到夯实粮食安全根基和促进农民共同富裕上。要进一步强化重要农产品生产基地建设，提高对应的农业科技和物资装备水平，坚持不懈做大做强比较优势显著的种养业，持续提高农业综合生产能力，更好地担负起国家粮食安全和重要农产品有效供给重任，实现地方经济发展和农民增收致富。

要大力发展农产品加工流通业和食品产业，加快发展适宜的农村服务业，积极拓展农村产业发展新空间，大力发展农产品电商，提升乡村休闲旅游业发展水平，更好地适应居民消费升级及食物消费升级新需要，为农民增收不断开拓新途径。要立足整个县域推动产业发展，在以县城为重要载体推进新型城镇化过程中，结合县域资源禀赋和条件打造主导产业，发展壮大县域经济，有效拉动乡村产业发展。要培育农村创业创新带头人，充分利用农村劳动力资源发展就业带动能力强的富民产业，加强农村创业创新园区和孵化实训基地建设，多途径多方式吸引人才到乡村创业，给农民提供更多就业机会，并构建好利益联结机制带动农民实现多元化收入增长。深化农村集体产权制度改革，壮大新型农村集体经济。推动发达地区特别是东部沿海地区和大城市中心产业向农村转移，促进乡村产业跨越式发展，为巩固拓展脱贫攻坚成果夯实经济基础。

参考文献

谢伏瞻主编《经济蓝皮书：2023 年中国经济形势分析与预测》，社会科学文献出版社，2023。

魏后凯、黄秉信主编《农村绿皮书：中国农村经济形势分析与预测（2021～2022）》，社会科学文献出版社，2022。

李经谋主编《2022 中国粮食市场发展报告》，中国财政经济出版社，2022。

FAO，Food Outlook-Biannual Report on Global Food Markets，Food Outlook，November 2022. Rome.

FAO，Crop Prospects and Food Situation-Quarterly Global Report NO. 1，March 2023. Rome.

U. S. Department of Agriculture，*USDA Agricultural Projections to 2032*. Projections to 2032，2023.

专 题 篇

Special Reports

G.2
2022年农村居民收入与消费状况分析

张嘉佩　韩　迪*

摘　要： 2022年，全国农村居民人均可支配收入20133元，首次突破两万元，比上年名义增长6.3%，扣除价格因素影响，实际增长4.2%，受疫情等多重因素影响，名义和实际增速分别比上年下降4.2个和5.5个百分点。农村居民收入增长快于城镇，城乡居民收入差距继续缩小。分结构看，各项收入同比增速均达到6.0%以上，总体实现稳定增长。农村居民人均消费支出16632元，比上年名义增长4.5%，扣除价格因素，实际增长2.5%。分结构看，各项基本生活消费支出增长较快，基本民生得到有力保障。2022年，农村居民恩格尔系数为33.0%，较上年略有上升，服务性消费支出比重下降。

关键词： 农村居民收入　消费支出　服务性消费支出

* 张嘉佩，国家统计局住户调查司统计师，研究方向为住户调查；韩迪，国家统计局住户调查司统计师，研究方向为住户调查。

一　农村居民收入保持稳定增长，工资性收入对增收贡献最大

2022 年农村居民人均可支配收入 20133 元，比上年名义增长 6.3%（见表 1），扣除价格因素影响，实际增长 4.2%，名义增速和实际增速分别比上年回落 4.2 个和 5.5 个百分点。

表 1　2022 年全国农村居民收入情况

单位：元，%

指　标	绝对值	名义增速
人均可支配收入	20133	6.3
一、工资性收入	8449	6.2
二、经营净收入	6972	6.2
（一）一产净收入	4567	6.4
#农业	3443	7.3
牧业	728	6.6
（二）二、三产净收入	2404	5.7
三、财产净收入	509	8.4
四、转移净收入	4203	6.8

（一）工资性收入平稳增长

2022 年农村居民人均工资性收入 8449 元，占人均可支配收入的比重为 42.0%，自 2015 年起工资性收入已超越经营净收入，稳居农村居民四项收入来源首位。人均工资性收入比上年增长[①] 6.2%，拉动农村居民人均可支配收入增长 2.6 个百分点，增收贡献率为 40.9%，是带动农村居民人均可支配收入持续增长的第一动力。全国农民工监测调查结果显示，2022 年全国农民工总量小幅增长 1.1%，月均工资水平比上年增长 4.1%，带动农村居民工资性收入实现稳定增长。

① 以下如无特别说明，均为比上年名义增长。

（二）经营净收入继续恢复增长

2022 年农村居民人均经营净收入 6972 元，占人均可支配收入的比重为 34.6%，家庭经营仍是农村居民获得收入的主要方式之一。人均经营净收入比上年增长 6.2%，拉动农村居民人均可支配收入增长 2.1 个百分点，增收贡献率为 33.7%，2019 年以来首次恢复到三成以上。其中，人均第一产业经营净收入 4567 元，比上年增长 6.4%。主要是农业生产经营受疫情因素影响相对较小，粮食产量再获丰收，生猪、禽蛋、水果等部分农牧产品价格上涨有力地支撑了农村居民经营净收入持续增长。

（三）财产净收入保持较快增长

2022 年农村居民人均财产净收入 509 元，占人均可支配收入的比重为 2.5%。人均财产净收入比上年增长 8.4%，拉动农村居民人均可支配收入增长 0.2 个百分点，增收贡献率为 3.3%，比上年回升 0.5 个百分点。主要是近年来各地土地流转继续有序推进，部分地区流转价格稳中有增，农村居民人均转让承包土地经营权租金净收入增长 11.3%，带动了农村居民财产净收入增长。

（四）转移净收入增收贡献率回升

2022 年农村居民人均转移净收入 4203 元，占人均可支配收入的比重为 20.9%，随着各地民生保障力度持续加大和外出就业农村居民收入水平提升，转移净收入逐步成为农村居民重要收入来源之一。农村居民人均转移净收入比上年增长 6.8%，拉动人均可支配收入增长 1.4 个百分点，增收贡献率为 22.1%，比上年回升 6.8 个百分点。一是部分地区继续上调居民基础养老金标准，同时领取人数持续扩大，带动农村居民人均养老金或离退休金收入增长 8.5%。二是疫情影响下各地持续加大困难群体帮扶救助力度，农村居民人均最低生活保障费增长 8.2%。三是农村家庭外出从业人员寄回带回收入增长 7.8%，对农村居民转移净收入增长发挥了重要作用。

二　城乡之间收入差距进一步缩小

（一）农村居民收入增速快于城镇

2022 年城镇居民人均可支配收入 49283 元，比上年名义增长 3.9%，扣除价格因素，实际增长 1.9%。农村居民人均可支配收入名义增速和实际增速分别快于城镇居民 2.4 个和 2.3 个百分点，城乡居民人均可支配收入之比为 2.45，比 2021 年下降 0.05。党的十八大以来，城乡居民人均可支配收入之比持续保持下降态势，累计下降 0.43（见图 1）。

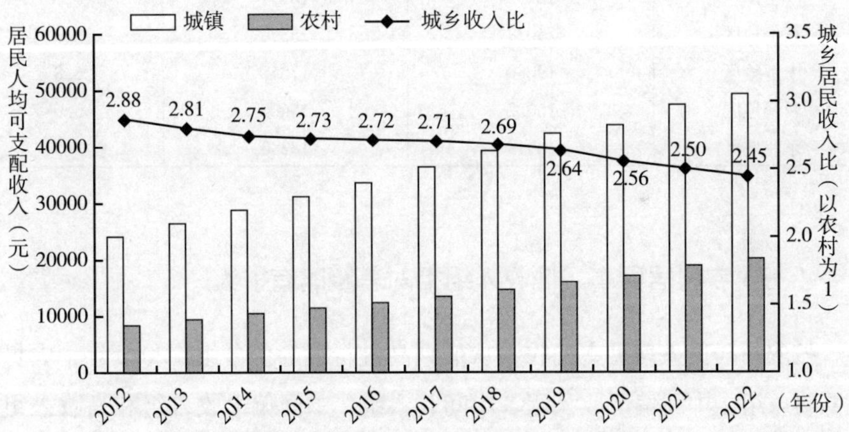

图 1　2012~2022 年城乡居民收入绝对值及收入比

（二）地区间农村居民收入相对差距继续缩小

分区域看，2022 年，东部、中部、西部和东北地区[①]农村居民人均可支

① 东部地区包括北京、天津、河北、上海、江苏、浙江、福建、山东、广东、海南；中部地区包括山西、安徽、江西、河南、湖北、湖南；西部地区包括内蒙古、广西、重庆、四川、贵州、云南、西藏、陕西、甘肃、青海、宁夏、新疆；东北地区包括辽宁、吉林、黑龙江。

配收入分别为25037元、19080元、16632元和18919元。与2021年相比，分别增长6.3%、6.8%、6.6%和3.5%。中部地区农村居民人均可支配收入增长最快，东北地区增长最慢。地区间农村居民人均可支配收入相对差距缩小。以西部地区为1，东部、中部、东北地区与西部地区农村居民人均可支配收入之比分别为1.51∶1、1.15∶1和1.14∶1，东部地区与西部地区收入比与上年基本持平，东北地区与西部地区收入比较上年下降0.03（见表2）。

表2　2022年分区域农村居民人均可支配收入情况

单位：元，%

区域	农村居民人均可支配收入		
	2022年绝对值	2021年绝对值	名义增速
全国	20133	18931	6.3
东部地区	25037	23556	6.3
中部地区	19080	17858	6.8
西部地区	16632	15608	6.6
东北地区	18919	18280	3.5

（三）农村居民高、低收入组相对差距略有扩大

按农村居民人均可支配收入从低到高进行五等份分组，2022年，农村居民低收入组、中间偏下收入组、中间收入组、中间偏上收入组和高收入组人均可支配收入分别为5025元、11965元、17451元、24646元和46075元，分别比上年增长3.5%、3.3%、5.5%、6.4%和6.9%。2022年，全国农村高、低收入组居民人均可支配收入之比为9.17∶1，比上年上升了0.30（见表3）。

表3　2022年按收入五等份分组的农村居民人均可支配收入情况

单位：元，%

组别	农村居民人均可支配收入		
	2022年绝对值	2021年绝对值	名义增速
低收入组	5025	4856	3.5

续表

组别	农村居民人均可支配收入		
	2022 年绝对值	2021 年绝对值	名义增速
中间偏下收入组	11965	11586	3.3
中间收入组	17451	16546	5.5
中间偏上收入组	24646	23167	6.4
高收入组	46075	43082	6.9

三　农村居民消费支出持续恢复，服务性消费比重有所回落

（一）农村居民消费支出持续恢复

受 2022 年第四季度新冠疫情等超预期因素影响，居民消费增长有所放缓，但农村居民消费支出仍保持增长态势。2022 年农村居民人均消费支出 16632 元，名义增长 4.5%，扣除价格因素，实际增长 2.5%。分消费结构看，各项消费支出均实现正增长（见表 4）。

表 4　2022 年农村居民消费支出变化情况

单位：元，%

指　标	绝对值	名义增速
人均消费支出	16632	4.5
其中：食品烟酒	5485	5.5
衣着	864	0.5
居住	3503	5.7
生活用品及服务	934	3.7
交通通信	2230	4.6
教育文化娱乐	1683	2.3
医疗保健	1632	3.3
其他用品及服务	300	5.9

食品烟酒支出增长 5.5%。在疫情影响下，各地区各部门加大粮油肉蛋奶等基本民生产品的保供稳价力度，食品烟酒支出保持较快增长。2022 年农村居民人均食品烟酒支出 5485 元，增长 5.5%，增速快于农村居民人均消费支出 1.0 个百分点。

衣着支出增长 0.5%。2022 年，农村居民人均衣着支出 864 元，增长 0.5%。其中，衣类支出 666 元，增长 0.02%；鞋类支出 198 元，增长 2.3%。

居住支出增长 5.7%。2022 年，农村居民人均居住支出 3503 元，增长 5.7%。其中，水电燃料支出 812 元，增长 6.3%。

生活用品及服务支出增长 3.7%。2022 年，农村居民人均生活用品及服务支出 934 元，增长 3.7%。其中，家用器具支出增长较快，增长 9.8%。

交通通信支出增长 4.6%。2022 年，农村居民人均交通通信支出 2230 元，增长 4.6%。其中，交通支出 1614 元，增长 5.0%；通信支出 616 元，增长 3.5%。

教育文化娱乐支出增长 2.3%。2022 年，农村居民人均教育文化娱乐支出 1683 元，增长 2.3%。其中，文化娱乐支出 289 元，增长 2.9%。

医疗保健支出增长 3.3%。2022 年，农村居民人均医疗保健支出 1632 元，增长 3.3%。其中，医疗器具及药品支出 401 元，增长 1.5%；医疗服务支出 1232 元，增长 4.0%。

其他用品及服务支出增长 5.9%。2022 年，农村居民人均其他用品及服务支出 300 元，增长 5.9%。其中，包括旅馆住宿、美容美发等在内的人均其他服务支出增长 7.1%。

（二）农村居民消费支出增长快于城镇居民

2022 年城镇居民人均消费支出 30391 元，比上年名义增长 0.3%，扣除价格因素，实际下降 1.7%，农村居民人均消费支出名义增速和实际增速均快于城镇居民 4.2 个百分点。农村居民消费增长快于城镇居民，一是农村居民收入增长快于城镇居民，2022 年农村居民人均可支配收入名义和实际增速分别快于城镇居民 2.4 个和 2.3 个百分点，农村居民消费能力提升速度快于城镇居民。二是农村居民的消费支出结构、消费半径和方式等与城镇居民相比存在一定差异，因此，农村居民消费支出受疫情冲击相对较小。

（三）恩格尔系数较上年上升，服务性消费占比下降

在 2022 年农村居民人均消费支出中，吃、穿等生存型消费保持刚性增长，教育文化娱乐等发展型消费支出增长相对较慢，服务性消费比重下降。

吃、穿等生存型消费保持刚性增长。食品烟酒支出是居民基本刚性消费，在疫情背景下支出增速快于居民人均消费支出增速，导致恩格尔系数上升。2022 年，农村居民人均食品烟酒支出占比（恩格尔系数）为 33.0%，比上年提高 0.3 个百分点；衣着支出占比为 5.2%，比上年回落 0.2 个百分点。

服务性消费占比下降。服务性消费支出受疫情影响较大，支出占比有所下降。农村居民人均服务性消费支出 6358 元，比上年增长 3.5%，增速慢于农村居民人均消费支出 1.0 个百分点。人均服务性消费支出占居民消费支出比重为 38.2%，比上年回落 0.4 个百分点。其中，人均饮食服务支出增长 8.5%，人均交通通信服务支出增长 0.4%，人均医疗保健服务支出增长 4.0%。

四　2022年脱贫县农村居民人均可支配收入增速快于全国农村

2022 年，各地区各部门继续深入贯彻落实党中央、国务院决策部署，接续推进巩固拓展脱贫攻坚成果同乡村振兴有效衔接，加大脱贫地区劳动力稳岗就业力度，落实产业帮扶政策，脱贫县农村居民人均可支配收入和消费支出均实现稳定增长，收入增速继续快于全国农村增速。据脱贫县农村住户监测调查①，2022 年脱贫县农村居民人均可支配收入 15111 元，比上年名义

① 为全面、准确、及时反映脱贫县农村居民收支状况与变化趋势，在国家农村贫困监测调查的基础上开展脱贫县农村住户监测调查。脱贫县包括原 832 个国家扶贫开发工作重点县和集中连片特困地区县，以及新疆阿克苏地区 7 个市县。

增长 7.5%，扣除价格因素影响，实际增长 5.4%，名义增速和实际增速均比全国农村快 1.2 个百分点。脱贫县农村居民人均可支配收入相当于全国农村平均水平的 75.1%，比上年提升 0.9 个百分点。

从收入来源看，脱贫县农村居民工资、经营、转移三项收入分别比上年增长 7.4%、6.8%、8.3%，增速快于全国农村居民对应项收入增速 1.2 个、0.6 个和 1.5 个百分点，其中，工资性收入对脱贫县农村居民增收贡献最大。2022 年，脱贫县农村居民人均工资性收入对收入增长的贡献率为 36.0%。主要是各地区各部门把促进脱贫人口稳岗就业作为巩固拓展脱贫攻坚成果的重中之重，加强省（区市）内外劳务协作，支持企业纾困稳岗，拓宽就近就地就业渠道等，中西部地区务工人数继续增加，月均收入水平同比上涨。脱贫县农村居民人均经营净收入和转移净收入对收入增长的贡献率分别为 30.8%和 30.9%。

G.3

2022年农业生产与价格运行状况分析

牛艳嘉*

摘　要： 2022年，中国农业生产克服疫情、灾情等影响，总体平稳运行。全国粮食总产量13731亿斤，实现增产丰收，连续8年稳定在1.3万亿斤以上；生猪生产平稳发展，牛羊生产稳定增长，肉禽蛋奶供应充足；主要农产品价格基本稳定，玉米、小麦、大豆价格高位攀升，生猪价格总体下降。

关键词： 农业生产　粮食产量　生猪生产　农产品价格

2022年，中国农业生产克服疫情、灾情等影响，粮食实现增产丰收，粮食产量连续8年保持在1.3万亿斤以上，牢牢将中国人的饭碗端在自己手中。畜禽生产平稳发展，重要农产品市场供给充裕，主要农产品价格基本稳定。农业生产总体平稳运行，为保障国家粮食安全、稳定宏观经济大盘提供了有力支撑，为应对复杂严峻形势、战胜各种风险挑战奠定了坚实基础。

一　2022年粮食生产与价格运行状况分析

（一）粮食实现增产丰收，价格整体上涨

1. 粮食生产情况及其特点

2022年，全国粮食总产量13731亿斤，比上年增加74亿斤，增长

* 牛艳嘉，国家统计局农村司统计师，研究方向为农业农村统计调查。

0.5%，粮食产量连续8年稳定在1.3万亿斤以上。全年粮食生产呈现以下特点。

一是分季看，夏粮、早稻和秋粮三季粮食产量均增加。得益于播种面积和单产双提升，占全年粮食产量21%的夏粮实现增产丰收，2022年，全国夏粮总产量2948亿斤，比上年增加29亿斤，增长1.0%，连续四年增长。早稻产量占全年粮食产量的4%左右，因播种面积稳中有增，全国早稻产量562亿斤，比上年增加2亿斤，增长0.4%。秋粮产量占全年粮食产量的75%左右，播种面积略增，但受2022年夏季长江流域高温干旱，东北地区南部农田渍涝灾害偏重，叠加种植结构调整等因素影响，单产水平略有下降。2022年全国秋粮产量10220亿斤，比上年增加43亿斤，增长0.4%。

二是分品种看，小麦、玉米、大豆产量增加，稻谷产量下降。2022年，全国谷物产量12665亿斤，比上年增加10亿斤，增长0.1%。其中，小麦产量2754亿斤，比上年增加16亿斤，增长0.6%；玉米产量5544亿斤，比上年增加93亿斤，增长1.7%；稻谷产量4170亿斤，比上年减少87亿斤，下降2.0%。全国豆类产量470亿斤，比上年增加77亿斤，增长19.6%。其中，大豆产量首次突破400亿斤大关，达406亿斤，比上年增加78亿斤，增长23.7%。全国薯类产量595亿斤，比上年减少13亿斤，下降2.2%。

三是分区域看，全国多数省份粮食增产。2022年，全国有23个省（区、市）粮食增产。其中，河南2021年受洪涝灾害影响减产，2022年恢复性增产49亿斤；新疆、内蒙古、山东、山西和吉林粮食增产均超过8亿斤，分别为16亿斤、12亿斤、9亿斤、9亿斤和8亿斤。

2. 粮食丰收因素分析

2022年，粮食生产再获丰收实属不易，主要得益于粮食播种面积增加，单产水平保持稳定。

一是粮食播种面积有所增加。2022年，中央继续提高小麦、稻谷最低收购价，稳定玉米、大豆生产者补贴和稻谷补贴政策，先后向实际种粮农民发放一次性补贴400亿元，提高农民种粮积极性。各地压实粮食生产责任，强化耕地用途管制，通过退林还田、间套复种、农田连片整治等方式，挖掘面积潜力。四川等受灾较重地区改种扩种晚秋作物，增加播种面积。同时，在粮食价格上涨的带动下，种植收益持续向好，农民种粮积极性增强。2022年，全国粮食播种面积 17.7 亿亩，比上年增加 1052 万亩，增长 0.6%，连续三年实现增长。

二是粮食单产保持稳定。2022 年，全国主要农区大部分时段光温水匹配良好，病虫害偏轻发生，气象条件总体有利于粮食作物生长发育和产量形成。尽管夏季长江流域高温干旱，东北地区南部农田渍涝灾害偏重，对粮食生产造成一定影响，但中央财政紧急安排农业生产和水利救灾资金，各地全力抗旱救灾，强化田间管理，特别是近年来建成的高标准农田，对农业防灾、减灾发挥了重要作用。2022 年，全国粮食作物单产 387 公斤/亩，比上年减少 0.2 公斤/亩，下降 0.1%，基本保持稳定。

3. 粮食价格变动情况

2022 年，国际粮价持续上涨，加上化肥等农资价格居高不下，国内粮食价格高位攀升，除稻谷价格略降外，其他粮食品种价格普遍上涨。从生产者价格来看，2022 年谷物生产者价格比上年上涨 4.3%。其中，小麦上涨 12.8%，价格指数创 2005 年以来最高纪录；玉米上涨 2.7%，稻谷下降 0.3%。豆类上涨 4.0%，其中，大豆上涨 5.3%，薯类上涨 7.7%。从集贸市场价格来看，2022 年 1~12 月玉米集贸市场均价为 2.86 元/公斤，比上年上涨 2.7%；小麦均价为 3.19 元/公斤，上涨 12.7%；籼稻均价为 2.91 元/公斤，下降 1.1%；粳稻均价为 3.20 元/公斤，下降 0.9%；大豆均价为 7.80 元/公斤，上涨 7.1%。

4. 粮食生产投入费用和收益情况

据国家统计局对全国种植粮食的农业生产经营单位、规模种植户和普通农户的抽样调查，受粮食价格上涨带动，2022 年全国粮食亩均收益保持增加。受化肥、农药、燃料等农资价格上涨影响，种粮投入费用持续增加，2022 年，全国粮食亩均生产投入费用为 474 元，比上年增加 74 元，增长 18.6%。其中，粮食亩均化肥投入费用为 189 元，比上年增加 40 元，增长 26.4%；种子、农药、外雇机械作业费用分别比上年增长 9.4%、17.2%、

11.1%。2022年，全国粮食亩均收益（未扣除人工费用、土地费用和固定资产折旧）为901元，比上年增加78元，增长9.4%。粮食收益增长有利于提高农民收入、提升农民种粮积极性、稳定粮食种植面积。

（二）小麦产量与上年持平，略增，价格高位攀升

1. 小麦生产情况及其特点

2022年，全国小麦生产克服上年冬小麦晚播带来的不利影响，产量再创历史新高，达2754亿斤，比上年增加16亿斤，增长0.6%，连续四年增产。

小麦播种面积基本稳定。2022年，小麦播种面积3.5亿亩，比上年减少73万亩，下降0.2%。其中，全国冬小麦播种面积3.4亿亩，比上年略减101万亩，下降0.3%。河北、山西、山东、河南、陕西等地克服2021年严重秋汛影响，通过调整种植结构、扩大非灾区种植面积等方式，基本稳住冬小麦播种面积。全国春小麦播种面积1766万亩，比上年增加28万亩，增长1.6%。新疆、甘肃、宁夏等地积极扩种春小麦，一定程度上弥补了冬小麦因灾减少的面积。

小麦单产小幅提高。虽然2021年北方冬麦区遭遇秋汛，但开春后气温回升快，“倒春寒”、春旱等灾害发生较轻，入夏以来土壤底墒足，早晚温差大，利于籽粒灌浆。各地针对播期推迟积极采取增加播种量、增施底肥、“科技壮苗”、“一喷三防”全覆盖等措施，促进苗情转化，减少病虫害发生。南方产区大部适期播种，生长阶段气象条件良好，利于生长发育和产量形成。特别是近年来因高标准农田建设不断推进，农业生产技术水平持续提升，小麦单产得以继续提高。2022年，全国小麦单产390公斤/亩，比上年增加3.0公斤/亩，增长0.8%。

2. 小麦价格变动情况

小麦价格高位攀升。从生产者价格来看，2022年，小麦生产者价格上涨幅度较大，比上年上涨12.8%，第一至四季度小麦生产者价格分别同比上涨4.4%、17.6%、14.8%和11.9%。从集贸市场月度价格变动情况来看，

2022 年 3 月小麦集贸市场价格突破 3 元/公斤，3~8 月从 3.11 元/公斤持续上涨至 3.26 元/公斤，9 月有所回落，10~11 月又快速上涨至 3.39 元/公斤的历史高点，12 月为 3.34 元/公斤（见图 1）。2022 年 1~12 月小麦集贸市场均价为 3.19 元/公斤，比上年均价上涨 12.7%。

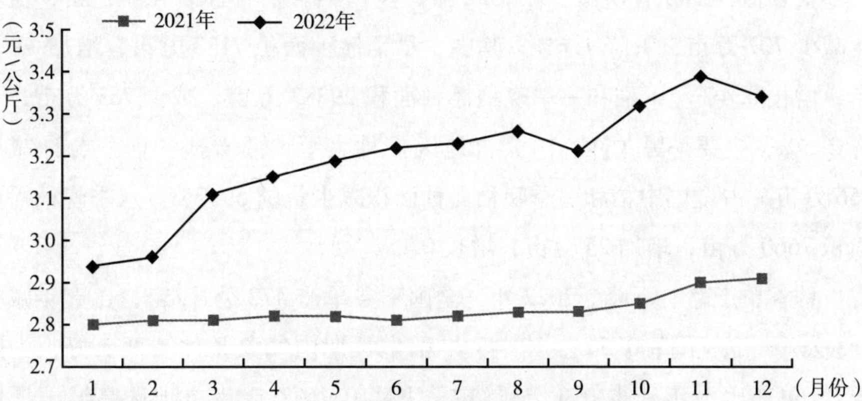

图 1　2021~2022 年小麦集贸市场价格

资料来源：《中国农产品价格调查年鉴 2022》和国家统计局集贸市场价格调查结果。

3. 小麦生产投入费用和收益情况

据国家统计局对农业生产经营单位、规模农户和普通农户的抽样调查，2022 年全国冬小麦亩均收益增加。2022 年全国冬小麦亩均生产投入费用为 508 元，比上年增加 81 元，增长 19.0%。其中，种子、化肥、农药及外雇机械作业费等投入费用分别增长 12.4%、26.4%、26.3%和 7.4%。受单产和单价双提升带动，2022 年全国冬小麦亩均总收入为 1373 元，比上年增加 278 元，增长 25.4%。扣除生产投入费用，2022 年冬小麦亩均收益（未扣除人工、土地费用和固定资产折旧）为 865 元，比上年增加 197 元，增长 29.5%。

（三）稻谷产量有所下降，价格稳中略降

1. 稻谷生产情况及其特点

2022 年，国家继续提高稻谷最低收购价，稳定稻谷补贴政策，促进稻

谷生产。但受内部种植结构调整影响，稻谷播种面积有所减少。长江流域遭遇高温干旱，稻谷单产有所下降。2022 年，全国稻谷产量 4170 亿斤，比上年减少 87 亿斤，下降 2.0%。其中，早稻增产 2 亿斤，中稻和一季晚稻减产 88 亿斤，双季晚稻减产 0.6 亿斤。

稻谷播种面积有所减少。2022 年，全国稻谷播种面积 4.4 亿亩，比上年减少 707 万亩，下降 1.6%。其中，早稻播种面积 7133 万亩，增加 31 万亩，增长 0.4%。中稻和一季晚稻播种面积 29383 万亩，减少 763 万亩，下降 2.5%，主要是黑龙江、内蒙古地区扩种大豆，两省播种面积合计减少 456 万亩，占全国中稻和一季晚稻播种面积减少量的 59.7%。双季晚稻播种面积 7660 万亩，增加 25 万亩，增长 0.3%。

稻谷单产略有下降。2022 年，全国稻谷单产 472 公斤/亩，比上年减少 2.3 公斤/亩，下降 0.5%。其中，早稻生长期内气象条件“两头好，中间差”，单产比上年减少 0.3 公斤/亩，下降 0.1%；受南方地区高温干旱影响，中稻和一季晚稻单产比上年减少 1.8 公斤/亩，下降 0.3%；双季晚稻单产比上年减少 1.7 公斤/亩，下降 0.4%。

2. 稻谷价格变动情况

近年来，稻谷连获丰收，市场供给充足，稻谷价格稳中略降。从生产者价格来看，2022 年，稻谷生产者价格比上年下降 0.3%。分季度看，第一、二季度分别下降 2.7%和 1.9%，第三、四季度分别上涨 2.1%和 1.7%。从集贸市场月度价格变动情况来看，2022 年 1~9 月籼稻集贸市场价格在 2.89~2.92 元/公斤，10~12 月上涨至 2.95 元/公斤（见图 2），2022 年 1~12 月籼稻集贸市场均价为 2.91 元/公斤，比上年均价下降 1.1%。粳稻集贸市场价格虽在年内呈上涨趋势，从 1 月的 3.15 元/公斤上涨至 12 月的 3.25 元/公斤，涨幅为 3.2%，但总体仍低于上年平均水平（见图 3），2022 年 1~12 月粳稻集贸市场均价为 3.20 元/公斤，比上年均价下降 0.9%。

3. 稻谷生产投入费用和收益情况

据国家统计局对稻谷主产区农业生产经营单位、规模农户和普通农户的调查，2022 年，全国稻谷亩均收益有所下降。稻谷亩均生产投入费用为

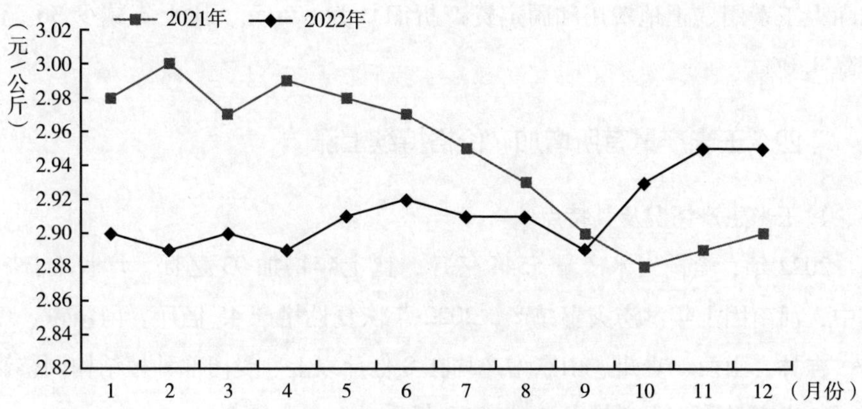

图 2　2021~2022 年籼稻集贸市场价格

资料来源：《中国农产品价格调查年鉴 2022》和国家统计局集贸市场价格调查结果。

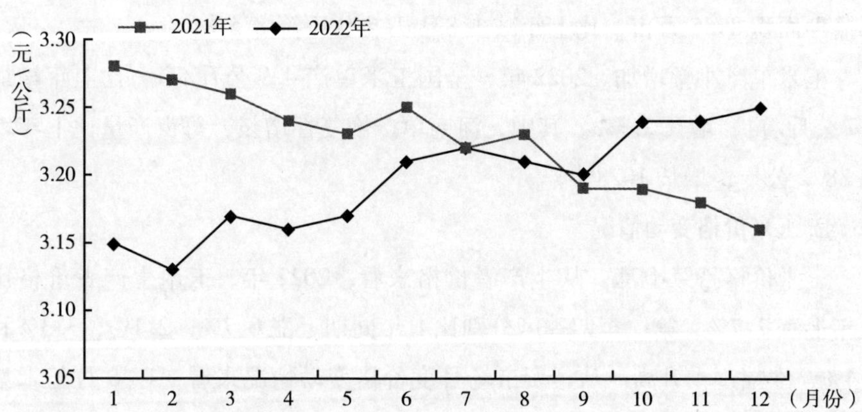

图 3　2021~2022 年粳稻集贸市场价格

资料来源：《中国农产品价格调查年鉴 2022》和国家统计局集贸市场价格调查结果。

567 元，比上年增加 67 元，增长 13.3%，连续五年增长。其中，化肥投入费用为 190 元，比上年增长 20.1%；外雇机械作业费用为 144 元，增长 11.4%；农药投入费用为 77 元，增长 11.6%；种子投入费用为 71 元，增长 3.8%。2022 年，全国稻谷亩均总收入为 1443 元，比上年增加 31 元，增长 2.2%。但受化肥、农药、燃料等农资价格持续高位，生产投入费用继续增加影响，稻谷亩均收益不升反降。2022 年，全国稻谷亩均收益（未扣除人工费用、土地费用和固定资产折旧）为876元，比上年减少36元，下降4.0%。

（四）玉米产量有所增加，价格持续上涨

1. 玉米生产情况及其特点

2022年，全国玉米产量5544亿斤，比上年增加93亿斤，增长1.7%。其中，河南因上年洪涝灾害减产，2022年恢复性增产45亿斤。内蒙古、新疆、吉林、山西、贵州、山东增产均在8亿斤以上。受内部种植结构调整影响，玉米产量第一大省黑龙江减产22亿斤。

玉米播种面积略有下降。受内部种植结构调整影响，2022年，全国玉米播种面积6.5亿亩，比上年减少381万亩，下降0.6%。其中，黑龙江玉米播种面积8955万亩，比上年减少831万亩，下降8.5%。

玉米单产小幅增加。2022年，全国玉米单产429公斤/亩，比上年增加9.7公斤/亩，增长2.3%。其中，河南单产恢复性增长，每亩产量比上年增加38.2公斤，增长10.8%。

2. 玉米价格变动情况

玉米价格持续上涨。从生产者价格来看，2022年，玉米生产者价格比上年上涨2.7%，第一至四季度分别比上年同期上涨0.7%、2.1%、3.3%和5.4%，涨幅逐季升高。从集贸市场月度价格变动情况来看，1~6月玉米集贸市场价格持续攀升，由1月的2.73元/公斤上涨至6月的2.91元/公斤，7~10月维持高位运行，11月上涨至2.94元/公斤。2022年1~12月均价为2.86元/公斤，比上年均价上涨2.7%。

3. 玉米生产投入费用和收益情况

据国家统计局对玉米主产区农业生产经营单位、规模农户和普通农户的调查，全国玉米亩均收益持续增长。2022年，玉米亩均生产投入费用为446元，比上年增加87元，增长24.3%。其中，化肥、农药、燃料亩均投入费用分别为206元、29元和15元，分别比上年增长31.3%、24.8%和27.9%。受种子价格上涨影响，种子亩均投入费用为64元，增长10.9%。亩均生产

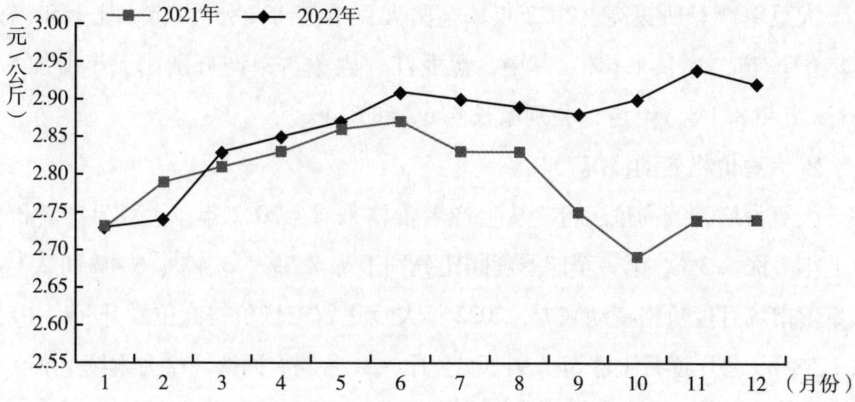

图 4　2021~2022 年玉米集贸市场价格

资料来源：《中国农产品价格调查年鉴 2022》和国家统计局集贸市场价格调查结果。

服务支出 98 元，增长 15.3%，其中，外雇机械作业费用为 86 元，增长 15.9%。受价格和单产双提升带动，2022 年，全国玉米亩均总收入为 1444 元，比上年增加 201 元，增长 16.2%。扣除生产投入费用，2022 年，全国玉米亩均收益（未扣除人工费用、土地费用和固定资产折旧）为 998 元，比上年增加 114 元，增长 12.9%，连续五年增长。

（五）大豆增产，价格高位运行

1. 大豆生产情况及其特点

在播种面积大幅增加和单产提高的带动下，2022 年，全国大豆大幅增产，产量达到 406 亿斤，比上年增加 78 亿斤，增长 23.7%。其中，黑龙江和内蒙古大豆播种面积增加较多，大豆产量分别增加 47 亿斤和 15 亿斤，两省合计增产量占全国增产量的近 80%。

播种面积大幅增加。2022 年，国家实施大豆油料产能提升工程，东北地区积极扩种大豆，推行大豆玉米合理轮作，黄淮海、西北、西南地区推广大豆玉米带状复合种植，大豆面积增加较多。2022 年，全国大豆播种面积 1.5 亿亩，比上年增加 2742 万亩，增长 21.7%。其中，黑龙江增加 1566 万亩，增长 26.9%；内蒙古增加 493 万亩，增长 36.8%。

大豆单产有所提高。2022 年，全国大豆单产 132 公斤/亩，比上年增加 2. 1 公斤/亩，增长 1. 6%。其中，黑龙江、内蒙古单产分别比上年增加 5. 6 公斤/亩和 8. 1 公斤/亩，分别增长 4. 6%和 6. 4%。

2. 大豆价格变动情况

大豆价格持续高位运行。从生产者价格来看，2022 年，大豆生产者价格比上年上涨 5. 3%，第一至四季度同比分别上涨 7. 5%、5. 4%、6. 4%和 2. 1%。从集贸市场月度价格变动来看，2022 年大豆集贸市场价格高位攀升，1~10 月从 7. 58 元/公斤逐月上涨至 7. 91 元/公斤，11 月略有回落，12 月继续上涨（见图 5）。2022 年 1~12 月大豆集贸市场均价为 7. 80 元/公斤，比上年上涨 7. 1%。

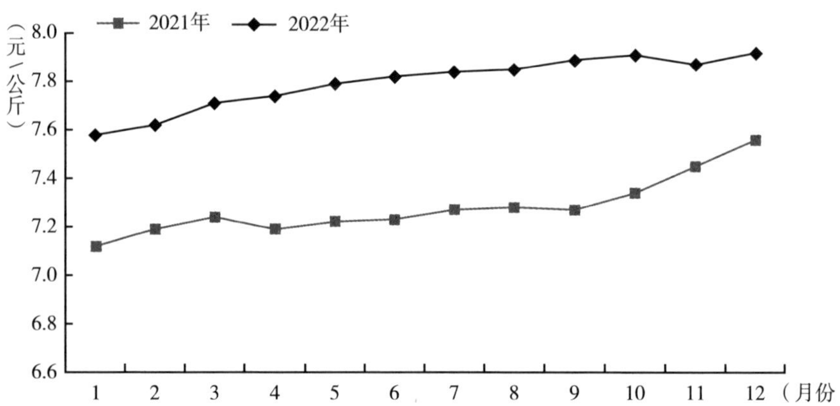

图 5　2021~2022 年大豆集贸市场价格

资料来源：《中国农产品价格调查年鉴 2022》和国家统计局集贸市场价格调查结果。

3. 大豆生产投入费用和收益情况

据国家统计局对大豆主产区农业生产经营单位、规模农户和普通农户的调查，全国大豆亩均收益下降，与玉米的亩均收益差距进一步拉大。2022 年，大豆亩均生产投入费用 220 元，比上年增长 18. 0%。其中，化肥投入费用为 78 元，增长 27. 2%；种子投入费用为 45 元，增长 21. 0%；农药、燃料投入费用分别为 21 元和 18 元，分别增长 9. 7%和 46. 5%；外雇机械作业费用为 49 元，增长 1. 9%。2022 年，全国大豆亩均收益为 850 元，比上年增加27元，增长3.3%。但受生产投入费用大幅增加影响，大豆亩均收益有所下降。2022年全国大豆亩均收益（未扣除人工费用、土地费用和固定资产折旧）为630元，比上年减少6元，下降1.0%，比玉米亩均收益低368元，与2021年两者亩均收益差值248元相比，差距进一步拉大。玉米具有种植难度低、产量高、投入少、效益好等比较优势，玉米与大豆收益差距拉大，种粮主体将更加偏向种植玉米，不利于稳定农民种植大豆的积极性。

二 2022年经济作物生产与价格运行状况分析

（一）棉花产量增加，价格震荡较大

1. 棉花生产情况及其特点

2022年，全国棉花产量598万吨，比上年增加25万吨，增长4.3%。其中，新疆棉花产量539万吨，比上年增加26万吨，增长5.1%，占全国总量的90.2%，比上年提高0.7个百分点；长江流域棉区①产量24万吨，比上年减少0.5万吨，下降2.0%；黄河流域棉区②产量30万吨，比上年减少2万吨，下降5.6%。

全国棉花播种面积下降。2022年，全国棉花播种面积4500万亩，比上年减少42万亩，下降0.9%，降幅比上年收窄3.5个百分点。其中，新疆部分次宜棉区改种玉米、大豆等粮食作物，棉花播种面积3745万亩，比上年减少14万亩，略降0.4%。2021年棉花收购价格创近十年新高，部分地区农户植棉意愿有所增强，长江流域棉区播种面积352万亩，比上年增加4万亩，增长1.1%，自2012年以来面积首次增长。黄河流域棉区播种面积365万亩，比上年减少34万亩，下降8.6%。

全国棉花单产有所提高。2022年，全国棉花单产133公斤/亩，比上年

① 长江流域棉区包括5省：江苏、安徽、江西、湖北和湖南。

② 黄河流域棉区包括6省（市）：天津、河北、山西、山东、河南和陕西。

增加6.6公斤/亩，增长5.3%。其中，新疆地区总体天气晴好，热量充足，降水适宜，棉花长势较好，棉花单产144公斤/亩，比上年增加7.5公斤/亩，增长5.5%；长江流域7~8月出现持续高温干旱天气，对处于开花结铃期的棉花造成不利影响，部分缺乏灌溉条件的棉区单产有所下降，棉花单产68公斤/亩，比上年减少2.1公斤/亩，下降3.0%；黄河流域水热条件基本正常，次宜棉区逐步退出，棉花单产稳中有升，棉花单产83公斤/亩，比上年增加2.6公斤/亩，增长3.3%。

2. 棉花价格变动情况

棉花价格震荡较大。从生产者价格来看，2022年，棉花（籽棉）生产者价格[①]比上年上涨2.9%。分季度看，第一、二季度分别比上年同期上涨28.2%和11.4%，第四季度大幅下降20.5%。从集贸市场月度价格变动来看，2022年1~9月棉花（籽棉）价格在8.14~8.45元/公斤运行，10月快速下降至7.90元/公斤，11~12月稳定在7.82元/公斤（见图6）。2022年1~12月棉花（籽棉）集贸市场均价为8.20元/公斤，比上年均价上涨10.8%。

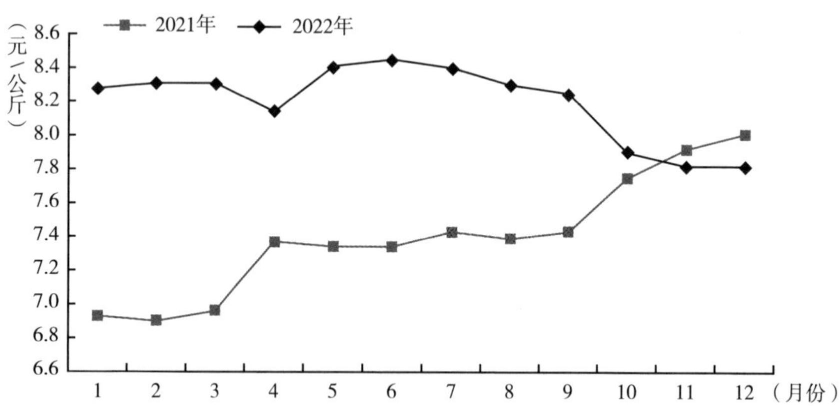

图6 2021~2022年棉花集贸市场价格

资料来源：《中国农产品价格调查年鉴2022》和国家统计局集贸市场价格调查结果。

① 棉花、糖料生产者价格受生产季节性影响，第三季度无数据。

（二）油料产量略增，价格持续上涨

1. 油料生产情况及其特点

受面积和单产双提升带动，2022 年，全国油料产量 3653 万吨，比上年增加 40 万吨，增长 1.1%。油菜籽和花生作为中国主要的油料作物，产量均实现增长。其中，油菜籽产量创历史新高，为 1553 万吨，比上年增加 81 万吨，增长 5.5%；花生产量 1832 万吨，比上年微增。油料播种面积稳中有增，2022 年油料播种面积为 19708 万亩，比上年增加 54 万亩，增长 0.3%。油料单产稳步提升，2022 年油料单产为 185 公斤/亩，每亩产量比上年增加 1.5 公斤，增长 0.8%。

2. 油料价格变动情况

油料价格持续上涨。从生产者价格来看，2022 年，油料生产者价格比上年上涨 5.0%。除第一季度比上年下降 1.0%外，第二至四季度分别同比上涨 6.4%、8.5%和 6.5%。从集贸市场月度价格变动情况看，2022 年，主要油料作物油菜籽和花生仁集贸市场价格均呈上涨态势。油菜籽集贸市场价格由 1 月的 6.00 元/公斤上涨至 12 月的 6.38 元/公斤（见图 7），12 月价格比上年同期上涨 6.2%。花生仁集贸市场价格由 1 月的 13.62 元/公斤先小幅下降至 3 月的 13.45 元/公斤，后又持续上涨至 12 月的 14.21 元/公斤（见图 8），12 月价格比上年同期上涨 4.3%。

（三）糖料产量略减，价格小幅上涨

1. 糖料生产情况及其特点

受单产下降影响，2022 年，全国糖料产量为 11444 万吨，比上年减少 10 万吨，略降 0.1%。糖料播种面积略增，2022 年，全国糖料播种面积为 2200 万亩，比上年增加 13 万亩，增长 0.6%。糖料单产下降，2022 年，糖料单产为 5201 公斤/亩，比上年减少 36.2 公斤/亩，下降 0.7%，主要是广西蔗区持续晴热少雨，影响甘蔗茎节生长，桂中、桂北单产下降较多。

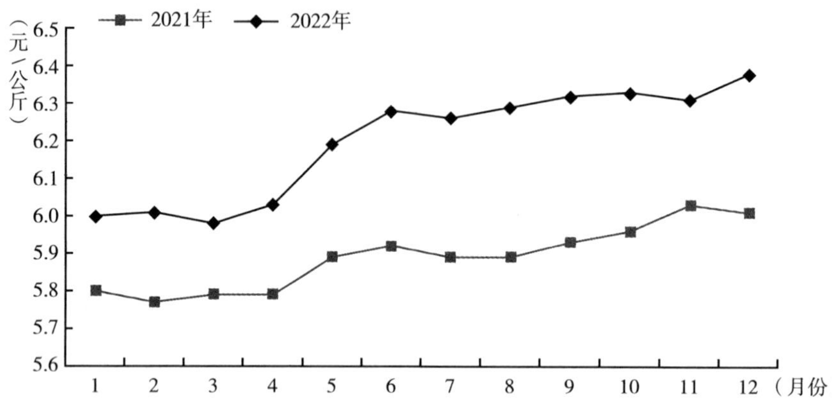

图 7　2021~2022 年油菜籽集贸市场价格

资料来源：《中国农产品价格调查年鉴 2022》和国家统计局集贸市场价格调查结果。

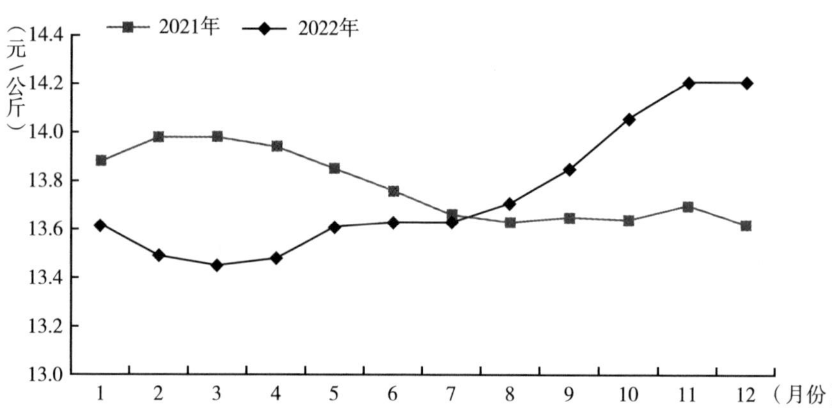

图 8　2021~2022 年花生仁集贸市场价格

资料来源：《中国农产品价格调查年鉴 2022》和国家统计局集贸市场价格调查结果。

2. 糖料价格变动情况

2022 年，糖料生产者价格比上年上涨 4.5%。分季度看，第一、二、四季度分别比上年上涨 3.2%、6.8%和 4.8%。分类别看，甘蔗生产者价格比上年上涨 3.9%，甜菜上涨 10.9%。

三　2022年畜禽生产与价格运行状况分析

（一）生猪生产平稳发展，价格降幅收窄

1. 生猪生产情况及其特点

生猪出栏保持增长。2022 年，全国生猪出栏 69995 万头，比上年增加 2867 万头，增长 4.3%；猪肉产量 5541 万吨，增加 246 万吨，增长 4.6%。2022 年以来，生猪出栏保持增长，但增速有所放缓。分季度看，第一季度全国生猪出栏 19566 万头，比上年增长 14.1%；上半年出栏 36587 万头，增长 8.4%；前三季度出栏 52030 万头，增长 5.8%。分区域看，西部地区增长最快，2022 年出栏 22322 万头，比上年增长 6.1%；东部、中部和东北地区分别增长 3.7%、3.3%和 3.2%。

生猪存栏小幅增加。2022 年末，全国生猪存栏 45256 万头，比上年末增加 333 万头，增长 0.7%。其中，能繁母猪存栏 4390 万头，比上年末增加 62 万头，增长 1.4%，自第二季度起连续三个季度增加，环比增幅分别为 2.2%、2.0%、0.7%。

2. 生猪价格变动情况

2022 年，生猪市场供应充足，猪肉消费较往年偏弱，市场价格回落，降幅比上年收窄。从生产者价格来看，2022 年，生猪生产者价格比上年下降 9.8%，降幅比上年收窄 25.3 个百分点。分季度看，第一、二季度分别比上年同期下降 51.3%和 25.9%，第三季度扭转自 2020 年第四季度以来持续下降的态势，比上年上涨 36.1%，第四季度上涨 42.1%。从集贸市场月度价格变动情况来看，2022 年生猪价格再度出现较大波动，自 2022 年 3 月的 13.1 元/公斤，连续 7 个月上涨，10 月后，又因疫情冲击消费，连续两个月下跌，12 月为 19.6 元/公斤（见图 9）。2022 年 1~12 月生猪集贸市场均价为 19.0 元/公斤，比上年均价低 8.3%。

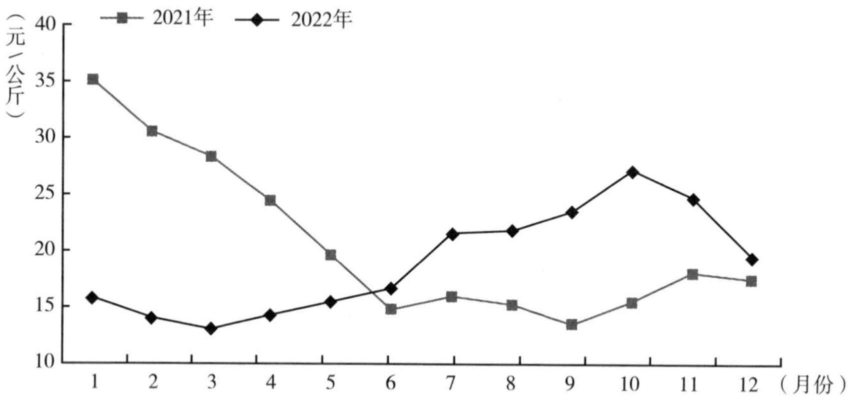

图 9　2021～2022 年生猪集贸市场价格

资料来源：《中国农产品价格调查年鉴 2022》和国家统计局集贸市场价格调查结果。

（二）牛羊生产稳定增长，价格有所起伏

1. 牛羊生产情况及其特点

近年来，随着牛羊市场需求不断增加，牛羊生产总体保持稳定增长，牛羊肉、牛奶产量增加。2022 年，全国肉牛出栏 4840 万头，比上年增加 132 万头，增长 2.8%；牛肉产量 718 万吨，增加 21 万吨，增长 3.0%；牛奶产量 3932 万吨，增加 249 万吨，增长 6.8%。2022 年末全国牛存栏 10216 万头，比上年末增加 399 万头，增长 4.1%。2022 年，全国羊出栏 33624 万只，比上年增加 579 万只，增长 1.8%；羊肉产量 525 万吨，增加 10 万吨，增长 2.0%。2022 年末全国羊存栏 32627 万只，比上年末增加 658 万只，增长 2.1%。

2. 牛羊价格变动情况

牛羊价格有所起伏。从生产者价格来看，2022 年，活牛生产者价格比上年下降 1.9%。分季度看，第一至四季度分别比上年同期下降 1.0%、2.6%、2.4%和 1.9%。从集贸市场月度价格变动情况来看，活牛集贸市场价格呈先跌后涨的“V”字形走势，2022 年 1～7 月活牛集贸市场价格整体呈回落态势，8～11 月从 36.7 元/公斤持续上涨至 37.5 元/公斤，12 月又有

所下降，为 37.2 元/公斤（见图 10）。2022 年 1~12 月活牛集贸市场均价为 37.1 元/公斤，比上年均价上涨 0.8%。

活羊价格比上年有所下降。2022 年，活羊生产者价格比上年下降 6.7%。分季度看，第一至四季度分别比上年同期下降 4.0%、11.7%、8.3%和 4.5%。从集贸市场月度价格变动情况来看，活羊集贸市场价格呈先抑后扬的走势，2022 年 1~6 月活羊集贸市场价格逐月下降，7~11 月从 37.0 元/公斤持续上涨至 38.8 元/公斤，12 月又有所下降，为 38.3 元/公斤（见图 11）。2022 年 1~12 月活羊集贸市场均价为 38.1 元/公斤，比上年均价下降 3.1%。

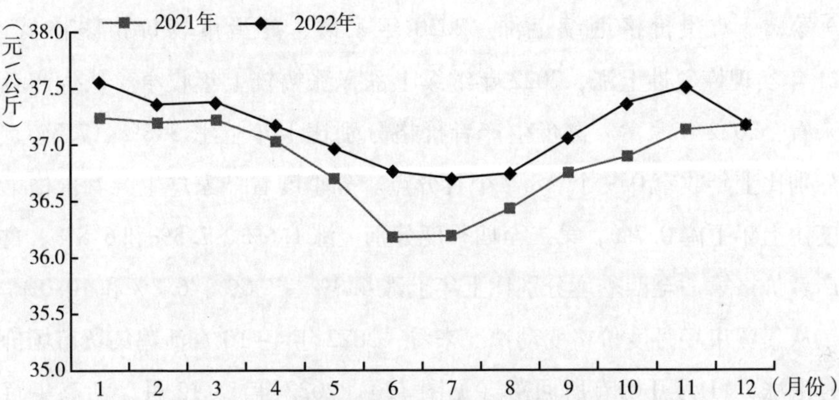

图 10　2021~2022 年活牛集贸市场价格

资料来源：《中国农产品价格调查年鉴 2022》和国家统计局集贸市场价格调查结果。

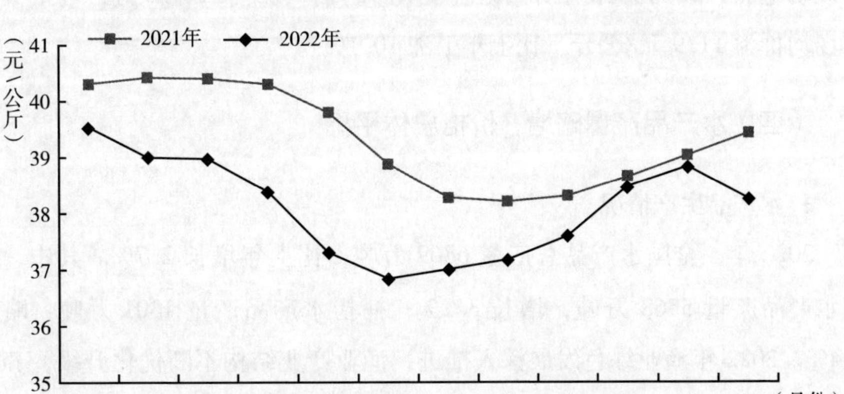

图 11　2021~2022 年活羊集贸市场价格

资料来源：《中国农产品价格调查年鉴 2022》和国家统计局集贸市场价格调查结果。

（三）家禽生产基本稳定，价格继续上涨

1. 家禽生产情况及其特点

家禽生产稳步增长，禽肉禽蛋产量增加。2022 年，全国家禽出栏 161.4 亿只，比上年增加 4.0 亿只，增长 2.5%；禽肉产量 2443 万吨，增加 63 万吨，增长 2.6%；禽蛋产量 3456 万吨，增加 48 万吨，增长 1.4%。2022 年末全国家禽存栏 67.7 亿只，比上年末下降 0.2%。

2. 家禽、禽蛋价格变动情况

家禽、禽蛋价格继续上涨。2020 年家禽、禽蛋市场价格整体低迷，2021 年实现恢复性上涨，2022 年继续上涨，涨幅较上年收窄。从生产者价格来看，2022 年家禽、禽蛋生产者价格分别比上年上涨 3.8%、7.3%，涨幅分别比上年收窄 0.9 个、8.2 个百分点。分季度看，家禽生产者价格第一季度比上年下降 0.7%，第二至四季度分别上涨 1.6%、7.5%和 6.8%。禽蛋生产者价格第一至四季度分别比上年上涨 4.8%、7.6%、6.8%和 10.0%。

从集贸市场月度价格变动情况来看，2022 年 4~10 月活鸡集贸市场价格逐月上涨，11 月开始有所回落（见图 12）。2022 年 1~12 月，活鸡集贸市场均价为 21.8 元/公斤，比上年均价上涨 4.2%。鸡蛋集贸市场价格 1~10 月波动上涨，11 月开始有所回落（见图 13）。2022 年 1~12 月，鸡蛋集贸市场均价为 11.9 元/公斤，比上年上涨 10.1%。

（四）水产品产量略增，价格总体平稳

1. 水产品生产情况

2022 年，全国水产品总产量 6869 万吨，比上年增长 2.7%。其中，养殖水产品产量 5568 万吨，增长 3.2%；捕捞水产品产量 1301 万吨，略增 0.4%。2022 年渔业绿色发展深入推进，渔业产业结构不断优化升级，养殖水产品产量持续增加，养殖比例稳步提高至 81.1%，比上年提高 0.4 个百分点。

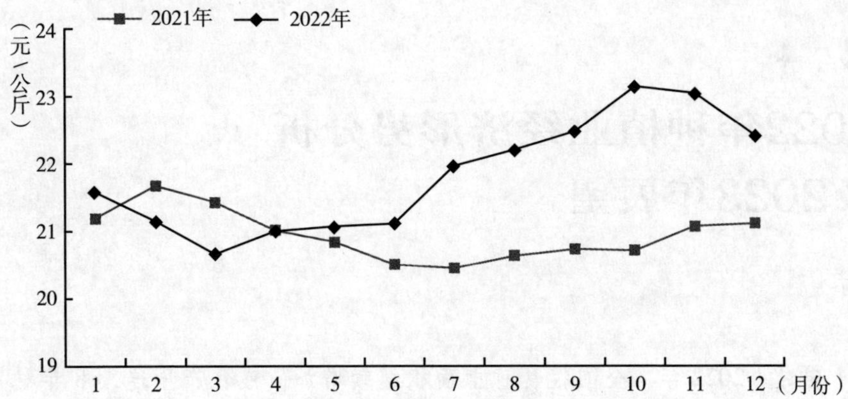

图 12　2021~2022 年活鸡集贸市场价格

资料来源:《中国农产品价格调查年鉴 2022》和国家统计局集贸市场价格调查结果。

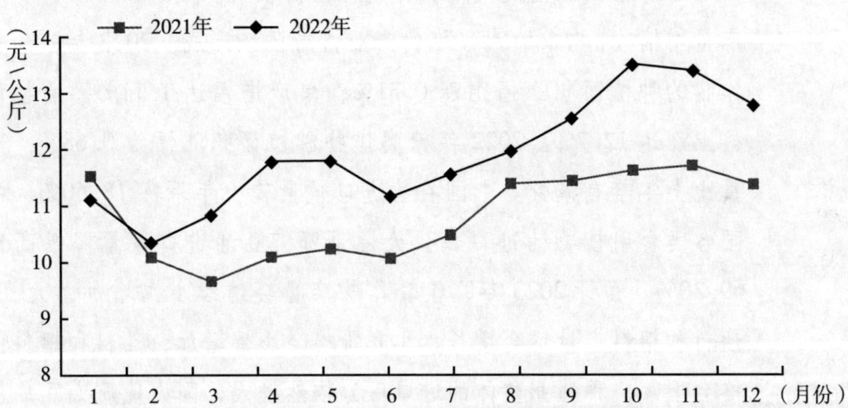

图 13　2021~2022 年鸡蛋集贸市场价格

资料来源:《中国农产品价格调查年鉴 2022》和国家统计局集贸市场价格调查结果。

2. 水产品价格变动情况

2022 年，水产品市场价格总体平稳。2022 年渔业产品生产者价格比上年上涨 0.4%。分季度看，第一季度比上年上涨 2.5%，第二季度下降 0.5%，第三、四季度分别上涨 0.5%和 0.9%。分类别看，2022 年，淡水养殖产品生产者价格比上年下降 0.7%，海水养殖产品上涨 1.1%，海水捕捞产品上涨 2.3%。

G.4

2022年种植业经济形势分析及2023年展望

张瑞娟*

摘　要： 2022年，全国粮食种植面积继续增加，粮食产量连续8年稳定在1.3万亿斤以上。其中，小麦、玉米产量比2021年略有增加，稻米、薯类产量下降，豆类产量上升达19.58%。2022年，小麦及玉米价格上涨幅度较大。棉花种植面积略有减小，但单产和总产量增幅大，"东棉西移"的产业格局已经形成。2022年，油料作物的种植面积小幅上涨0.31%，单产增幅达1.11%，油料价格上涨达12.7%。2022年糖类作物种植面积涨幅为0.68%，产量比上年略有减少。中国谷物进口数量较上年下降18.60%，中国各类食用植物油进口数量大幅下降，豆油进口数量降幅高达69.30%。预计2023年，粮食作物产量会继续小幅增加，大豆、油料和糖料产量均会增长，小麦价格会小幅增加，油料和糖料价格会下跌，种植业整体的进口压力依然较大，国内优质大豆的出口量会增加。

关键词： 粮食作物　经济作物　种植业生产　种植业贸易　种植业市场

* 张瑞娟，管理学博士，中国社会科学院农村发展研究所副研究员，研究方向为农业经济理论与政策。

一　2022年种植业生产情况

（一）粮食播种面积持续增加，粮食产量再创历史新高

民以食为天，粮食安全乃“国之大者”。党的十八大以来，以习近平同志为核心的党中央将保障国家粮食安全放在前所未有的高度，并确立了新的国家粮食安全观。2022 年，为迎接党的二十大顺利召开，全国各地在打好疫情防控阻击战的同时，始终绷紧粮食安全这根弦，以保障国家粮食安全为底线，全面落实“粮食安全党政同责”，完善粮食生产责任制考核，确保粮食主产区、产销平衡区、主销区共同扛起保障粮食安全大旗；深入落实“长牙齿”的耕地保护硬措施，实行耕地保护党政同责，严守 18 亿亩耕地红线；通过推进种源核心技术攻关并提升农机装备研发应用水平，显著提升了粮食生产的现代化水平；通过高标准农田建设和有效防范应对农业重大灾害，有效增加了粮食生产抵御自然风险和市场风险的能力；通过合理保障农民种粮收益，加大耕地轮作试点，进一步推动经济效益、生态效益和社会效益协同稳定。2022 年，面对国际复杂局势和国内疫情交织，全国粮食种植面积继续增加，粮食生产实现“十九连丰”，粮食总产量再创历史新高，连续 8 年稳定在 1.3 万亿斤以上，切实做到了“谷物基本自给、口粮绝对安全”。

1. 分品种种植情况

从产量看，2022 年，全国粮食产量 68653 万吨，比 2021 年增加 368 万吨，小幅增产 0.54%。谷物总产量基本与上年持平，仅增产 0.08%。其中，稻谷产量 20850 万吨，较上年减少 434 万吨，减产 2.04%；小麦产量 13772 万吨，比上年增加 77 万吨，增产 0.56%；玉米产量 27720 万吨，比上年增加 465 万吨，增产 1.71%；在玉米大豆带状复合种植、粮豆轮作等一系列措施激励下，豆类产量明显增加，薯类产量减少。2022 年，全国豆类产量达 2351 万吨，比上年增加 385 万吨，增幅为 19.58%；薯类产量 2977 万吨，比上年减产 2.20%（见表 1）。

表 1　2021~2022 年主要粮食作物产量及变化情况

单位：万吨，%

作物	2022 年	2021 年	2022 年比 2021 年增长
粮食	68653	68285	0.54
谷物	63324	63276	0.08
其中：稻谷	20850	21284	-2.04
小麦	13772	13695	0.56
玉米	27720	27255	1.71
豆类	2351	1966	19.58
薯类	2977	3044	-2.20

资料来源：《中国统计年鉴（2022）》《国家统计局关于 2022 年粮食产量数据的公告》。

从播种面积看，粮食作物总播种面积保持上升，2022 年全国粮食播种面积达 118332 千公顷，比 2021 年增加 700 千公顷，增长 0.60%。2022 年全国粮食播种面积的增长主要是豆类播种面积的明显增加，相较于豆类播种面积，谷物、薯类播种面积均有不同程度的下降。谷物总体播种面积减幅较小，为 0.91%，其中，小麦面积基本稳定，玉米和稻谷面积降幅分别为 0.59%和 1.57%。薯类减少 148 千公顷，减幅达 2.02%。

2022 年全国各地层层压实粮食生产责任，严格对耕地用途进行管制，通过退林还耕还田，间种、套种、复种结合，农田连片整治等方式，挖掘粮食生产面积潜力。但受珠江流域性洪水、辽河支流绕阳河决口、青海大通及四川平武和北川山洪灾害、长江流域夏秋冬连旱以及南方地区森林火灾等重大灾害影响，全国粮食播种面积增幅较小。2022 年，为应对大豆市场复杂多变的国际形势，国家政策大力支持大豆和油料生产，完善大豆生产者补贴政策，豆类种植面积增长 1757 千公顷，增幅达 17.36%（见表 2）。

表 2　2021~2022 年主要粮食作物播种面积及变化情况

单位：千公顷，%

作物	2022 年	2021 年	2022 年比 2021 年增长
粮食	118332	117632	0.60
谷物	99269	100177	-0.91

续表

作物	2022 年	2021 年	2022 年比 2021 年增长
其中:稻谷	29450	29921	-1.57
小麦	23519	23568	-0.21
玉米	43070	43324	-0.59
豆类	11878	10121	17.36
薯类	7185	7333	-2.02

资料来源:《中国统计年鉴(2022)》《国家统计局关于 2022 年粮食产量数据的公告》。

2022 年,全国大部分农区粮食作物生长时段自然条件较好,有利于作物生长发育。但受副热带高压偏强偏大和拉尼娜现象等影响,国内平均气温偏高,全年各地相继发生旱情,年初珠江流域冬春连旱、4~6 月黄淮海和西北地区春夏旱、长江流域罕见夏秋冬连旱对粮食生产造成一定影响。单产方面,2022 年全国粮食作物单产 5802 公斤/公顷,每公顷产量比上年减少 3 公斤,下降 0.05%。其中,稻谷减产明显,达 33 公斤/公顷,减幅为 0.46%。其次,薯类单产也略有减少,年单产 4144 公斤/公顷,减幅为 0.14%。但玉米、豆类产量有所增加,增产幅度均超 1.00%,分别为 2.30%、1.91%(见表 3)。同时,由于高产作物玉米播种面积的增加,种植结构的调整也影响了粮食单产水平。

表 3　2021~2022 年主要粮食作物单产及变化情况

单位:公斤/公顷,%

作物	2022 年	2021 年	2022 年比 2021 年增长
粮食	5802	5805	-0.05
谷物	6379	6316	1.00
其中:稻谷	7080	7113	-0.46
小麦	5856	5811	0.77
玉米	6436	6291	2.30
豆类	1979	1942	1.91
薯类	4144	4150	-0.14

资料来源:《中国统计年鉴(2022)》《国家统计局关于 2022 年粮食产量数据的公告》。

2. 分季节种植情况

从分季节种植来看，2022 年秋粮播种面积最大，达 87047 千公顷，较 2021 年增加 0.68%；但单位面积产量有所下降，为 5870 公斤/公顷，减幅达 0.27%。在总产量方面，秋粮总产量为 51100 万吨，同比增长 0.42%，占全国粮食全年总产量的 74.43%，与上年占比几乎持平。2022 年南方地区持续高温干旱，不利于秋粮生产。党中央、国务院高度重视粮食生产，各地区各部门严格落实粮食安全党政同责，持续加大对粮食生产的支持力度。中央财政紧急安排农业生产和水利救灾资金，各地全力抗旱救灾，对农业防灾减灾发挥了重要作用。

2022 年夏粮生产遭遇新冠疫情多点散发、自然灾害多地突发等多重困难和挑战，各地将夏粮生产提升到前所未有的重视高度，打出抓粮稳粮“组合拳”。夏粮播种面积达 26530 千公顷，较 2021 年增长 0.35%，单产增长 0.63%，为 5556 公斤/公顷。夏粮总产量达 14740 万吨，同比增长 0.99%。

早稻种植在播种面积及总产量上较上年均有小幅增加，其中，2022 年全国早稻种植面积为 4755 千公顷，同比增长 0.44%；2022 年全国早稻总产量达 2812 万吨，同比增长 0.36%。年初，南方多数早稻种植区受“倒春寒”影响，2022 年早稻单位面积产量减少 4 公斤/公顷，减幅为 0.07%（见表 4）。

表 4　2022 年主要粮食作物分季节生产及较 2021 年变化情况

作物	播种面积（千公顷）	较 2021 年增长(%)	单位面积产量（公斤/公顷）	较 2021 年增长(%)	总产量（万吨）	较 2021 年增长(%)
夏粮	26530	0.35	5556	0.63	14740	0.99
早稻	4755	0.44	5914	-0.07	2812	0.36
秋粮	87047	0.68	5870	-0.27	51100	0.42

资料来源：《中国统计年鉴（2022）》《国家统计局关于 2022 年粮食产量数据的公告》。

3. 分地区种植情况

从分地区种植看，2022 年粮食主产区的总产量达 53718 万吨，比上年增加 116 万吨，增幅为 0.22%。粮食主产区总产量占全国总产量的比重，仍超全国总产量的3/4，达78.25%。2022年，粮食主产区的13个省（区、市）粮食播种面积都有增加，但各省（区、市）增幅有差距，其中，四川增幅最大，其次是吉林，安徽、湖南、江西增幅较小。这13个省（区、市）情况分别是四川（1.66%）①、吉林（1.12%）、内蒙古（0.98%）、黑龙江（0.91%）、辽宁（0.51%）、江苏（0.31%）、河北（0.24%）、山东（0.20%）、湖北（0.06%）、河南（0.06%）、安徽（0.06%）、湖南（0.15%）、江西（0.10%）。粮食主产区中有7个省（区、市）粮食产量增加，分别是河南（3.75%）、内蒙古（1.57%）、河北（1.05%）、吉林（1.03%）、山东（0.78%）、江苏（0.61%）、安徽（0.31%），粮食产量下降的6个省（区、市）中，减幅最大的是辽宁（-2.13%），减幅最小的是湖北（-0.84%）。

2022年产销平衡区的总产量为11970万吨，比2021年增产222万吨，产销平衡区产量占全国粮食产量比重连续增长，已达17.44%。从播种面积和产量看，被划分到粮食产销平衡区的11个省（区、市）粮食播种面积均有增加，但增幅差别较大。其中，西藏粮食播种面积增幅最大，达2.88%。其次是新疆，增幅为2.62%。而增幅最小的是贵州，只有0.04%。在粮食产量方面，产销平衡区除重庆（-1.83%）、青海（-1.65%）外，其余省（区、市）均有增长。增幅超过2.00%的有新疆（4.48%）、山西（3.03%）、甘肃（2.72%）、陕西（2.16%）、宁夏（2.01%）。

2022年粮食主销区的总产量为2965万吨，比2021年增产30万吨，粮食主销区粮食产量占比与上年相比变化不大。从播种面积和产量看，粮食主销区的7个省（区、市）粮食播种面积和产量均有不同程度增加，且增幅差别明显。其中，北京的粮食播种面积和产量增幅都超过20%，分别是25.94%和20.11%。可能的原因是，2022年北京各区推进退林还耕、复垦复耕等工作增加了耕地面积，为实现粮食播种面积和产量的稳中有增奠定了基础。同时，福建粮食播种面积增幅最小，为0.30%；浙江粮食产量增幅最小，为0.02%（见表5、图1、图2）。

---

① 括号内代表同比增长幅度，下同。

表 5　2022 年粮食生产区域格局变化情况

单位：万吨，%

区域	2022 年		2021 年	
	产量	占全国粮食产量比重	产量	占全国粮食产量比重
粮食主产区	53718	78.25	53602	78.50
粮食产销平衡区	11970	17.44	11748	17.20
粮食主销区	2965	4.32	2935	4.30

资料来源：《中国统计年鉴（2022）》《国家统计局关于 2022 年粮食产量数据的公告》。

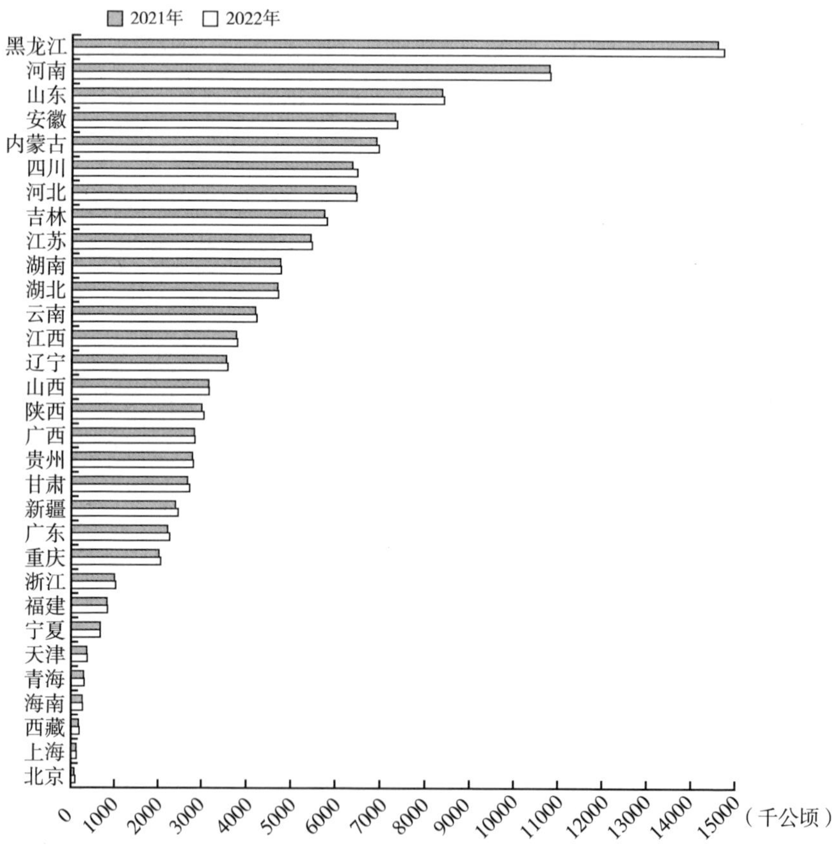

图 1　2022 年和 2021 年各地区粮食播种面积情况

资料来源：《中国统计年鉴（2021）》《国家统计局关于 2021 年粮食产量数据的公告》《中国统计年鉴（2022）》《国家统计局关于 2022 年粮食产量数据的公告》。

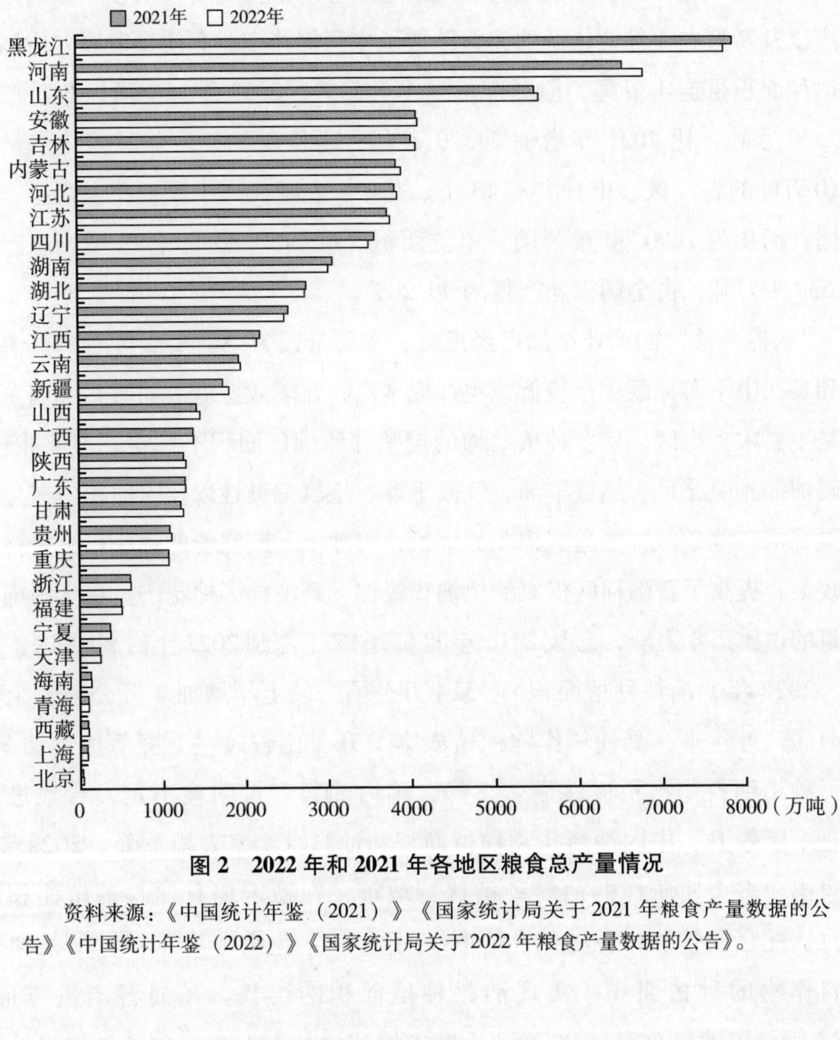

图 2　2022 年和 2021 年各地区粮食总产量情况

资料来源：《中国统计年鉴（2021）》《国家统计局关于 2021 年粮食产量数据的公告》《中国统计年鉴（2022）》《国家统计局关于 2022 年粮食产量数据的公告》。

（二）经济作物总产量呈上涨态势

2022 年，全国棉花播种面积为 3000. 30 千公顷，较上年下降 27. 90 千公顷，下降 0. 92%。全国棉花单位面积产量为 1992. 20 公斤/公顷，比 2021 年增加 99. 60 公斤/公顷，增长 5. 26%，主要是新疆棉区作出的贡献。近年来，新疆棉花目标价格政策不断完善，同时，新疆棉区不断提升农机作业现代化、智能化、信息化水平，引进无人驾驶拖拉机等高科技技术，为农民提供整地、播种、植保、收获全程机械化技术服务。诸多高新技术在新疆的应用推广以及新型农业经营体系的完善助推了中国棉花产业高质量发展。中国棉花播种面积虽连年下降，但总产量呈上升趋势。2022 年，全国棉花总产量 597.70 万吨，比 2021 年增加 24.70 万吨，增长 4.31%。全国棉花产量超 0.10 万吨的省（区、市）共有 13 个。其中，新疆作为中国棉花主产区，棉花播种面积为 2496.90 千公顷，单位面积产量 2158.90 公斤/公顷，总产量达 539.1 万吨，占全国棉花产量的 90.20%。

“东棉西移”的产业格局已经形成，主要是因为中国东部黄河中下游棉区和长江中下游棉区单产较低，生产成本高，比较效益低。同时，中国东部又是主要粮食产区，粮食种植结构的调整导致棉田面积不稳定。与此相较，新疆棉区光照充足、热量丰沛、气候干燥、土壤偏碱性以及大面积机械化作业更好推广等条件，更适宜棉花的生长，再加上不断完善的棉花目标价格补贴政策，提高了新疆棉区棉农的植棉积极性，新疆棉区棉花产量在全国棉花产量的占比逐年上涨，已从 2016 年的 67.64%上涨到 2022 年的 90.83%。

2022 年，油料种植面积为 1314 万公顷，较上年增加 4 万公顷，上涨 0.31%。近年来，受油料作物种植成本上升、比较效益下降等因素影响，农民种植油料作物积极性显著下降，国内油料产量明显不足，导致进口数量不断攀升，中国油料作物种植面积和油脂自给率大幅下降。2022 年，国家出台多个实质性的油料种植扶持政策，在稳定现有油料种植面积的同时，配合调整油料种植结构，扩大了大豆、花生、葵花籽、山茶树等油料作物的种植面积，实现油料种植面积的增长。在油料产量方面，2022 年全国油料总产量达 3653 万吨，同比增长 1.11%，国产油料自给率呈稳定上涨态势。

中国食糖年均消费量基本保持在 1500 万吨以上，主要是人民群众基本生活需要和农产品加工、医药等产业的初始原料供给。受种植成本增加、农村劳动力短缺、全程机械化推广受阻等因素影响，近年来，糖农种糖积极性显著下降，糖料作物种植面积和产量逐年下滑。为确保国家食糖安全，2022 年，国家出台探索开展糖料蔗完全成本保险和种植收入保险政策、实施糖料种业振兴行动方案以及鼓励糖料国家现代农业产业园建设、实施农机购置和应用补贴政策等，推动中国糖料生产有序良性发展。2022 年，全国糖料作物播种面积为 147 万公顷，较上年增长 0.68%。在产量方面，糖料作物全国总产量几乎与上年持平，略有减少，全年共产糖料 11444 万吨，同比下降 0.06%（见表 6）。

表 6　2022 年经济作物生产情况及变化

作物	播种面积（万公顷）	同比增长（%）	产量（万吨）	同比增长（%）
油料	1314	0.31	3653	1.11
棉花	300	-0.92	598	4.31
糖料	147	0.68	11444	-0.06

资料来源：《中华人民共和国 2022 年国民经济和社会发展统计公报》。

二　2022年种植业贸易情况

（一）粮食贸易情况

从粮食进口情况看，2022 年，中国谷物进口数量为 5320.40 万吨，较上年下降 18.60%。其中，玉米、大麦进口数量降幅较大，进口数量为 2061.83 万吨和 576 万吨，分别下降 27.30%和 53.80%。大麦进口数量明显减少主要是因为全球范围内的大麦产量有所降低，在俄乌冲突的影响下国际大麦价格上涨，中国大麦的进口成本增加，致使国内企业贸易订单数量减少。同时，受疫情防控等因素影响，进口货物船只到港后，海关检测、管控严格，通关、放行速度慢，导致交通运输风险加大、贸易商提货困难，致使大麦市场实际供应持续偏紧。大豆进口数量由 2021 年的 9652 万吨下降到 2022 年的 9109.01 万吨，同比下降 5.63%。2022 年，中国大米进口数量明显增加，进口数量为 618.83 万吨，涨幅达 24.70%。小麦、高粱进口数量也有所增加，小麦进口数量为 995.93 万吨，高粱为 1014.00 万吨。相较于中国主要粮食进口情况，主要粮食出口数据体量较小。其中，小麦出口量为 14.64 万吨，同比增长 74.50%；大米出口量为 221.22 万吨，同比下降 9.70%；大豆出口量为 12.09 万吨，同比增加 60.60%（见表 7）。

表 7　2022 年主要粮食作物进出口情况

单位：万吨，%

作物	进口		出口	
	数量	同比变化	数量	同比变化
谷物	5320.40	-18.60	244.20	-6.80
小麦	995.93	1.90	14.64	74.50
玉米	2061.83	-27.30	—	—
大米	618.83	24.70	221.22	-9.70
大麦	576.00	-53.80	—	—
高粱	1014.00	7.70	—	—
大豆	9108.01	-5.63	12.09	60.60

资料来源：中华人民共和国农业农村部官方网站公布《2023 年 1 月大宗农产品供需形势分析月报》、中华人民共和国海关总署。

从粮食进口国看，2022 年大米主要进口来源国是印度（占进口总量的 35.22%）、巴基斯坦（19.39%）、泰国（12.92%）、缅甸（12.92%）、柬埔寨（4.69%）。同期，中国小麦全年进口量达 995.93 万吨，进口主要来源国是澳大利亚（572 万吨）、加拿大（179 万吨）、法国（170 万吨），而进口自美国的小麦仅 63 万吨，相较于上年的 272.65 万吨，下降 76.90%。2022 年，中国从阿根廷进口的大麦数量为 239 万吨，占比 41.50%；从加拿大的进口量为 193 万吨，占比 33.51%；从法国的进口量为 98 万吨，占比 17.10%。在高粱进口方面，全年进口高粱 1014 万吨，其中，来自美国的进口量为 633 万吨，来自阿根廷的为 199 万吨，来自澳大利亚的为 181.30 万吨。2022 年，中国进口巴西大豆 5440 万吨，进口美国大豆 2953 万吨，进口阿根廷大豆 365 万吨。

（二）经济作物贸易情况

从经济作物进口情况看，2022 年，棉花进口数量为 192. 86 万吨，食糖进口数量为 527. 50 万吨，食用油籽进口数量为 9611. 51 万吨，食用油籽中的油菜籽进口数量为 196. 06 万吨。同期，食用植物油进口数量为 636. 31 万吨，同比减少 38. 8%。其中，豆油进口数量为 34. 41 万吨，菜籽油进口数量为 106. 13 万吨，棕榈油（不包括棕榈硬脂）进口数量为 340. 67 万吨，葵花籽油和红花籽油进口数量为 188. 80 万吨。除葵花籽油和红花籽油外，中国各类食用植物油进口数量大幅下降。豆油进口数量降幅高达 69. 30%，菜籽油进口数量降幅也超过 50%，棕榈油（不包括棕榈硬脂）下降 26. 80%（见表 8）。食用植物油大幅下降的原因可能是全球植物油供应紧张，导致中国食用植物油进口价格倒挂，国内贸易商因此减少国际采购量。同时，国内植物油价格大幅上涨，与此相较，生猪存栏回升，动物油脂供应增加，对植物油消费形成一定反替代，打压了食用植物油的消费，消费疲软进一步抑制了中国食用植物油的进口。

表 8　2022 年主要经济作物进口情况

单位：万吨，%

作物	数量	同比变化
棉花	192. 86	-10. 10
食糖	527. 50	-6. 80
食用油籽	9611. 51	-5. 80
其中:油菜籽	196. 06	-25. 90
食用植物油	636. 31	-38. 80
其中:豆油	34. 41	-69. 30
菜籽油	106. 13	-50. 70
棕榈油(不包括棕榈硬脂)	340. 67	-26. 80
葵花籽油和红花籽油	188. 80	47. 50

资料来源：中华人民共和国农业农村部官方网站公布《2023 年 1 月大宗农产品供需形势分析月报》。

三　2022年种植业市场变化情况

（一）粮食的市场价格变化情况

1. 稻米市场价格变化情况

2022 年，国内稻米平均价格为 2.02 元/斤。国际稻米平均到岸价格为 1.75 元/斤，国内价格比国际价格高 15.43%。根据数据对比，2022 年国内稻米平均价格比 2021 年低 0.08 元/斤，下降 3.81%。2022 年稻米最高价格为 2.04 元/斤，最低价为 2 元/斤。价格曲线显示，2022 年全年国内稻米价格较为稳定但稍有起伏。因国内多地新冠疫情反复、团体消费减少，稻米价格保持低位稳定，2022 年 1~5 月稻米价格呈下降趋势，6 月、7 月、8 月到达价格的最高点，8~12 月价格趋于稳定且呈上涨趋势。受稻谷最低收购价政策影响，国内外稻米价格呈现不同的波动趋势。国内价格较为稳定，国际价格波动幅度较大（见图 3）。

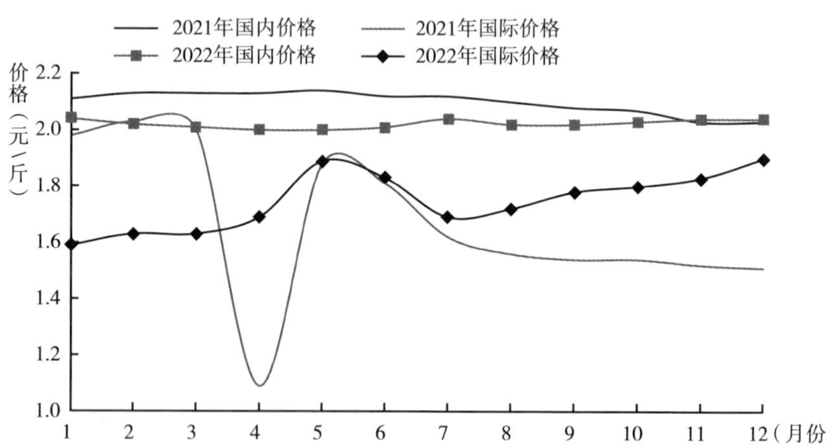

图 3　2022 年 1~12 月稻米国内外价格变化情况

资料来源：中华人民共和国农业农村部官方网站公布《2023 年 1 月大宗农产品供需形势分析月报》。

2. 小麦市场价格变化情况

2022 年，国内小麦在主产区实行最低收购价格政策措施下，平均价格为 1.66 元/斤，比 2021 年高 0.22 元/斤，上涨 15.28%。统观 2022 年国内外小麦价格变化，2022 年国内外小麦价格保持高位震荡，2022 年国际小麦平均到岸价格为 1.99 元/斤，国际价格比国内价格高 19.88%。俄乌冲突导致 2022 年上半年小麦国际价格大幅度上涨，小麦平均到岸价格为 2.06 元/斤，与 2021 年上半年相比上涨 53.70%。国内下游面粉需求疲软导致国内价格偏低，受国际粮价升高的影响，小麦价格仍有小幅上涨。2022 年上半年国内平均价格为 1.66 元/斤，比国际价格低 19.41%。2022 年下半年随着北半球的小麦收获，国际小麦价格回落，但仍旧保持高位波动。与 2022 年上半年相比，下半年价格变化稳定，平均价格为 1.91 元/斤，与上半年相比下降 7.28%。国内价格因国内小麦产需平衡有余，下半年价格以高位小幅波动为主，国内平均价格为 1.66 元/斤，与上半年持平（见图 4）。

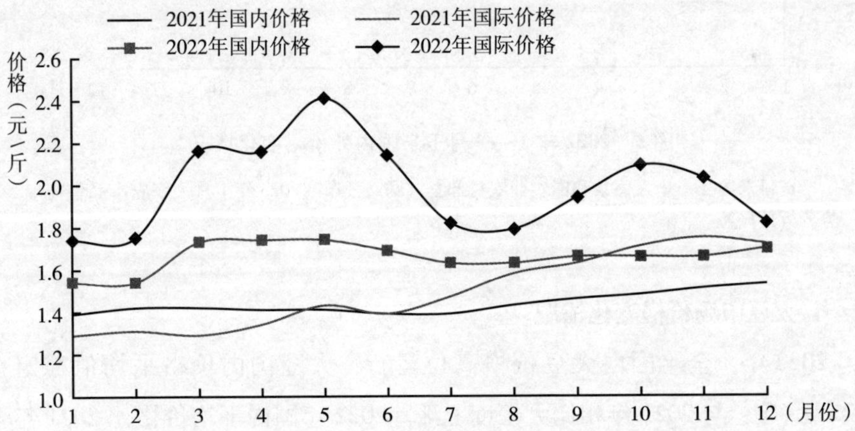

图 4　2022 年 1~12 月小麦国内外价格变化情况

资料来源：中华人民共和国农业农村部官方网站公布《2023 年 1 月大宗农产品供需形势分析月报》。

3. 玉米市场价格变化情况

2022 年，国内玉米平均价格为 1.45 元/斤。根据 2022 年进口数据，国际玉米平均到岸价格为 1. 51 元/斤，国内价格比国际价格低 3. 97%。2022 年，国内玉米平均价格与 2021 年价格差别较小，比 2021 年高 0. 02 元/斤。综观 2022 年价格变化，全年玉米国内价格处于持续上涨的势头。2022 年上半年，玉米平均价格为 1. 43 元/斤，下半年玉米平均价格为 1. 45 元/斤。从国际价格波动看，2022 年国际玉米价格变化较大，从 1 月的 1. 27 元/斤上涨至 10 月的 1. 71 元/斤，呈波动上升的趋势，10~12 月有所回落。8~10 月因欧美产量预期下调，玉米国际价格上涨幅度较大，总体呈先升后降的趋势。

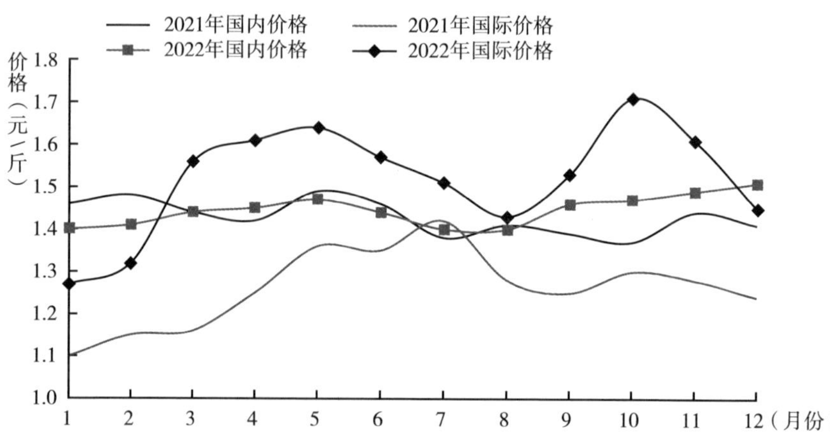

图 5　2022 年 1~12 月玉米国内外价格变化情况

资料来源：中华人民共和国农业农村部官方网站公布《2023 年 1 月大宗农产品供需形势分析月报》。

4. 大豆市场价格变化情况

2022 年，全年国内大豆价格高位运行，大豆国内价格平均值稳定在 3. 23 元/斤，与 2021 年相比大幅度上涨。2022 年国内平均价格比 2021 年上涨 0. 15 元/斤，上升幅度较大，为 4. 80%。大豆价格在 11 月初回落，其原因是 2022 年大豆产量实现丰收。反观国际大豆价格，2022 年大豆国际平均价格为 2. 62 元/斤，国内价格比国外价格高 0. 61 元/斤，高 23. 28%。国际大豆价格在 6 月和 11 月出现两次价格高峰，在 7 月出现一次较明显的价格下降，总体来说是一个波动性上涨的趋势（见图 6）。

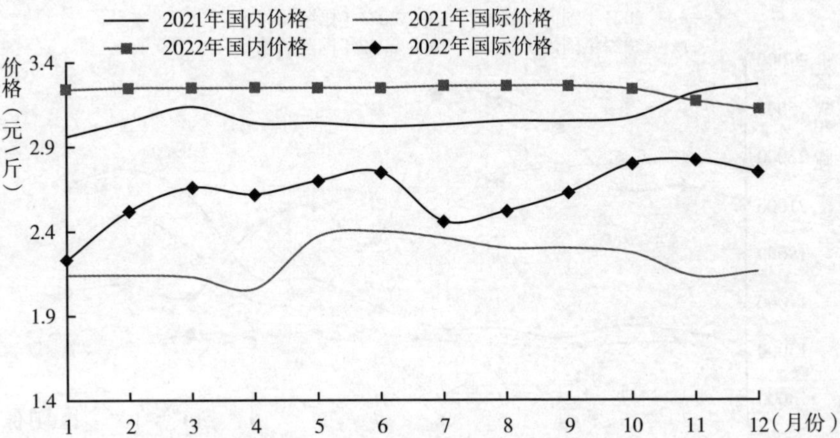

图6　2022年1~12月大豆国内外价格变化情况

资料来源：中华人民共和国农业农村部官方网站公布《2023年1月大宗农产品供需形势分析月报》。

（二）经济作物的市场价格变化情况

1. 棉花市场价格变化情况

2022年国内棉花平均价格为18961.75元/吨，较2021年国内平均价格17799.92元/吨，上涨1161.83元/吨，涨幅达6.53%。2022年棉花国内价格起伏较大，2022年上半年国内平均价格为22210.83元/吨，下半年平均价格为15712.66元/吨，下降了6498.17元/吨，降幅为29.26%。其转折点是在6月、7月，导致2022年下半年的价格呈断崖式下降且呈持续性低迷，主要原因在于上半年的棉花价格过高，纺纱服装产业链的成本高，加工严重亏损，补货不积极，影响棉花消费，使棉花需求量大幅度下降，再加上棉花的产量增加使供给量大幅度增加。2022年国际棉花平均价格为21103.75元/吨，比国内价格高2142元/吨，高出11.30%。从价格变化来看，1~6月棉花的价格不断上涨，6月之后呈波动性下降。总体上看，国际棉花价格是先升后降的变化趋势（见图7）。

2. 油料市场价格变化情况

2022年，中国国内油料平均价格为5.31元/斤，较2021增长0.61

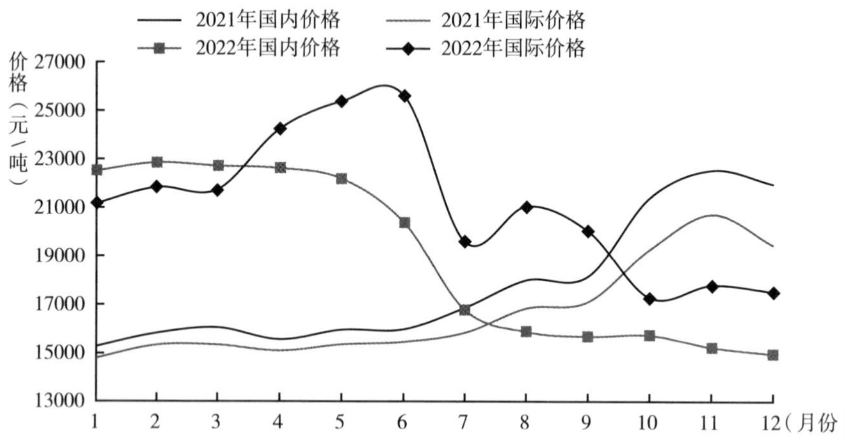

图 7　2022 年 1~12 月棉花国内外价格变化情况

资料来源：中华人民共和国农业农村部官方网站公布《2023 年 1 月大宗农产品供需形势分析月报》。

元/斤，增幅为 12.70%。从价格变化趋势来看，油料价格 1~6 月持续上涨，7 月油价大幅度下降，7~12 月油价小幅波动性下降且下降的幅度有所收紧，主要是交易转淡和国际植物油价格跌幅收紧影响。2022 年国内价格总体呈先升后降趋势。2022 年国际油料平均价格为 6.23 元/斤，比国内价格高 0.92 元/斤，高出 17.33%。与 2021 年平均价格 5.08 元/斤相比，高出 1.15 元/斤，涨幅 22.64%。从价格变化趋势来看，1~5 月上涨幅度较大，5~7 月下降明显，8~12 月呈波动性上升。总体上看波动较大。可见，国内国际油料价格波动趋势具有一定的关联（见图 8）。

3. 糖料市场价格变化情况

2022 年，国内糖料平均价格为 5682.83 元/吨，较 2021 高出 203.50 元/吨，增长 3.71%，全年糖料国内价格起伏波动。7 月之后糖料价格下降较为明显，其原因为部分省份新冠疫情反复、管控升级，食糖消费恢复不及预期，总体来说全年价格先升后降。国际市场 2022 年糖料平均价格为 5093.08 元/吨，与 2021 年相比下降 385.53 元/吨，下降了 7.03%。比国内

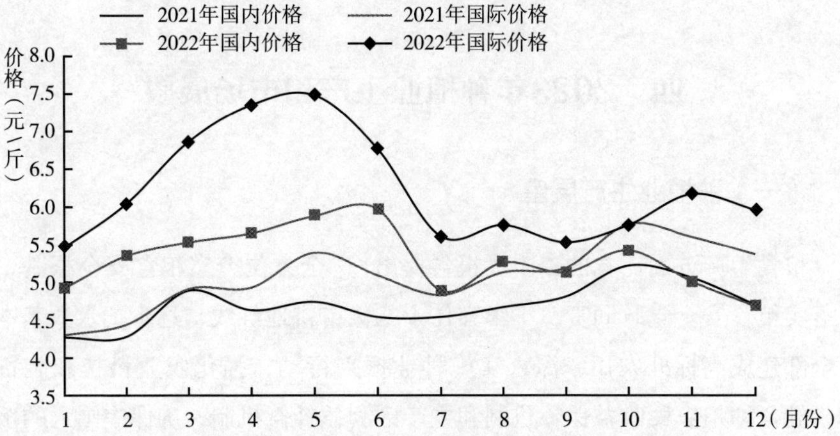

图8　2022年1~12月油料国内外价格变化情况

资料来源：中华人民共和国农业农村部官方网站公布《2023年1月大宗农产品供需形势分析月报》。

市场价格低589.75元/吨，下降了10.38%。可见，国内国际糖料价格处于两种波动态势，价格波动关联性不强（见图9）。

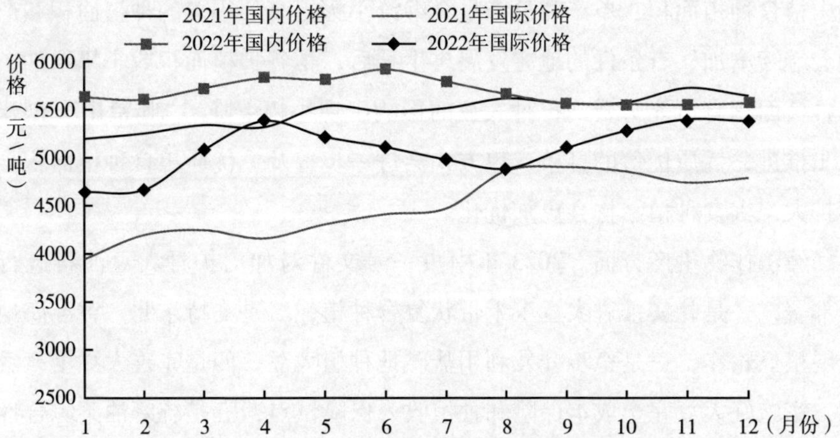

图9　2022年1~12月糖料国内外价格变化情况

资料来源：中华人民共和国农业农村部官方网站公布《2023年1月大宗农产品供需形势分析月报》。

四 2023年种植业生产和市场展望

（一）种植业生产展望

粮食生产方面。党的二十大报告提出，“全方位夯实粮食安全根基，全面落实粮食安全党政同责，牢牢守住十八亿亩耕地红线，逐步把永久基本农田全部建成高标准农田，深入实施种业振兴行动，强化农业科技和装备支撑，健全种粮农民收益保障机制和主产区利益补偿机制，确保中国人的饭碗牢牢端在自己手中”。2023 年中央农村工作会议和 2023 年中央一号文件对保障国家粮食安全从底线思维、头等大事、科技与改革双轮驱动、实施新一轮千亿斤粮食产能提升行动等全方位多方面进行了战略部署，为守好“三农”基本盘、保障粮食安全打好了最坚实的基础。同时，2023 年国家继续提高小麦最低收购价，合理确定稻谷最低收购价，稳定稻谷补贴，完善玉米生产者补贴。在没有极端自然天气及极端事件影响的前提下，预测 2023 年国内粮食种植面积、单产和总产量会继续小幅提高，小麦的种植面积和产量均会继续增加，有条件的地方发展再生稻后，稻谷种植面积或小幅增加，玉米种植面积有可能会受到扩种大豆的影响出现小幅下降。“吨粮田”创建会稳步推进，优质优价的订单产粮方式会进一步普及，优质粮食种植面积会持续扩大，粮食种植结构会更加优化。

经济作物生产方面。2023 年中央一号文件对加力扩种大豆油料进行全面部署，一是扎实推进大豆玉米带状复合种植，二是支持东北、黄淮海地区开展粮豆轮作，三是稳步开发利用盐碱地种植大豆，四是完善大豆生产者补贴，实施好大豆完全成本保险和种植收入保险试点，五是统筹油菜综合性扶持措施，推行稻油轮作，开发利用冬闲田种植油菜等。可见，2023 年，在全面努力下，大豆和油料种植面积和产量均会实现较大幅度增长。2023 年 2 月 21 日，农业农村部《关于落实党中央国务院 2023 年全面推进乡村振兴重点工作部署的实施意见》中提到，新疆次宜棉区推广棉豆轮作，完善棉花目标价格补贴政策，推动新疆棉花优质优价，预测 2023 年，低质低效棉田会进一步退出，新疆地区的棉花种植面积有可能会保持稳定或小幅下降，优棉优价的趋势会更加明显。受国内糖料作物种植政策倾向和激励措施影响，2023 年糖料作物种植面积和产量增加的可能性较大。

（二）种植业市场展望

粮食价格方面。受国际形势复杂严峻以及国内小麦最低收购价调高影响，2023 年小麦价格上涨的可能性较大，稻谷价格有可能会继续保持稳定甚至小幅下跌，质高品优的稻谷和小麦价格优势会更加凸显；受 2022 年玉米国内价格上涨、国际价格趋跌影响，2023 年玉米价格继续上涨的可能性不大，有可能会下跌。

经济作物价格方面。2022 年棉花价格较高，2023 年棉农植棉意愿强，棉花产量有可能进一步增加，受低效低质棉区棉豆轮作影响，棉花的区域布局和品种结构会更加优化，棉花优势产区价格下行的可能性不大；2023 年，受鼓励大豆油料种植政策影响，大豆油料种植面积会继续增加，大豆油料增产的可能性较大，国内大豆油料价格下浮的可能性较大。受国内外形势放开加上刺激糖料作物种植政策影响，糖料作物种植面积和产量均会增加，2023 年国内食糖价格下行可能性较大。

（三）种植业贸易展望

粮食贸易方面。考虑到国内外形势放开加上国际局势复杂多变的影响，2023 年，尽管预测中国粮食种植面积和产量均增长，但疫情放开后，家庭对多元化粮食产品及畜产品的需求数量和质量明显提高，外出就餐数量频次增多，国内对多元化食物的需求量增加后，预测 2023 年大米、小麦、玉米和大豆的进口压力依然较大，即使有进口配额及配额外关税的准入壁垒，也会刺激相关替代品的大量进口。因此，三大主粮国外优质产品及进口替代品的消费有可能会小幅增加，大豆大量依赖进口依然是趋势，但大豆总体进口量会小幅缩减，国内优质大豆出口量会增加。

经济作物贸易方面。预测 2023 年，随着国内外形势放开以及经济形势好转，国内外消费者对纺织品的需求会有所增加，棉花及棉纱进口量和出口量有很大可能均出现增加；在国内油料多元化消费需求趋于稳定、国内油料作物一系列鼓励生产措施的政策刺激下，国内油料产量会增加，再加上近两年国内外差价较大，油料作物的进口有可能趋于稳定或小幅下降。受国内食糖供应量不足、成本和价格均较高等因素影响，2023 年食糖进口量的增加趋势依然明显。

G.5

2022年林业经济形势分析及2023年展望

赵海兰*

摘　要： 2022年，林业投资规模略有增长，全国造林面积略微增加，林业总产值为8.04万亿元，较上年有所减少，国内木材产量有所减少。林产品进出口贸易额为1910亿美元，其中木质林产品占比为67.77%。木质林产品的进口以木浆、原木、锯材和纸制品等产品为主，木浆进口量减少但进口额增加，原木、锯材和印刷品进口均有所减少；出口以纸制品和木质家具为主，纸制品出口增加，木质家具出口减少。林产品市场进一步萎缩，分化状态较为明显。2023年，造林面积将有小幅度下降，林业第三产业比重进一步提高。林产品进出口贸易进一步增加，林产品出口形势继续好转。国内林产品市场复苏加快，木制品价格将趋于稳定。

关键词： 林业生产　林产品市场　林产品贸易

2022年是中国踏上全面建设社会主义现代化国家、向第二个百年奋斗目标进军新征程的重要一年，是党的二十大召开之年。2022年中央一号文件将全面推进乡村振兴作为"三农"工作的核心内容，文件中涉及林业的内容包括实施生态保护修复重大工程、加强天然林保护修复、科学推进国土绿化、实施生物多样性保护重大工程、构建以国家公园为主体的自然保护地

---

* 赵海兰，管理学博士，国家林业和草原局发展研究中心副研究员，中国社会科学院数量经济与技术经济研究所博士后，主要研究领域包括林业生态价值及碳汇、林业发展战略规划及林业经济理论与政策。

体系、支持扩大油茶种植面积、改造提升低产林、探索建立碳汇产品价值实现机制、深化集体林权制度改革等，为林业发展提供了政策支撑和方向。2022 年 10 月，党的二十大报告指出，必须牢固树立和践行绿水青山就是金山银山的理念，站在人与自然和谐共生的高度谋划发展。提升生态系统多样性、稳定性、持续性。以国家重点生态功能区、生态保护红线、自然保护地等为重点，加快实施重要生态系统保护和修复重大工程；推进以国家公园为主体的自然保护地体系建设；实施生物多样性保护重大工程；科学开展大规模国土绿化行动；深化集体林权制度改革；建立生态产品价值实现机制，提升生态系统碳汇能力；积极参与应对气候变化全球治理。

2023 年是中国全面贯彻党的二十大精神的开局之年，是“十四五”的中坚之年。为了更好地推进乡村振兴、建立健全生态产品价值实现机制、推动形成具有中国特色的生态文明建设新模式、统筹山水林田湖草沙一体化保护和系统治理，推动林业事业高质量发展，党中央、国务院将进一步加大对林业发展的支持，林业将面临更加广阔的发展空间，在生态产品供给、生态经济惠民等方面将上一个新台阶，从而为更好地建设美丽中国和实现人与自然和谐共生的现代化作出新贡献。

一　2022年林业生产分析

（一）林业投资规模略有增长，投资结构趋于合理化

2022 年，国家林业和草原局落实中央资金 1368 亿元。自 2013 年以来，中国林业投资完成额呈增长趋势，从 2013 年的 3782. 27 亿元增长到 2021 年的 4169. 98 亿元，截至 2022 年 10 月底，林业投资完成额同比增长 2. 33%①。林业投资完成额包括国家预算资金和社会资金。近年来，林业投资中国家资

① 2022 年数据来源于《2022 年林业和草原主要数据统计快讯》，由于部分数据统计周期尚未覆盖到年末，另外统计项目也不完整，因此这里只是与 2021 年同期进行的比较，该结果与用全年数据比较的结果会略有偏差。

金与社会资金的比例变化较大，2013 年，该比例约为 37∶63，2021 年则约为 56∶44，国家对林业生态环境建设的支持日益增强，且发挥着引导功能。2021 年，国家共安排中央预算内投资 265.5 亿元，其中，“双重”工程 235 亿元（重点区域生态保护和修复 210.4 亿元，生态保护修复支撑体系 24.6 亿元），国家公园 5.9 亿元，国家级自然公园 2.4 亿元，国家湿地公园（长江经济带绿色发展方向）2.6 亿元，林业有害生物防治 2 亿元，草原防火等部门专项 15.5 亿元，部门自身建设等其他 2.1 亿元①，同时，重点区域生态保护修复项目安排中，涉及 66 个系统治理项目范围内 91 个市，落实投资 114 亿元。从各渠道资金来源的增速、完成情况及 2022 年国家资金的下达情况来看，2022 年，各渠道资金变化不大，林业投资中国家资金与社会资金的比例与 2021 年基本持平，但林业投资的结构更加趋于合理化。

（二）全国造林面积略有增加，重点生态工程建设深入推进

2022 年，全国计划植树造林 5006 万亩，实际完成造林 5745 万亩，比 2021 年实际完成造林面积增长 6.39%。种草改良 4821 万亩，治理沙化石漠化土地 2771 万亩，实现了 1 亿亩的国土绿化既定目标。其中，人工造林 1800 万亩，山西、甘肃、内蒙古、湖南、广东、广西、江西等 7 个省份人工造林均超过 100 万亩，飞播造林 255 万亩，封山育林 1560 万亩，退化林修复 2130 万亩。首次发布新华·中国（合肥）苗木价格指数，新增省级乡土树种采种基地 56 处。造林绿化任务首次实现带位置上报、带图斑下达，推进造林、种草改良、防沙治沙、退耕还林还草、油茶种植等任务落地上图。

2022 年，深入推进重点生态工程建设。在“三区四带”等重点区域组织开展 72 个生态保护和修复工程项目建设。组织实施“十四五”前两批 19 个山水林田湖草沙一体化保护和修复工程项目，“山水工程”入选世界十大生态恢复旗舰项目。组织实施 20 个国土绿化试点示范项目。建设国家储备

① 资料来源：根据国家林业和草原局规划财务司提供资料整理。

林693万亩，三北工程完成造林面积1271.85万亩①。以国有林场为主开展碳汇试点，林草植被总碳储量达114.43亿吨，年碳汇量12.8亿吨②。

2022年10月，国家林业和草原局、农业农村部、自然资源部和国家乡村振兴局联合印发《“十四五”乡村绿化美化行动方案》，其中指出，到2025年，全国平均村庄绿化覆盖率达到32%，乡村“四旁”植树15亿株以上，全面巩固提升国家森林乡村，绿化一批国有林区、国有林场居住点，建设一批具有地方特色的森林乡村、绿美乡村，乡村自然生态得到全面保护，乡村绿化水平明显提高。

（三）木材产量和林业产业总产值均有所减少，油茶种植业迅速发展

2022年，全国木材产量为10693万立方米，同比减少7.70%③。截至2022年底，全国共有油茶种植面积7084.50万亩，茶油产能突破100万吨。新增油茶种植面积200万亩，改造面积400万亩。全年生产种子1634万公斤，生产可供造林苗木287亿株，绿化良种使用率达到65%。国家林木种质资源库保存登记种质资源8.7万余份。2022年，国家林业和草原局印发了《林草产业发展规划（2021-2025年）》，提出到2025年，全国林草产业总产值达9万亿元，形成比较完备的现代林草产业体系，产业结构更加优化，质量效益显著改善，吸纳就业能力保持稳定；产品有效供给能力持续增强，供给体系对国内需求的适配性明显提升，产品生产、流通、消费更多依托国内市场；林草产品国际贸易强国地位初步确立；林草资源基础更加巩固，资源利用效率不断提升；有效保障国家生态安全、木材安全、粮油安全和能源安全，服务国家战略能力进一步增强。经济林种植面积达6.5亿亩，各类经济林产品总产量稳定在2亿吨以上；木本油料种植面积达2.7亿亩左右，木

---

① 数据来源于《2022年中国国土绿化状况公报》，https://www.forestry.gov.cn/main/586/20230312/095048980343075.html。

② 根据国家林业和草原局局长关志鸥在全国林业和草原工作视频会议上的讲话整理而得。

③ 数据来源于《中华人民共和国2022年国民经济和社会发展统计公报》，http://www.stats.gov.cn/tjsj/zxfb/202302/t20230227_1918980.html。

本食用油年产量达250万吨。

2022年，中国林业产业总产值达8.04万亿元（按现行价格计算），相比2021年减少0.64万亿元[①]。木本油料、林下经济、花卉、生态旅游等新兴产业蓬勃发展。绿色生态产品供给能力持续增强，培育了经济林、木竹材加工、生态旅游等三个年产值超过万亿元的支柱产业。

二　2022年中国主要林产品市场分析

2022年，中国林业采购经理指数（FPMI）[②] 全年平均为42.90，比2021年低6.91。中国林产品市场全年处于萎缩状态，且衰退明显，有8个月市场处于衰退状态。从全年来看，FPMI在全年的变化趋势与往年略有不同。受海内外疫情抬头和春节过节双重因素叠加影响，1月和2月一直是中国林业采购经理指数全年的最低谷时间，FPMI分别为28.91和29.40，分别比2021年同期水平下降26.06%和7.69%，1月处于全年最低点，2月春节假期影响仍在，但指数已重返上升通道。3月，经历过春节假期的市场低迷后，林业行业景气度明显回升，且迅速冲入高速发展区间，春季飙升如期而至，FPMI重新越过荣枯线，达到全年最高点，为59.63，但受疫情影响，比2021年同期水平下降9.29%。4月受新冠疫情冲击，再次进入衰退状态，延续多年的春季良好发展势头一朝中断，FPMI为35.54，比2021年同期水平下降30.60%。5月仍旧处于衰退状态，但略有回升，受新冠疫情拖累的春季增长行情显现恢复迹象，FPMI为44.46，比2021年同期水平下降

① 2022年数据来源于国家林业和草原局局长关志鸥在全国林业和草原工作视频会议上的讲话，2021年数据来源于《2021年中国林业和草原年鉴》。

② 自2012年开始，国家林业和草原局开展了中国林业采购经理指数（Forest Purchase Management Index，FPMI）调查工作。调查以问卷的形式在网上进行，调查问卷由国家林业和草原局发展研究中心与中国林业产业联合会参照国家统计局调查标准制定。FPMI是衡量林业行业发展状态的风向标，指数超过50，说明行业处于发展状态；等于50，行业为停滞状态；小于50，行业为衰退状态。2022年，1月有621家、2月有610家、3月有619家、4月有621家、5月有621家、6月有610家、7月有619家、8月有607家、9月有607家、10月有599家、11月有605家、12月有593家企业填报调查问卷。

14.05%。6~8月历来是林业行业全年的第二个低谷时期，但市场低迷形势与5月水平相差不大，受暑期高温和降雨影响，市场持续低迷，形势稍显严峻，FPMI分别为41.07、38.31和40.19，比2021年同期水平下降9.54%、9.84%和12.80%。9~11月，林业行业在经历了连续5个月的低迷后，进入金秋发展模式。企业发展保持高位运行，指数再次越过荣枯线，FPMI分别为50.20、58.42和58.30，连续三个月高于荣枯线。其中，9月比2021年同期水平下降12.02%，10月比2021年同期水平增长5.02%，11月基本和2021年同期水平持平，仅下降0.88。12月受全国新冠疫情防控政策调整影响，林业行业衰退状态再次凸显，FPMI为30.09，仅高于1月和2月，比2021年同期水平下降47.31%，但这应属恢复正常生产生活秩序前的蓄势待发。

2022年，林业全部产品行业均处于萎缩状态，但衰退程度有所差异，全年所有产品行业的平均采购经理指数均处于荣枯线以下。前三年林产品市场中发展得最景气的行业木质家具的采购经理指数在2022年也仅为45.39，近三年首次在荣枯线以下。木质家具的采购经理指数在2022年有4个月在荣枯线以上，其中3月、10~11月木质家具的采购经理指数均在70以上，最高点依旧出现在11月，为77.39，比2021年最高水平上涨2.72%。2022年全年平均采购经理指数最高的林业产品行业为细工木板，其采购经理指数为46.00。全年发展较为均衡，每个月的采购经理指数均在40~50，最高点出现在8月，为49.26，最低点出现在3月，为43.52。

胶合板、刨花板和竹产品的采购经理指数分别是39.48、39.96和39.85，分别比2021年下降11.18%、4.15%和17.85%。其中，胶合板的采购经理指数最高出现在5月，为47.38，最低点出现在12月，为31.97。刨花板的采购经理指数最高点出现在9月，为52.35，全年仅有该月是在荣枯线以上，最低点出现在1月，为24.00，采购经理指数在40以上的有5个月。竹产品的采购经理指数最低点出现在8月，为31.82，最高点出现在3月，为49.21。纤维板连续三年成为林业行业里最不景气的行业，2022年纤维板的采购经理指数全年平均为35.27，最低点出现在12月，为24.21，其中，采购经理指数在30以下的有4个月，40以上的仅有2个月，分别为3月和8月，其采购经理指数分别是47.14和46.67。木地板、木门窗、造纸企业和指接板的年平均采购经理指数分别为40.37、43.86、41.77和43.17，其中，木地板和指接板的所有月份均在荣枯线以下，行业衰退明显，木门窗在9~11月采购经理指数在荣枯线以上，分别为52.83、54.83和50.16，造纸企业在全年有两个阶段处于发展状态，即有6个月的采购经理指数在荣枯线及以上，即3~5月和10~12月，其中最高点在12月，为66.25（见表1）。

表1　2022年全国林业采购经理指数及10类产业采购经理指数

产业	1月	2月	3月	4月	5月	6月	7月	8月	9月	10月	11月	12月
FPMI	28.91	29.40	59.63	35.54	44.46	41.07	38.31	40.19	50.20	58.42	58.30	30.39
胶合板	34.02	39.58	42.64	40.75	47.38	42.56	38.61	39.34	39.98	37.69	39.22	31.97
刨花板	24.00	37.94	42.19	43.29	47.79	42.34	37.35	39.12	52.35	38.28	37.66	37.14
木地板	35.65	41.74	43.20	34.17	44.50	40.90	46.15	46.56	42.71	41.35	36.67	30.83
纤维板	28.48	34.89	47.14	39.20	35.00	29.50	34.75	46.67	38.21	37.11	28.10	24.21
细工木板	44.63	43.94	43.52	43.53	48.57	46.79	47.95	49.26	47.05	44.81	47.59	44.35
木门窗	26.32	36.58	46.89	46.74	37.27	43.48	43.16	49.38	52.83	54.83	50.16	38.63
木质家具	22.31	17.83	76.63	28.66	45.07	40.49	36.44	38.70	58.95	76.93	77.39	25.26
造纸企业	29.38	25.83	52.50	55.63	50.00	41.67	16.67	17.50	25.83	56.67	63.33	66.25
竹产品	41.03	41.22	49.21	41.86	37.97	40.45	36.18	31.82	36.46	39.63	45.07	37.27
指接板	43.75	38.91	48.17	40.00	43.44	39.22	42.50	43.59	43.59	46.56	44.22	44.06

资料来源：根据国家林业和草原局发展研究中心产业研究室提供数据整理。

2022年，中国林产品市场波动较大，FPMI的变异系数约为0.27，为近七年来最高水平，约为“十三五”时期同期水平（即2017年）的2.7倍。各类林业采购经理指数的变异系数呈现两极分化的态势。其中，木质家具、造纸企业和纤维板采购经理指数的变异系数均高于2021年，市场波动明显加剧。木质家具和造纸企业的变异系数均超过0.40。木质家具行业的变异系数为0.48，高出2021年同期水平15.20%，继续成为近年来各分类产业采购经理指数波动的最高水平。造纸企业和纤维板的变异系数分别为0.43和0.20，分别高出2021年同期水平26.90%和3.28%。其余各类林业产业采购经理指数的变异系数均低于2021年，市场波动得到一定程度的缓和。变异系数超过0.15的有木门窗和刨花板，其变异系数分别为0.18和0.17，比2021年同期水平分别下降3.57%和3.88%。变异系数在0.10附近的有竹产品、胶合板和木地板，其变异系数分别为0.11、0.10和0.12。与2021年一致，指接板和细工木板的变异系数最小，分别约为0.06和0.05，市场波动甚小，同时也说明这两个行业全年处于低水平稳定发展状态（见图1）。

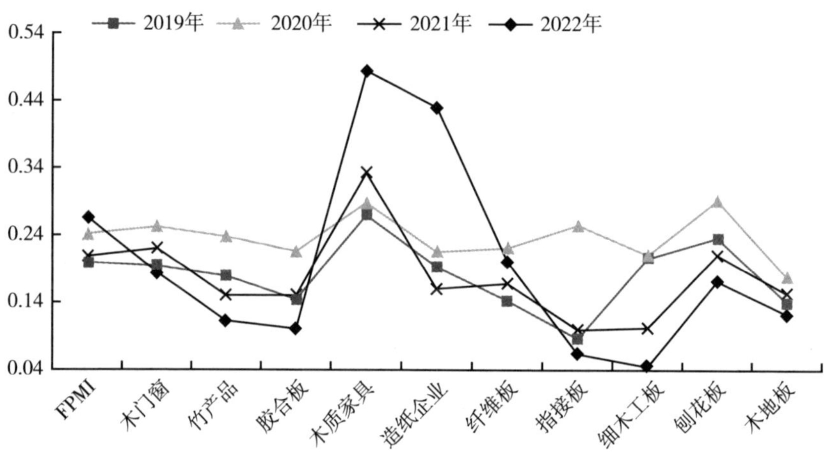

图1　2019~2022年林业采购经理指数变异系数

资料来源：根据国家林业和草原局发展研究中心产业研究室提供数据整理。

三　2022年中国主要林产品贸易

2022年，中国林产品进出口贸易额为1910亿美元，同比增长17.80%①；林产品进出口贸易以木质林产品贸易为主，占比为67.77%②。

① 数据来源于《2022年中国国土绿化状况公报》，https://www.forestry.gov.cn/main/586/20230312/095048980343075.html。

② 此处林产品分类参照《中国林业和草原发展报告（2021年）》，分为木质林产品和非木质林产品。其中，木质林产品指的是森林提供的以木材为形式的产品，划分为两大类，即为木材和木制品，共8小类——原木、锯材（包括特性材）、人造板（包括单板、胶合板、刨花板和纤维板）、木框架等木制品、纸类（包括木浆、纸制品、废纸、印刷品等）、木质家具、木片、木炭，其中木材部分包括原木、锯材、木片和木炭。

木质林产品的出口额为754.90亿美元，同比增长3.31%；进口额为539.55亿美元，同比减少4.77%。

（一）木材和木制品进口

2022年，中国木材和木制品进口以木浆、原木、锯材和纸制品为主（见图2）。在木材产品中，原木和锯材均有所减少；木片和木炭均有所增加。在木制品中，单板进口量减少但进口额增加；胶合板和刨花板均有所增加；纤维板有所减少；木浆进口量减少但进口额增加；废纸进口增加，纸制品、印刷品、木框架和软木等均有所减少。

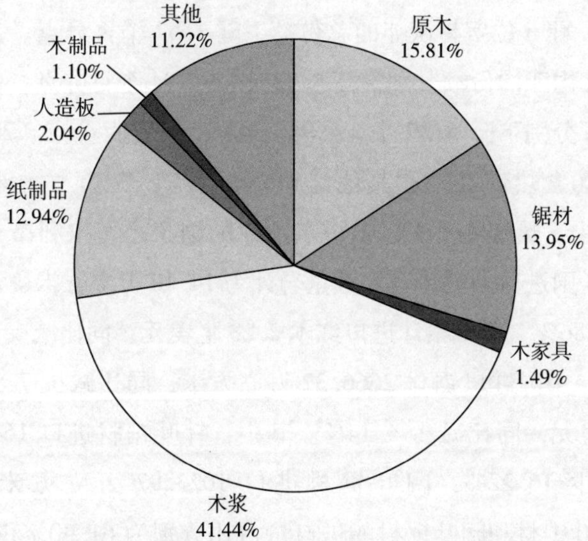

图2　2022年中国木材和木制品进口结构

资料来源：根据中华人民共和国海关总署数据整理。

1. 木材进口

2022年，中国木材进口以原木和锯材为主，进口额占木材和木制品进口总额的29.77%，同比减少4.55个百分点。

2022年，中国进口原木4369.86万立方米，同比减少31.27%；进口额

85.33亿美元，同比减少26.40%。在原木进口额中，针叶原木占比为58.43%，阔叶原木占比为41.57%，与2021年相比，针叶原木占比下降，阔叶原木占比上升；在原木进口量中，针叶原木进口3116.40万立方米，同比减少37.52%，阔叶原木进口1253.46万立方米，同比减少8.52%。

从进口来源看，2022年，原木进口量排名前5的国家是新西兰、德国、巴布亚新几内亚、俄罗斯和美国，从以上5国进口的原木数量合计为3040.89万立方米，占原木进口总量的69.59%，其中，从巴布亚新几内亚进口的原木数量为234.37万立方米，同比增长7.55%。从其他4国进口的原木数量均同比减少，俄罗斯减少最多，降幅达65.25%，其次为德国，降幅达50.74%，再次是美国，降幅达48.08%，新西兰的降幅为13.28%。与2021年相比，前5位贸易伙伴的总份额下降1.57个百分点。其中，新西兰和巴布亚新几内亚的份额分别提高8.43个和1.94个百分点，德国、俄罗斯和美国的份额分别下降5.39个、4.94个和1.59个百分点。2022年全年累计进口红木（含热带红木和其他红木）原木21.47万立方米，同比减少35.93%，其中，热带红木进口量排名前3的国家是塞拉利昂、马里和冈比亚，从以上3国进口的热带红木数量合计为14.14万立方米，占热带红木进口总量的65.86%。全年累计进口红木2.23亿美元，同比减少39.57%。

2022年，中国进口锯材2666.32万立方米，同比减少7.57%；进口额为75.29亿美元，同比减少4.14%。其中，针叶锯材进口1642.35万立方米，同比减少16.22%，阔叶锯材进口1023.97万立方米，同比增长10.78%。针叶锯材和阔叶锯材的进口量占比分别为61.60%和38.40%，进口额占比分别为51.00%和49.00%。

从进口来源看，锯材进口量排名前5的国家分别是俄罗斯、泰国、加拿大、美国和芬兰，从以上5国进口的锯材数量合计为2042.67万立方米，占锯材进口总量的76.61%。其中，从泰国和芬兰进口的锯材均同比增加，两国进口的锯材量分别为396.57万立方米和88.42万立方米，同比增长5.10%和33.29%。从俄罗斯、加拿大和美国进口的锯材均同比减少，减少幅度最大的依然是加拿大，同比减少20.11%，其次为美国，同比减少

14.39%，俄罗斯的减幅为7.00%（见表2）。与2021年相比，前5位贸易伙伴的总份额提高1.04个百分点。其中，俄罗斯和泰国的份额分别提高0.30个和1.79个百分点，加拿大和美国则分别下降0.80个和0.34个百分点，排名第五的贸易伙伴由乌克兰变为芬兰，份额提高0.08个百分点。

表2 2022年中国原木和锯材进口前5位贸易伙伴情况

单位：万立方米，%

国家	原木			国家	锯材		
	数量	增幅	比例		数量	增幅	比例
新西兰	1775.45	-13.28	40.63	俄罗斯	1308.64	-7.00	49.08
德国	596.08	-50.74	13.64	泰国	396.57	5.10	14.87
巴布亚新几内亚	234.37	7.55	5.36	加拿大	135.81	-20.11	5.09
俄罗斯	220.92	-65.25	5.06	美国	113.23	-14.39	4.25
美国	214.07	-48.08	4.90	芬兰	88.42	33.29	3.32

资料来源：根据中华人民共和国海关总署数据整理而得。

2022年，中国进口木片1844.79万吨，同比增长18.03%；进口额40.22亿美元，同比增长45.72%①。木片进口较为集中，与2021年一致，越南、澳大利亚、智利、巴西和泰国是木片进口量排名前5的贸易伙伴，从以上5国进口的木片数量合计占木片进口总量的91.10%，木片进口量占比分别为57.09%、18.92%、8.02%、3.66%和3.41%。其中，智利和巴西的木片进口量同比分别减少21.77%和9.38%，越南、澳大利亚和泰国木片进口量均同比增长，增长比例分别为18.52%、21.84%和116.93%。进口木炭55.74万吨，同比增长113.07%，进口额18153.84万美元，同比增长106.37%②。老挝、缅甸、越南、菲律宾和印度尼西亚是木炭进口量排名前5的贸易伙伴，进口量占比分别为25.78%、25.48%、22.30%、12.93%和

① 木片指的是在制造其他木材产品时特意加工成碎片并适用于制浆、制造碎料板和纤维板、用作燃料或其他用途的木材（此概念源于《粮农组织林产品年鉴》，下文亦同）。

② 木炭指的是因部分燃烧或外部热源而炭化的木材。

6.88%，从以上 5 国进口的木炭数量合计占木炭进口总量的 93.37%。

2. 木制品进口

2022 年，中国木制品进口以木浆和纸制品为主，占木材和木制品进口总额的 54.38%，同比增长 3.40%。

2022 年，中国进口单板 195.67 万吨，同比减少 24.69%，进口额为 4.07 亿美元，同比增长 6.54%。单板的进口量排名前 5 的国家是越南、俄罗斯、乌干达、缅甸和泰国，进口量分别为 49.20%、16.91%、9.09%、6.61%和 5.87%，从以上 5 国进口的单板数量占单板进口总量的 87.68%。

2022 年，中国进口胶合板 12.03 万吨，同比增长 21.88%；进口额 1.88 亿美元，同比增长 23.68%。胶合板主要进口来源国家排名前 5 的贸易伙伴进口量合计为 10.03 万吨，占胶合板进口总量的 83.37%。其中，来自俄罗斯和芬兰的胶合板数量同比增长 56.34%和 136.64%。来自印度尼西亚、马来西亚和日本的胶合板数量则同比减少，减少幅度最大的为马来西亚，同比减少 46.60%，其次为日本，同比减少 38.15%，印度尼西亚同比减少 22.29%。前 5 位贸易伙伴的总份额与 2021 年相比基本持平，只提高了 0.01 个百分点。其中，俄罗斯的份额提高 14.28 个百分点，印度尼西亚、马来西亚和日本的份额分别下降 4.19 个、5.39 个和 3.97 个百分点，排名第 5 的贸易伙伴由 2021 年的台澎金马关税区变更为芬兰，份额下降 0.67 个百分点。

2022 年，中国进口纤维板 9.40 万吨，同比减少 34.08%，进口额为 0.98 亿美元，同比减少 25.76%。纤维板主要进口来源国家排名前 5 的分别是德国、泰国、新西兰、比利时和西班牙，从以上 5 国进口的纤维板数量合计为 7.28 万吨，占纤维板进口总量的 77.45%。其中，从泰国进口的纤维板数量同比增长 14.21%，从其他四国进口的纤维板数量均同比减少，其中降幅最大的为德国，同比减少 44.09%，其次为西班牙，同比减少 31.04%，比利时和新西兰则同比减少 30.55%和 20.60%。与 2021 年相比，前 5 位贸易伙伴的总份额提高 7.14 个百分点。其中，泰国、新西兰、比利时和西班牙分别提高 7.50 个、3.01 个、0.50 个和 0.35 个百分点，德国下降 4.29 个百分点。

2022 年，刨花板进口量达 77. 46 万吨，同比增长 5. 34%，进口额为 4. 10 亿美元，同比增长 26. 93%。刨花板主要进口来源国家排名前 5 的分别是罗马尼亚、泰国、巴西、俄罗斯和德国，从以上 5 国进口的刨花板数量合计为 59. 10 万吨，占刨花板进口总量的 76. 30%。其中，从泰国进口的刨花板数量同比减少 35. 09%，从其他四国进口的刨花板数量则同比增加。增加幅度最大的是巴西，同比增长 72. 80%，其次为德国，同比增长 30. 73%，罗马尼亚和俄罗斯则分别增长 2. 79%和 18. 13%（见表 3）。与 2021 年相比，前 5 位贸易伙伴的总份额下降 2. 03 个百分点。其中，罗马尼亚和泰国分别下降 0. 49 个和 11. 65 个百分点，巴西、俄罗斯和德国则分别增加 7. 14 个、1. 09 个和 1. 87 个百分点。

表 3　2022 年中国“三板”进口前 5 位贸易伙伴情况

单位：万吨，%

国家	胶合板			国家	纤维板			国家	刨花板		
	数量	增幅	比例		数量	增幅	比例		数量	增幅	比例
俄罗斯	7. 78	56. 34	64. 67	德国	2. 25	-44. 09	23. 94	罗马尼亚	15. 14	2. 79	19. 55
印度尼西亚	0. 89	-22. 29	7. 40	泰国	1. 67	14. 21	17. 77	泰国	14. 49	-35. 09	18. 71
马来西亚	0. 51	-46. 60	4. 24	新西兰	1. 67	-20. 60	17. 77	巴西	14. 17	72. 80	18. 29
日本	0. 49	-38. 15	4. 07	比利时	0. 93	-30. 55	9. 89	俄罗斯	7. 83	18. 13	10. 11
芬兰	0. 36	136. 64	2. 99	西班牙	0. 76	-31. 04	8. 08	德国	7. 47	30. 73	9. 64

资料来源：根据中华人民共和国海关总署数据整理而得。

2022 年，中国进口木质家具 436 万件，同比减少 37. 45%。进口木质家具中，木坐具 126 万个，占 28. 90%，木家具 310 万件，占 71. 10%；木质家具进口额 8. 06 亿美元，同比减少 18. 99%，其中，木坐具占 34. 91%，木家具占 65. 09%。木质家具进口来源主要集中在意大利和德国，进口额占比分别为 46. 59%和 13. 85%。

2022 年，中国进口木浆 2917. 28 万吨，同比减少 1. 75%，进口额 223. 57 亿美元，同比增长 11. 48%。2022 年，木浆进口第一大贸易伙伴是巴西，木浆进口额占比为 27.76%，比 2021 年增加 5.22 个百分点。2022 年，中国进口废纸 57.30 万吨，进口额 1.36 亿美元，同比分别增长 6.60% 和 3.03%。2022 年中国进口废纸全部来自中国香港和澳门，其中从中国香港进口废纸数量为 55.26 万吨，占进口总数的 96.44%。

2022 年，中国进口纸制品 894.88 万吨，同比减少 24.97%，进口额为 69.80 亿美元，同比减少 18.49%。纸制品进口排名前 5 位的贸易伙伴为俄罗斯、台澎金马关税区、印度尼西亚、老挝和日本，从以上 5 个贸易伙伴进口的纸制品数量合计为 479.20 万吨，占纸制品进口总量的 53.55%，同比增长 8.10 个百分点。5 个贸易伙伴的占比分别为 14.48%、12.27%、9.10%、8.97% 和 8.71%。

2022 年，中国进口印刷品 3.43 万吨，进口额为 22.67 亿美元，同比分别减少 33.01% 和 4.29%。印刷品进口排名前 5 位的贸易伙伴分别是中国香港、中国和台澎金马关税区、美国和日本，印刷品进口量占比分别为 23.50%、14.37%、14.32%、10.67% 和 10.57%。

2022 年，中国木框架等木制品进口量为 46.63 万吨，同比减少 19.12%；进口额 5.93 亿美元，同比减少 12.02%。2022 年，中国进口软木及软木制品 7250.72 吨，进口额 4060.39 万美元，同比分别减少 27.49% 和 15.72%。软木及软木制品进口较为集中，排名前 2 位的贸易伙伴为葡萄牙和阿尔及利亚，软木及软木制品进口量分别占比 65.15% 和 23.32%，合计占比为 88.47%，从葡萄牙和阿尔及利亚进口的软木及软木制品量分别为 4723.83 吨和 1690.59 吨，同比分别减少 7.76% 和 50.42%。

（二）木材和木制品出口

2022 年，中国木材和木制品出口以纸制品和木质家具为主，分别占木材和木制品出口总额的 42.08% 和 30.12%，其中，纸制品份额同比增长 2.98 个百分点，木质家具份额则同比减少 4.96 个百分点。木材中，原木出口增加，锯材出口减少；木片和木炭出口增加。木制品中，单板、胶合板和刨花板等产品的出口均有不同幅度减少，纤维板出口量减少但出口额增加；

木浆和纸制品出口增加；木质家具、废纸和印刷品出口减少；木框架出口量减少但出口额增加；软木及软木制品出口量增加但出口额减少。

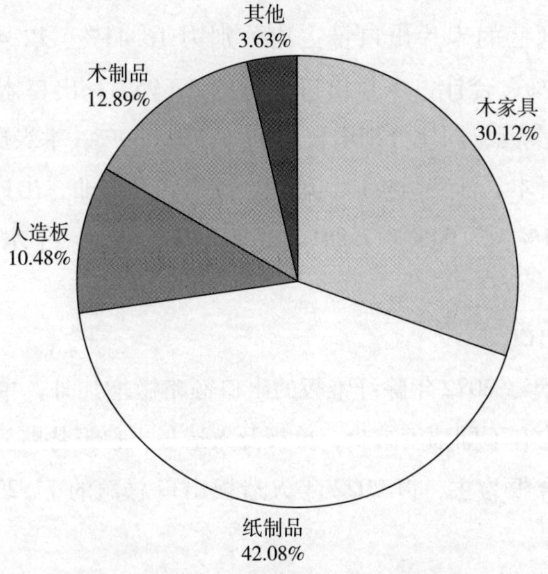

图 3　2022 年中国木材和木制品出口结构

资料来源：根据中华人民共和国海关总署数据整理。

1. 木材出口

2022 年，中国木材产品出口以木炭为主，且有所增加。中国是重要的原木进口国，有着庞大的市场需求，但中国原木产能有限，出口数量较少。

2022 年，中国原木出口增加，锯材出口减少。出口原木 52792 立方米，出口额 2020. 20 万美元，同比分别增长 395. 56%和 445. 09%。原木出口国为印度和越南，其中出口越南的原木数量 52727 立方米，占原木出口总量的 99. 88%。出口锯材 25. 81 万立方米，出口额 1. 67 亿美元，同比分别减少 10. 41%和 12. 11%。锯材出口市场主要集中于日本、越南、美国、加纳和柬埔寨等 5 个国家，5 国的锯材出口量占比分别为 28. 49%、15. 98%、10. 93%、10. 17%和 6. 98%，合计占锯材出口总量的 72. 55%。其中，出口日本和越南的锯材数量同比减少 32. 34%和 24. 42%，出口美国、加纳和柬埔寨的锯材数量同比增长 53.99%、11572.00%和 600.23%。出口木片 2.34 万吨，出口额 1859.20 万美元，同比增长 3.54%和 33.55%，木片出口市场主要集中在马来西亚、台澎金马关税区、日本、斯洛文尼亚和中国澳门等 5 个地区，5 个地区的木片出口量占比分别为 16.41%、12.46%、12.28%、10.84%和 5.96%，合计占木片出口总量的 57.95%；出口木炭 9.20 万吨，出口额 2.11 亿美元，同比分别增长 7.48%和 19.89%。木炭出口量排名前 5 的国家分别是日本、沙特阿拉伯、韩国、阿联酋和南非，出口量占比分别为 34.10%、16.01%、7.94%、7.84% 和 5.58%，合计占木炭出口总量的 71.47%。

2. 木制品出口

相比 2021 年，2022 年除纤维板的出口额略微增加外，单板、胶合板和刨花板等出口均有不同幅度减少，单板及人造板出口形势略显严峻。人造板出口依然以胶合板为主，占 2022 年人造板出口总额的 71.23%，同比增长 0.47 个百分点。

2022 年，中国出口单板 33.31 万吨，出口额 6.73 亿美元，同比分别减少 22.77%和 16.50%，单板主要出口地区为越南、柬埔寨、印度、台澎金马关税区、韩国和菲律宾，出口量合计占单板出口总量的 73.13%，6 个地区占比分别为 28.13%、12.57%、9.00%、8.09%、7.69%和 7.65%。其中，出口越南、柬埔寨、印度和台澎金马关税区的单板数量同比下降 5.84%、55.89%、49.05%和 39.89%，出口韩国和菲律宾的单板数量则同比增长 10.09%和 28.18%。

2022 年，中国胶合板出口量 563.59 万吨，出口额 56.33 亿美元，同比分别减少 12.68%和 4.48%。中国胶合板出口市场较为分散，胶合板出口量排名前 5 的国家分别是菲律宾、日本、英国、阿联酋和澳大利亚，5 国胶合板出口量占出口总量的 30.58%。其中，出口澳大利亚的胶合板数量同比增长 38.64%，出口其他 4 国的胶合板数量均同比减少，减少幅度最大的为英国，同比减少 27.14%，其次为菲律宾，同比减少 12.40%，日本和阿联酋则分别减少 3.98%和 0.04%。与 2021 年相比，前 5 位贸易伙伴的总份额下降1.42个百分点。其中，出口英国的胶合板数量下降1.22个百分点，出口其他4国的胶合板数量均有所提高，出口菲律宾、日本、阿联酋和澳大利亚的胶合板数量分别提高0.03个、0.63个、0.62个和1.67个百分点。2022年，中国纤维板出口量201.63万吨，同比减少10.85%；出口额12.11亿美元，同比增长0.67%。纤维板出口量排名前5的国家分别是沙特阿拉伯、尼日利亚、美国、阿联酋和越南，出口量占比分别为10.01%、9.92%、9.29%、7.45%和7.43%，合计占比为44.10%。出口沙特阿拉伯、美国和阿联酋的纤维板数量同比增长28.00%、18.90%和24.47%，出口尼日利亚和越南纤维板数量同比减少10.35%和40.97%。与2021年相比，前5位贸易伙伴的总份额提高3.75个百分点。其中，出口越南的纤维板份额降低3.79个百分点，出口沙特阿拉伯、尼日利亚、美国和阿联酋的纤维板份额提高3.04个、0.06个、2.33个和2.12个百分点。2022年，中国刨花板出口量36.96万吨，出口额39111.44万美元，同比减少35.65%和8.77%。刨花板出口量排名前5的贸易伙伴分别是台澎金马关税区、蒙古国、日本、尼日利亚和越南，其中，出口台澎金马关税区、日本和尼日利亚的刨花板数量同比分别增长20.88%、479.82%和81.62%，出口蒙古国和越南的刨花板数量同比分别减少27.74%和63.20%（见表4）。与2021年相比，前5位贸易伙伴的总份额提高1.91个百分点。出口越南的刨花板份额下降4.17个百分点，出口台澎金马关税区、蒙古国、日本和尼日利亚的刨花板份额分别提高8.54个、1.35个、8.82个和5.13个百分点。

表4　2022年中国“三板”出口前5位贸易伙伴情况

单位：万吨，%

贸易伙伴	胶合板			贸易伙伴	纤维板			贸易伙伴	刨花板		
	数量	增幅	比例		数量	增幅	比例		数量	增幅	比例
菲律宾	45.52	-12.40	8.08	沙特阿拉伯	20.19	28.00	10.01	台澎金马关税区	6.75	20.88	18.26
日本	39.07	-3.98	6.93	尼日利亚	20.01	-10.35	9.92	蒙古国	3.83	-27.74	10.36

续表

贸易伙伴	胶合板			贸易伙伴	纤维板			贸易伙伴	刨花板		
	数量	增幅	比例		数量	增幅	比例		数量	增幅	比例
英国	34.58	-27.14	6.14	美国	18.74	18.90	9.29	日本	3.67	479.82	9.93
阿联酋	27.79	-0.04	4.93	阿联酋	15.03	24.47	7.45	尼日利亚	2.93	81.62	7.93
澳大利亚	25.38	38.64	4.50	越南	14.98	-40.97	7.43	越南	2.06	-63.20	5.57

资料来源：根据中华人民共和国海关总署数据整理而得。

传统木质家具出口大国出口市场存在一定程度的萎缩，木坐具和木家具出口量均有一定幅度减少。2022 年，中国出口木质家具 3.55 亿件，出口额 227.35 亿美元，同比分别减少 21.46%和 11.31%。其中，出口木家具 2.57 亿件，出口额 139.15 亿美元，同比分别减少 21.17%和 7.47%；出口木坐具 0.98 亿件，出口额 88.20 亿美元，同比分别减少 21.60%和 16.75%。

2022 年，中国出口木浆 26.72 万吨，出口额 4.20 亿美元，同比分别增长 73.28%和 122.22%。出口废纸 301.00 万吨，出口额 14.68 万美元，同比分别减少 73.49%和 71.13%。出口纸制品 1284.89 万吨，出口额 317.66 亿美元，同比分别增长 39.26%和 31.23%。纸、纸板及纸制品出口较为分散，出口量排名前 5 的国家分别是美国、越南、日本、阿联酋和俄罗斯，出口量占比分别为 8.79%、6.08%、4.16%、4.03%和 3.93%；出口印刷品 100.48 万吨，出口额 43.55 亿美元，同比分别减少 3.92%和 0.14%。印刷品的出口相对较为稳定，前 3 位出口贸易伙伴与 2021 年一致，为美国、中国香港和英国，出口量占比分别为 44.99%、8.48%和 8.12%，出口美国的印刷品数量同比增长 4.72%，出口中国香港和英国的印刷品数量则同比分别减少 55.20%和 5.27%。

2022 年，中国木框架等木制品出口量为 313.17 万吨，同比减少 6.98%，出口额为 97.30 亿美元，同比增长 1.02%。2022 年，中国出口软木及软木制品 1.05 万吨，同比增长 0.81%，出口额 3907.11 万美元，同比减少 3.44%，软木及软木制品出口量最多的两个国家为越南和美国，占比分别为33.40%和16.33%，出口越南的软木及软木制品同比增长37.87%，出口美国的软木及软木制品同比减少34.47%[①]。

（三）林业国际合作

2022年，中国林业国际合作进展顺利，进一步深化区域和双边务实合作，积极参与全球治理和国际履约，发出中国声音、提出中国方案、贡献中国智慧，为推动林草工作高质量发展、构建人类命运共同体作出了积极贡献。

一是服务大国外交，贡献林草方案，国家主席习近平主持全球发展高层对话会。将“以竹代塑”“全球森林可持续管理网络”纳入全球高层对话会成果清单。“亚太林业技术培训中心”“以竹代塑创新产品和应用”“东盟地区油茶资源调查与栽培技术推广”等被列入全球发展倡议项目库首批50个项目清单。国际竹藤组织成立二十五周年志庆暨第二届世界竹藤大会成功召开，大会正式发布了“以竹代塑”倡议。中国和蒙古国共同发表《中华人民共和国和蒙古国关于新时代推进全面战略伙伴关系的联合声明》。应对气候变化、加强防沙治沙合作以及支持蒙方“种植十亿棵树”计划、2026年举办《联合国防治荒漠化公约》第十七次缔约方大会等内容写入声明。林草内容还纳入了亚太经合组织领导人会议、中印尼实施全面战略伙伴关系的行动计划、东盟10+3合作工作计划（2023~2027）、澜湄合作五年行动计划等高层会晤成果文件，并积极参与了中美气候变化磋商、中欧环境与气候高层对话、中欧领导人峰会、中非合作论坛、中阿论坛等重要外交活动。

二是推进生态外交展示林草风采。中国林草行业积极发挥自身优势和特点，对外展示中国生态文明建设新成就，服务国内高质量发展和中国式现代化新征程。务实合作促进中国实践发展。与英国、德国、法国、奥地利、芬兰、荷兰、澳大利亚、新西兰、俄罗斯、乌拉圭、蒙古国、沙特阿拉伯、乌

---

① 数据来源：根据中华人民共和国海关总署数据整理。其中，同比百分比根据文中取两位小数点后进行计算而得，与海关数据中的同比百分比略有出入。

兹别克斯坦等国召开林草工作组会议或专题会议，探讨在国家公园等自然保护地体系建设、生物多样性保护、林产品投资与贸易、森林资源保护、竹藤产业发展等领域的合作。推进实施中欧生物多样性基金项目、中德林业政策对话平台项目、中德非自然保护三方合作项目、中德绿色促进贷款技术援助项目、中芬森林可持续经营技术引进与示范应用项目、中美共建中国园项目、中英桥水公园中国园项目、中韩国家公园项目、中日植树造林项目等，磋商中德非合法木材贸易三方合作项目，指导实施中英国际林业与投资项目二期，为国内林草发展提供国际模式和相互借鉴。积极推动中国与中东欧国家林业产业合作，加强与东盟合作，重点推进中国与东盟林业合作，继续推进中欧森林执法与治理双边协调机制合作，组织参加中欧绿色供应链、木材合法性等研讨会，举办 2022 年林业合作“澜湄周”活动暨澜湄国家林业合作项目研讨会等系列活动，以区域合作促产业发展、人文交流。

三是服务国内国际双循环。支持设立海峡两岸融合发展试验区，协同推动创建海峡两岸乡村振兴合作基地。向两岸企业家峰会提供林草碳汇政策咨询。出席 2022 年全国台联第十九届台胞青年千人夏令营开营式，助力两岸青年交流。积极配合国合署推进援埃塞俄比亚中非竹子中心项目建设。积极推进建设中蒙荒漠化防治中心，中阿干旱、荒漠化和土地退化国际研究中心。支持国际竹藤组织和亚太森林组织发展，加强与世界经济论坛、联合国粮农组织、世界银行、国际热带木材组织、全球滨海论坛合作，协调确定并发布“全球植万亿棵树领军者倡议——中国行动”目标，积极引导并参与亚太经合组织打击木材非法采伐及相关贸易专家组合作。组织参加荒漠化公约第 15 次缔约方大会以及国际森林文书、生物多样性公约、气候变化公约等谈判工作①。

四　2023年林业生产和林产品市场展望

2022 年，虽然新冠疫情对林业经济产生了一定程度的影响，林业产业

① 资料来源：根据国家林业和草原局国际合作司提供的资料整理。

总产值有所下降，林产品市场呈现一定程度的萎缩，但林产品国际贸易进一步扩大，国际市场发展良好，林业生产和林产品市场长期向好的格局仍未改变。2023 年是实施“十四五”规划承前启后的关键一年，是为全面建设社会主义现代化国家奠定基础的重要一年。林业经济发展面临重要转型，木本油料、林下经济等新型林业产业发展势头良好，疫情过后的林业经济发展将在宏观经济全面恢复的过程中焕发新活力，复苏按下加速键。

1. 造林面积将有小幅度下降，林业第三产业比重进一步提高

2023 年，中国将继续科学开展大规模国土绿化行动，计划造林 5380 万亩，种草改良 4620 万亩，均比 2022 年有所减少，全面完成实现造林任务落地上图入库。编制实施国土绿化三年行动计划（2023~2025 年），开展全国森林可持续经营试点，开展林草种业振兴三年行动，推进林业碳汇试点，推动林业碳汇进入全国碳排放权交易市场。随着经济的全面复苏，林业产业总产值将进一步增长，木材资源供应能力将呈现稳定增长局面，全年木材产量将维持在 1 亿立方米以上。将大力发展油茶等绿色富民产业，2023 年是《加快油茶产业发展三年行动方案（2023-2025 年）》实施的第一年，将全面完成年度生产任务。随着新冠疫情对林业生产经营活动的影响逐渐消失，林业要素结构将不断优化升级，林业全要素生产率将得到提升，林业产业效率将进一步提高。在政策规划和行动方案的有力领导下，进一步积极发展木本油料、经济林、林下经济、种苗花卉、生态旅游等特色产业，推进现代林业产业示范省（区）建设，培育一批龙头企业和产业园区。其中生态旅游消费将在 2023 年开创新的局面，在国家生态文明建设、高质量发展的大背景下，生态旅游已发展成为中国林业最具影响力和最具发展潜力的支柱产业。生态旅游业的蓬勃发展将有力推动林业第三产业产值在林业总产值中的比重得到进一步提高。

2. 林产品进出口贸易进一步增加，林产品出口形势继续好转

2023 年，随着中国疫情防控政策全面放开及一揽子经济刺激计划导致全球经济复苏加快，中国林产品贸易将实现新的突破。从进口来看，中国木材年均缺口达 1 亿立方米以上，对外依存度超过 50%，进口原木超过全球贸

易量的 1/3。随着地产供给端持续迎来政策利好，家具行业将得到一定程度的发展，对木材需求增加，但同时国家自然保护项目的实施减少了木材的供应，所以木材需求依赖国外市场的状况短期内不会改变。同时，国务院关税税则委员会发布公告，其中提到将降低部分木材和纸制品等商品的进口关税，受以上种种因素影响，2023 年中国木材进口将有一定程度的增长，从而弥补国内巨大的木材供应缺口。随着中国人口结构的变化，中等收入群体不断扩大，对高端优质环保的木质家具和木制品需求增加，因此进口木质家具、木制品等产品将呈增长态势。受终端行业的持续需求及原材料涨价等因素影响，胶合板、纤维板及刨花板等进口量将有所增加。随着供给侧结构性改革和环保政策的实施，同时受限于国内原料供应不足，加之禁废令的实施，部分造纸厂商以木浆形式进口废纸，因此，中国木浆的进口量将进一步增长，对外依存度维持在较高水平。废纸受政策收紧影响或将延续 2022 年态势，主要从中国香港进口，不再从国外进口，进口量有所增长。从出口来看，中国木质林产品出口形势与世界疫情发展密切相关。随着疫情影响因素的减弱，中国在全球林产品价值链中的地位有所上升，国内木材及木制品生产能力将有所提升，全球经济的复苏将带动木材相关产业的发展，2023 年中国林产品出口将继续呈现好转态势。单板、人造板及木质家具等林产品的出口将迎来良好的增长。

3. 国内林产品市场复苏加快，木制品价格将趋于稳定

全球原材料市场历经国际油价暴涨暴跌，欧美天然气价格飙升，煤炭供需矛盾加剧，导致部分大宗商品价格大涨。国内疫情反复，导致化工市场进入供需双压状态的摧残，生产链和供应链受阻。加之俄罗斯是中国最大的木材进口国，占原木进口总量的 60%~65%，由于俄罗斯原木出口禁令开始执行，同时俄乌紧张局势，俄罗斯木材出口价格一路上涨，这种局面一度使我国木材行情变得格外困难。在 2023 年之初，为了尽快缓解上述压力，刺激经济复苏，多方政策出台积极拉动内需，但受原材料价格上涨、仓储费用上涨、币值汇率变动等多重因素的影响，原材料成本上升，从而先等来的仍旧是又一波涨价潮。但从全年来看，中国已经成为木材的主要进口国，作为大

宗商品，木材价格变动受关税、海运价格及房地产市场景气度等多种因素影响，关税方面，根据《中华人民共和国进出口关税条例》及相关规定，从2023年1月1日起，对部分商品的进出口关税进行调整。其中提及，将降低部分木材和纸制品等商品的进口关税。同时，在政策加持及行情回暖的情况下，一直低迷的房地产市场出现了复苏的迹象，这将对木材行业提供有力支撑，2023年第一季度是政策密集释放期，后续支持政策将会更加全面，且不只局限于供给端，需求端也具有充足的发力空间，2023年第二季度地产周期或将实质性地触底回暖。同时，疫情过后，尽管居民消费习惯有所改变、边际消费倾向有所下滑，但消费预期却有所提升，对家具建材的消费购买力有一定程度的提升。在降低部分木材进口关税政策正式推行、房地产市场有所回暖、居民消费购买力提升等因素影响下，中国木材市场需求将进一步扩大，木材及木制品价格在经历年初的一波涨价之后将会相对趋于稳定。

G.6
2022年畜牧业经济形势分析及2023年展望

罗千峰　韩　磊*

摘　要： 与2021年相比，2022年畜产品产量实现稳步增长，其中牛奶和猪肉产量增幅较大，分别增长6.8%和4.6%。猪肉、羊肉、禽肉和乳制品进口量均有不同程度下降，降幅分别为52.6%、12.8%、16.2%和16.3%；牛肉进口量增长明显，增长了15.3%。生猪生产总体稳定，猪肉价格波动幅度收窄；鸡肉价格上涨明显，牛肉、羊肉及生鲜乳价格总体稳定。2022年度内生猪养殖效益呈现震荡状态，奶牛养殖盈利状况整体呈现下降趋势。展望2023年，随着国内畜产品需求的快速恢复和畜牧业高质量发展的稳步推进，畜产品供需形势整体较为宽松，需求恢复和增长将成为推动畜牧业发展的重要动能。预计2023年生猪供应量整体稳中有增，供给稳定性将显著提升；牛羊产业生产将进一步发展，牛羊肉供给能力稳步增强，价格将在高位震荡；禽肉产量将有所增加，需求对价格具有较强支撑；乳制品消费需求将有所恢复，养殖成本保持高位运行，乳制品进口小幅增长。

关键词： 畜产品　畜牧业　高质量发展　价格波动

---

* 罗千峰，管理学博士，中国社会科学院农村发展研究所助理研究员，主要研究方向为畜牧业经济、农业经济理论与政策；韩磊，管理学博士，中国社会科学院农村发展研究所副研究员，主要研究方向为畜牧业经济、农产品市场。

畜牧业的发展是满足居民食物消费升级的重要基础，尤其是随着消费者对蛋白质、维生素等营养物质需求的增长，肉蛋奶等动物性食物消费必然呈现增长态势，畜产品的稳产保供对于保障居民生活水平具有重要意义。不仅如此，畜牧业在促进经济发展方面同样发挥着重要作用。畜牧业具有较长的产业链条，能够创造大量就业机会并增加农民收入，有效地促进了农村经济的发展和农村社会的繁荣，为国民经济的发展作出了重要贡献。因此，促进畜牧业健康发展一直是党中央、国务院关于“三农”工作的重点内容。2022 年是乡村振兴全面展开的关键之年，2022 年 2 月《中共中央 国务院关于做好 2022 年全面推进乡村振兴重点工作的意见》发布，明确指出要保障“菜篮子”产品供给，稳定生猪生产长效性支持政策，加快扩大牛羊肉和奶业生产。同时，《农业农村部关于落实党中央国务院 2022 年全面推进乡村振兴重点工作部署的实施意见》指出，要促进畜牧业稳定发展，分级落实生猪产能调控责任，实施肉牛肉羊增量提质行动，启动奶业生产能力提升整县推进行动，强化重大动物疫病防控。随着畜牧业产业政策的不断完善和产业发展基础持续巩固，2022 年畜牧业实现了稳步发展。2022 年肉类和牛奶产量稳步增长，尤其是生猪和牛奶产量继续保持较快增长势头。同时，畜产品进口整体上呈现下降趋势，猪肉进口大幅下降，乳制品、羊肉和禽肉进口降幅明显，牛肉进口增长明显。畜产品价格以震荡为主，生猪养殖效益呈现波动状态，奶牛养殖效益明显下滑。

一 2022年畜产品生产变化

（一）肉类和牛奶产量保持稳定增长

2022 年畜牧业整体呈现稳步增长的态势。从畜产品产量来看，中国肉类及牛奶总产量保持着稳步增长的趋势，有效满足了城乡居民消费需求。从具体畜产品产量来看，2022 年猪牛羊禽肉产量达 9227 万吨，同比增长 3.8%，其中猪肉、牛肉、羊肉和禽肉分别为 5541 万吨、718 万吨、525 万吨和 2443 万吨，分别同比增长 4.6%、3.0%、2.0% 和 2.6%。牛奶产量为 3932 万吨，同比增长 6.8%（见表 1）。

表 1　2022 年中国不同畜产品产量变化

单位：万吨，%

年份	猪牛羊禽肉	猪肉	牛肉	羊肉	禽肉	牛奶
2021	8887	5296	698	514	2380	3683
2022	9227	5541	718	525	2443	3932
同比增长	3.8	4.6	3.0	2.0	2.6	6.8

资料来源：国家统计局。

畜产品产量稳步增长与国家支持政策息息相关。生猪生产方面，国家统计局数据显示①，2022 年末，生猪存栏量为 45256 万头，同比增长 0.7%；能繁母猪存栏 4390 万头，同比增长 1.4%。生猪出栏方面，2022 年全国生猪出栏量保持增长，出栏量为 69995 万头，同比增长 4.3%。生猪产业政策以稳定生猪基础产能为核心，加强市场监测预警和信息发布，促进养殖场（户）合理安排生猪生产，并且进一步稳定生猪生产长效性支持政策，特别注重根据能繁母猪存栏量等核心指标实施生猪产能调控。具体来说，首先，2022 年农业农村部先后 5 次召开生猪企业代表座谈会、部门协调会、视频调度会，督促各地保持长效性支持政策的稳定，要求不得违法违规扩大禁养区范围，对养殖场（户）和屠宰加工企业不得随意限贷、抽贷、断贷，保护和稳定了生猪基础产能，切实做好了生猪稳产保供工作②。其次，积极稳定贷款、保险等长效性支持政策，2022 年农业农村部办公厅联合中国农业银行办公室印发了《金融助力畜牧业高质量发展工作方案》，重点突出了生猪等畜禽品种，区域上向畜禽养殖大省、大县、大场倾斜，

① 国家统计局：《王贵荣：粮食生产再获丰收　畜牧业稳定发展》，http://www.stats.gov.cn/xxgk/jd/sjjd2020/202301/t20230118_1892279.html。

② 农业农村部官方网站：《“三稳”让生猪供给底气足》，http://www.moa.gov.cn/ztzl/zyncgzh2022/pd2022/202212/t20221226_6417594.htm。

环节上突出育种、饲养、屠宰加工等关键环节，加大对中小户的帮扶倾斜，并明确了支持发展设施化规模化养殖、实施重点企业“名单制”管理、择优支持饲草料种植与供应、支持现代加工流通体系建设、大力拓宽抵质押品范围、支持智慧畜牧业加快发展等主要任务，促进了生猪产业稳定发展。

肉牛肉羊生产方面，2022 年农业农村部以实施推进肉牛肉羊生产发展五年行动方案为重点，并且中央财政继续开展肉牛肉羊增量提质行动，着力推进增加北方基础母牛产能和南方牛羊草畜一体化发展，重点做好牧区牛羊生产基础设施建设、调动主产区抓牛羊生产积极性、加快牛羊品种改良进程、开展畜禽养殖标准化示范创建、增加优质饲草供给等方面工作[①]，促进了基础母畜产能不断扩大，进一步提升肉牛肉羊产业化水平，增强了牛羊肉供给保障能力。同时，在疫病防控方面，2022 年农业农村部印发了《畜间布鲁氏菌病防控五年行动方案（2022—2026 年）》，指出重点抓好种牛、种羊、奶牛、奶山羊和肉羊的布鲁氏菌病防控，明确了“到 2026 年，全国畜间布病总体流行率有效降低，牛羊群体健康水平明显提高，个体阳性率控制在 0.4%以下，群体阳性率控制在 7%以下”的总目标，并在强制免疫、监测净化、消毒灭源、宣传培训、评估指导等方面进行经费重点保障，有效强化了肉牛肉羊生产布鲁氏菌病防控，保障了肉牛肉羊生产安全、公共卫生安全和生物安全，促进了牛羊肉产品高质量供给。

禽肉生产方面，一是不断强化规模化养殖工作，开展示范创建活动。“十三五”至 2022 年上半年，农业农村部在全国范围开展畜禽养殖标准化示范创建活动，根据生产高效、环境友好、产品安全、管理先进的要求，创建蛋鸡、肉鸡标准化示范场 353 个，全国蛋鸡、肉鸡规模化养殖比重分别达 79.7%、83.9%，引领和带动家禽标准化规模养殖发展[②]，提高了禽肉供应

---

① 《政策与市场同向发力　肉牛肉羊生产发展势头持续向好》，农业农村部官方网站，http：//www.xmsyj.moa.gov.cn/gzdt/202212/t20221223_6417492.htm。

② 《对十三届全国人大五次会议第 3060 号建议的答复》，农业农村部官方网站，http：//www.moa.gov.cn/govpublic/NYJXHGLS/202207/t20220707_6404290.htm。

的稳定性。二是不断加强高致病性禽流感等疫病防治。针对高致病性禽流感流行态势和防控难点，2022 年出台的《秋冬季高致病性禽流感防控技术要点》在巡查、免疫、消毒、保暖、通风、饲养、应急等方面对关键防控措施作出了详细指导，有利于强化高致病性禽流感疫情防控。同时，2022 年农业农村部出台了《全国畜间人兽共患病防治规划（2022—2030 年）》，针对高致病性禽流感制定了重点防治方案，全面开展家禽强制免疫和抗体监测，加强禽流感病毒流行动态、毒株变异、致病力变化等情况的监测预警，严格检疫监管和市场准入，加快推进“规模养殖、集中屠宰、冷链运输、冰鲜上市”的生产消费模式，支持各地及养殖场（户）开展高致病性禽流感净化场、无疫小区和无疫区建设，提高了家禽养殖场所生物安全水平。

乳制品生产方面，伴随奶业生产能力提升整县推进项目的实施，优质饲草料种植和奶牛养殖就地就近配套衔接稳步推进，数字化智能化设备、信息化采集设备、智慧牧场管理平台得到推广应用，产地消费新模式得到较快发展，奶业综合生产能力显著提升。同时，为进一步提升奶业竞争力，保障奶类供给安全，2022 年农业农村部出台了《“十四五”奶业竞争力提升行动方案》，明确了奶业竞争力提升行动的目标，即到 2025 年，全国奶类产量达到 4100 万吨左右，百头以上规模养殖比重达到 75%左右；同时指出了优化奶源区域布局、提升自主育种能力、支持标准化与数字化规模养殖、引导产业链前伸后延、稳定生鲜乳购销秩序等重点任务，在资金投入、配套政策、技术服务等方面强化保障，提升了奶源供给保障能力，提高了国产乳品质量、效益和竞争力。此外，2022 年中央财政安排农业生产发展资金、农业资源及生态保护补助资金等经费，大力支持整县推进奶业生产能力提升项目，促进先进智能设施装备推广应用，推进奶牛养殖和饲草料种植配套衔接，增强苜蓿等优质饲草料供给能力，支持符合条件的奶牛生产性能测定中心等组织开展奶牛生产性能测定工作，推动了奶业高质量发展。

（二）肉类生产结构呈现猪肉占比上升和其他肉类占比下降的趋势

各品种肉类产量占肉类总产量的比重是反映畜牧产业结构的重要指标，从该指标看，猪肉产量占肉类总产量[①]比重始终保持在50%以上，尽管在2019年和2020年猪肉产量出现明显下滑，但由于生猪产能的快速恢复，2021年和2022年猪肉产量明显增长，为肉类市场的稳定和居民生活水平的提升奠定了重要基础。随着居民消费结构的不断升级，肉类生产结构也呈现“升级化”的特征，主要表现为牛羊禽肉产量占肉类总产量比重总体呈现上升的趋势，但由于生猪产业的快速恢复和发展，2022年牛羊禽肉产量占肉类总产量比重略有下降（见图1）。具体来说，2022年中国猪肉产量保持稳步增长态势，猪肉产量占肉类总产量的比重达59.4%，同比增长0.5个百分点。相比之下，其他肉类品种产量占肉类总产量比重出现小幅下降，下降幅度在0.1~0.3个百分点，其中2022年牛肉、羊肉和禽肉与其他肉类产量占肉类总产量比重分别为7.7%、5.6%和27.3%，降幅分别为0.1个、0.1个和0.3个百分点。

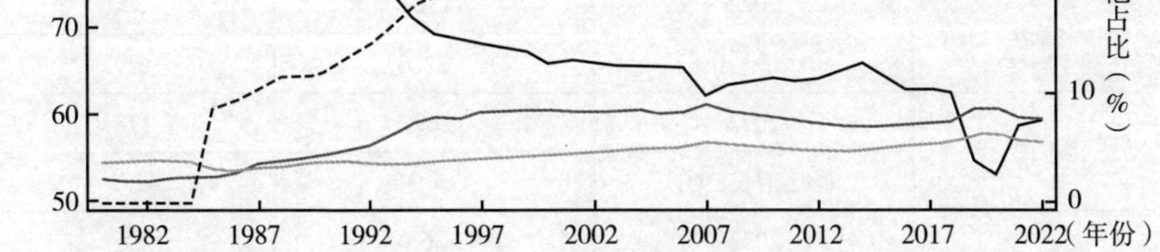

图1　1981~2022年肉类分品种产量占肉类总产量比例变动趋势

资料来源：国家统计局。

① 由于2022年肉类总产量数据尚未发布，本文在2021年和2022年“其他肉类”产量相同的假设下对2022年的肉类总产量进行了推算。

二　2022年畜产品贸易变化

（一）肉类进口总体下降

2022 年肉类进口总体呈下降趋势，并且相较于进口规模，肉类出口量和出口金额总体上均较小。2022 年中国肉类产量均有不同程度增长，为满足国内市场需求提供了保障。肉类贸易总体上呈现进口量下降的趋势，尤其是猪肉进口量明显减少。具体而言，根据中华人民共和国海关总署统计数据，与 2021 年相比，2022 年肉类贸易出现了较大变化，最显著的变化就是猪肉进口量和进口金额均出现大幅下降。2022 年，猪肉进口量和进口金额分别为 176 万吨和 39 亿美元，分别同比下降 52. 6%和 61. 7%。牛肉进口方面，2022 年牛肉进口量为 269 万吨，同比增长 15. 3%，进口金额为 178 亿美元，同比增长 42. 2%。相比之下，羊肉和禽肉进口量和进口金额出现不同程度下滑，其中羊肉进口量和进口金额下降幅度分别为 12. 8%和 12. 6%，禽肉进口量和进口金额下降幅度分别为 16. 2%和 2. 5%（见表 2）。

表 2　2022 年中国肉类进口情况

品种	年份	进口量(万吨)	进口金额(亿美元)
猪肉	2022	176	39
	同比增长(%)	-52. 6	-61. 7
牛肉	2022	269	178
	同比增长(%)	15. 3	42. 2
羊肉	2022	36	21
	同比增长(%)	-12. 8	-12. 6
禽肉	2022	58	14
	同比增长(%)	-16. 2	-2. 5

资料来源：中华人民共和国海关总署数据。

（二）乳制品进口量显著下降

2022 年我国共计进口各类乳制品 339.9 万吨，同比减少 16.3%，这是自 2015 年以来中国乳制品进口总量首次出现下降。分品种来看，除黄油、婴幼儿配方奶粉、乳糖、乳蛋白进口量不同程度增长外，其他乳制品进口量均有明显下降。鲜奶和炼乳进口量下降幅度较大，同比分别下降 23.0%、28.9%；酸奶、奶粉、乳清粉、乳酪进口量也均有明显降幅，同比分别下降 14.4%、18.8%、16.2%和 17.4%。乳糖和黄油进口量增长明显，同比分别增长 12.0%和 9.1%；婴幼儿配方奶粉和乳蛋白进口量小幅增长，同比分别增长 1.5%和 3.0%（见表 3）。

表 3　2022 年乳制品进口情况

类别	进口量		进口额	
	数量(万吨)	同比增长(%)	总额(亿美元)	同比增长(%)
乳制品	339.9	-16.3	141.2	1.0
液态奶	100.1	-22.8	16.8	-10.3
鲜奶	97.7	-23.0	16.3	-10.2
酸奶	2.4	-14.4	0.5	-12.8
干乳制品	239.8	-13.3	124.4	2.7
奶粉	103.5	-18.8	44.3	-3.6
乳清粉	60.6	-16.2	9.7	-5.6
乳酪	14.5	-17.4	7.7	-5.4
黄油	14.3	9.1	9.3	39.3
炼乳	2.4	-28.9	0.5	-25.1
婴幼儿配方奶粉	26.6	1.5	44.4	2.5
乳糖	12.7	12.0	1.8	14.8
乳蛋白	5.2	3.0	6.8	45.7

资料来源：刘长全、张鸣鸣《2022 年中国奶业经济形势回顾及 2023 年展望》，《中国畜牧杂志》2023 年第 3 期。

三　2022年畜产品市场变化

（一）猪肉价格波动幅度收窄

相较于2021年猪肉价格，2022年猪肉价格波动幅度明显收窄。总体来看，全年猪肉平均价格为30.57元/公斤，同比下降7.5%；猪肉最高价格为41.61元/公斤，显著低于2021年猪肉最高价格，同比下降23.3%；猪肉最低价格为22.33元/公斤，同比增长6.2%。具体来说，2022年，生猪生产经历了产能缩减到全面恢复的过程，猪肉价格经历“下跌—上涨—下跌”的变化，从2022年第一季度开始，猪肉价格延续了2021年底开始的下跌趋势，猪肉价格由1月初的27.71元/公斤跌至4月中旬的22.33元/公斤，接着进入上涨阶段，10月下旬达到价格高峰，为41.61元/公斤，随后进入下跌阶段，跌至12月底的33.01元/公斤（见图2）。

第一阶段价格下跌主要是由于生猪市场供应的持续增加，同时春节后消费减弱，猪肉价格缺少有力支撑。进入第二季度，2021年下半年开启的产能调减影响显现，猪肉价格开始上涨。具体来说，由于生猪产能在2021年7月完全恢复，7月末全国能繁母猪和生猪存栏量分别恢复到2017年末的101.6%和100.2%，提前半年实现恢复目标①，生猪供给进入宽松状态，猪肉价格出现持续下跌的现象。产能调控政策的持续优化是促进生猪产业健康发展的重要保障，2021年8月农业农村部等六部门发布了《关于促进生猪产业持续健康发展的意见》，同年9月农业农村部印发《生猪产能调控实施方案（暂行）》，进一步强化了以能繁母猪存栏量为核心的调控指标，2021年下半年开始了产能调减，对2022年第二季度、第三季度猪肉价格上涨形成支撑。

---

① 《抓紧抓实农业防灾减灾和秋粮生产　全力以赴夺取全年粮食和农业丰收》，农业农村部官方网站，http://www.moa.gov.cn/xw/zwdt/202108/t20210819_6374414.htm。

进入第四季度，受到利润驱使，生猪市场出现生猪压栏、二次育肥等现象，猪肉价格持续上涨至 11 月中旬，从 11 月下旬开始，进入下跌阶段，由此引发生猪集中供应，导致猪肉价格呈现快速下跌的特点。在第二至第四季度生猪生产过程中，二次育肥以及压栏惜售成为影响生猪市场波动的重要因素，并且调控政策的灵活调整以及消费市场的恢复情况，导致生猪市场情况变化更加复杂。

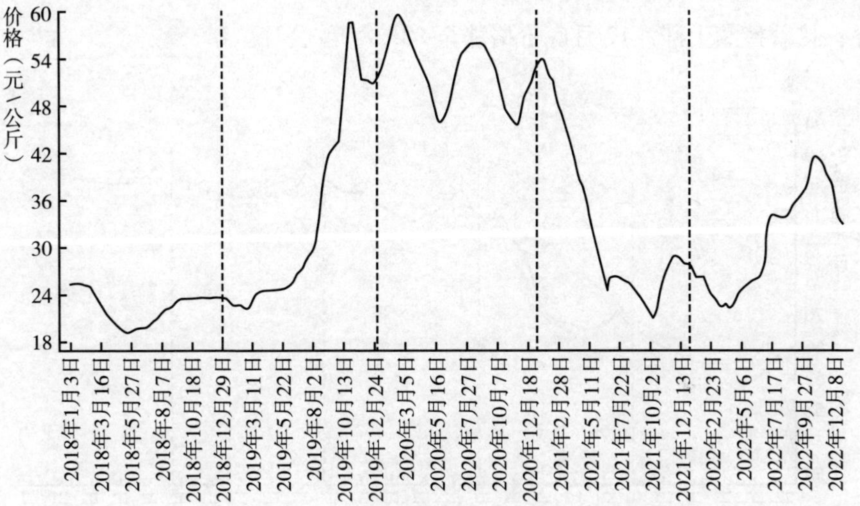

图 2　猪肉价格走势

资料来源：农业农村部。

（二）牛羊肉价格高位震荡

2022 年，牛肉和羊肉价格整体呈现高位震荡的趋势，羊肉价格整体震荡下跌。受春节需求拉动，一季度前期牛羊肉价格呈现显著的上涨特点，随后进入快速下跌阶段，年中前后触底反弹，牛肉价格开始上涨，而下半年羊肉价格上涨幅度相对较大（见图 3）。总体来看，2022 年牛肉平均价格为 87. 55 元/公斤，略高于 2021 年，同比增长 1. 3%；最高价格为 89. 28 元/公斤，同比下降 0. 2%；最低价格为 86. 43 元/公斤，同比增长 1. 8%。2022 年羊肉平均价格为 82.83 元/公斤，同比下降 1.6%；最高价格为 86.12 元/公斤，同比下降 1.8%；最低价格为 80.68 元/公斤，同比下降 1.5%。

具体来看，2022 年 1 月初牛肉价格为 87.96 元/公斤，在 2 月上旬达到顶峰，为 89.28 元/公斤；随后处于下跌期，5 月底为全年最低价格 86.43 元/公斤；接着总体上涨至 2022 年底，在 12 月底达到 88.25 元/公斤。羊肉价格方面，1 月初羊肉价格为 85.10 元/公斤，2 月上旬上涨至全年的最高值 86.12 元/公斤；随后快速下跌，在 6 月底跌至 2022 年最低值 80.68 元/公斤；接着持续上涨，12 月底价格涨至 83.38 元/公斤。

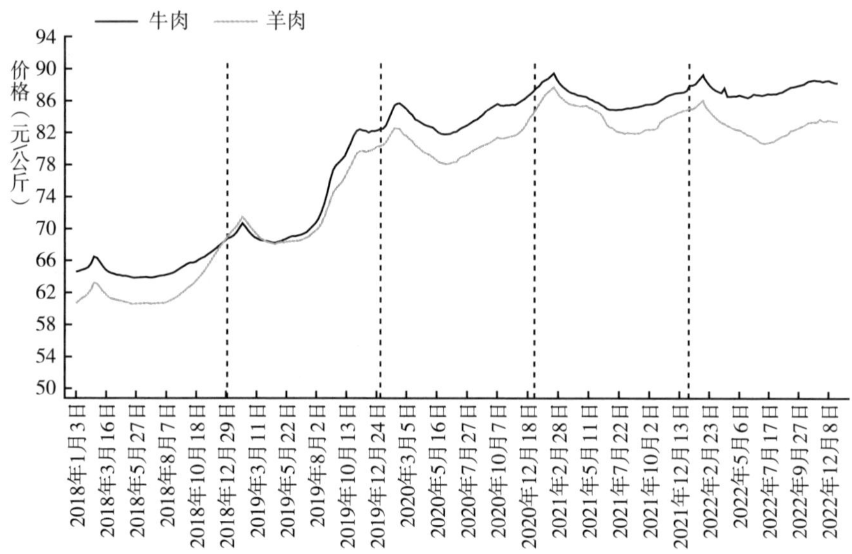

图 3　牛肉和羊肉价格走势

资料来源：农业农村部。

（三）鸡肉价格快速上涨

2022 年，国内鸡肉集贸市场价格[①]整体呈现快速上涨的趋势，平均价格

---

① 由于 2022 年统计口径发生变化，2022 年之前的数据为白条鸡价格，2022 年的数据为鸡肉价格。

为 23. 85 元/公斤，最高价格为 25. 83 元/公斤，最低价格为 22. 51 元/公斤。2022 年鸡肉最高价格与最低价格差为 3. 32 元/公斤，高于 2021 年白条鸡最高价格与最低价格差值 1. 51 元/公斤。具体来看，2022 年 1 月中旬鸡肉价格为全年价格最低值，为 22. 51 元/公斤，随后经历了震荡上涨的历程，尤其是在第二季度开始快速上涨，10 月下旬达到全年价格最高峰，为 25. 83 元/公斤；随后进入下跌阶段，跌至 12 月底的 25. 0 元/公斤（见图 4）。

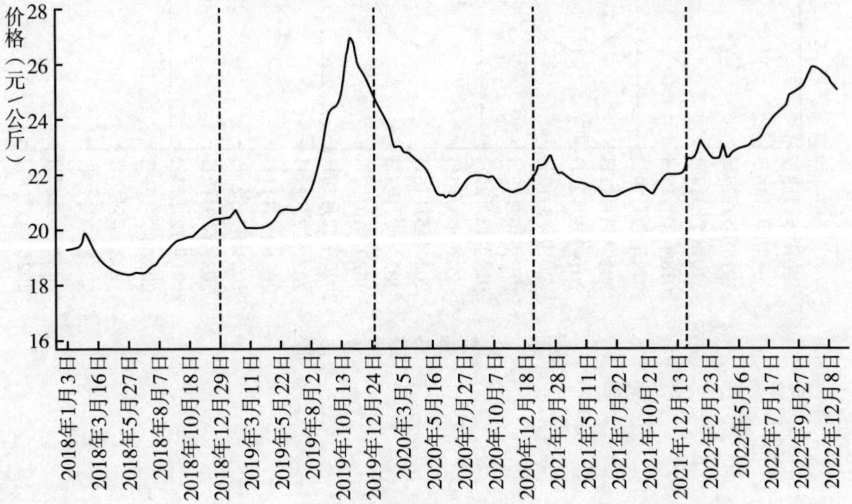

图 4　白条鸡及鸡肉价格走势

资料来源：农业农村部。

（四）生鲜乳价格普遍下降

2022 年，生鲜乳价格整体呈现下跌趋势，全年主产省生鲜乳平均价格为 4. 16 元/公斤，同比下降 3. 0%；最高价格为 4. 27 元/公斤，同比下降 2. 5%；最低价格为 4. 11 元/公斤，同比下降 2. 6%。2022 年生鲜乳年度内价格波动幅度不大，全年主产省生鲜乳最高价格与最低价格差为 0. 16 元/公斤，与 2021 年持平。根据农业农村部数据，1 月初，主产省生鲜乳价格为 4. 25 元/公斤；随后开始上涨，2 月上旬涨至全年最高值 4. 27 元/公斤；之后开始缓慢下跌，7 月底跌至全年最低价 4.11 元/公斤；接着开始上涨，12 月底涨至 4.12 元/公斤（见图 5）。

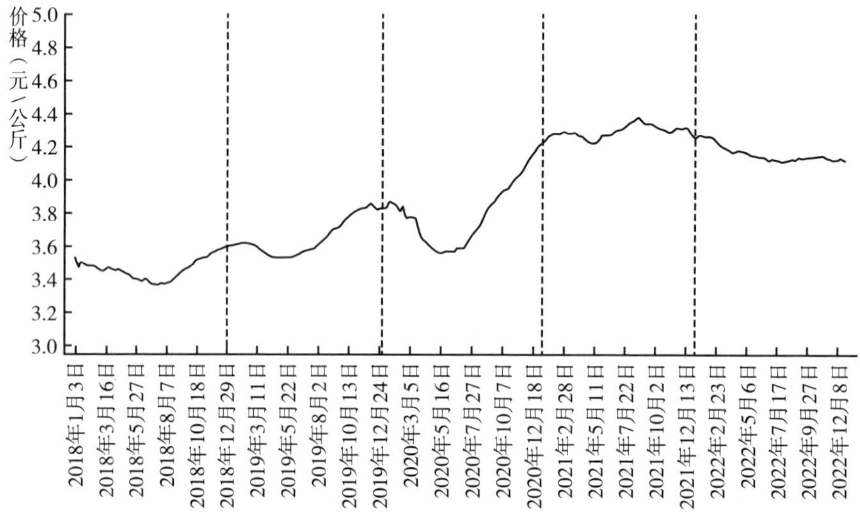

图 5　生鲜乳价格变动趋势

资料来源：农业农村部。

四　2022年畜牧养殖业盈利状况

（一）生猪养殖盈利呈现震荡状态

受产能以及饲料价格波动等综合因素影响，2022 年生猪养殖盈利呈现震荡状态。2022 年猪粮比[①]整体呈先上升后下降的趋势，全年均值为 6.3，同比下降 10.0%；最高值为 9.1，同比下降 32.1%；最小值为 4.3，同比增长 7.5%（见图 6）。同时，猪粮比波动幅度比 2021 年小，2022 年最高值与最低值差值为 4.8，低于 2021 年最高值与最低值差值 9.4 的水平。

① 根据农业农村部畜产品与饲料周监测数据的活猪价格与玉米价格计算得到。

具体来看，2022 年 1~6 月，猪粮比低于 6.0，其中 3 月下旬为全年猪粮比的最低点 4.3。这主要是生猪市场供给过大导致行业盈利水平下降，同时饲料价格持续高位运行，增加了生猪养殖成本，从而降低了生猪养殖盈利水平。进入 7 月，生猪养殖盈利状况逐步好转，在 10 月达到全年最高值 9.1。此阶段生猪养殖盈利状况较好，主要是 2021 年生猪产能调减效应逐步显现，导致 7 月开始生猪市场供应量减少，生猪价格加速上涨，直接提升了生猪养殖盈利水平。并且，随着盈利水平的增加，养殖户压栏惜售等现象较为普遍，在一定程度上减小了生猪市场供给，客观上加速了生猪价格上涨和整体盈利水平提升。进入 11 月，猪粮比开始下降，但均高于 6。这主要是因为猪肉市场供应量增大，尤其是中央储备肉投放效果快速显现，前期压栏、二次育肥的生猪也集中上市，而消费需求却没有得到有效释放，导致生猪价格快速回落，从而降低了生猪养殖盈利水平。

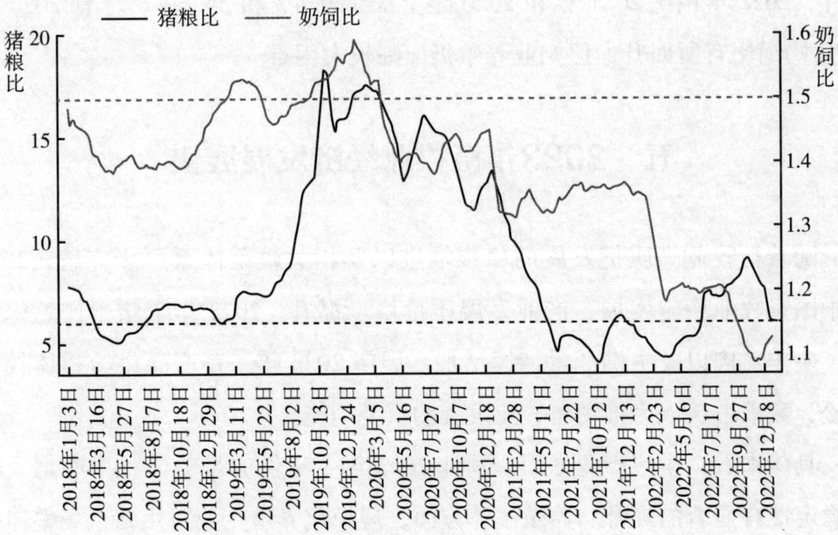

图 6　猪粮比与奶饲比走势

注：图中的两条虚线分别是 6∶1 的生猪养殖盈亏平衡线和 1.5∶1 的奶牛养殖盈亏平衡线。

资料来源：农业农村部。

（二）奶牛养殖盈利呈现下降趋势

2022年，国内奶牛养殖效益整体呈现下降的趋势，前期下降较快，后期小幅回升。从反映奶牛养殖经济环境的奶饲比①来看，2022年奶饲比年度平均值为1.2，同比下降7.7%；最大值为1.4，与2021年持平；最小值为1.1，同比下降15.4%。2022年奶饲比波动幅度相对增大，最大值与最小值差值为0.3，高于2021年最大值与最小值差0.1的水平。

具体来看，1月初奶饲比为1.3，随后在1月中旬上升至全年最高值1.4，接着降至第四季度的1.1左右。奶牛养殖效益的下降主要受到生产成本上升以及生鲜乳价格下降两方面因素影响，其中饲料价格上涨的影响更为明显。以综合饲料成本为例，2022年综合饲料成本为3.5元/公斤，为近三年最高值，而2021年和2020年综合饲料成本分别为3.2元/公斤、2.6元/公斤，2022年相比2021年和2020年上涨了9.4%和34.6%。尽管2022年12月奶饲比有所回升，但奶业养殖仍面临较大困难。

五　2023年畜牧业经济发展展望

随着畜牧业高质量发展的稳步推进以及相关政策体系逐步完善，2022年中国畜牧业稳定发展，产业发展质量稳步提升。2022年生猪生产总体稳定，牛羊禽肉以及牛奶产量持续增加。展望2023年，畜产品供给整体较为宽松，需求增长成为推动畜牧业发展的重要动能。

具体来看，生猪产业方面，预计2023年生猪供应量整体稳中有增，供给稳定性有显著的提升。养殖主体方面，规模化养殖企业对生猪市场整体供给影响较大。2018年开始的非洲猪瘟疫情等因素导致的生猪产业剧烈波动，使中小养殖户快速退出生猪养殖产业，而规模化养殖企业由于资金雄厚以及

---

① 根据农业农村部畜产品与饲料周监测数据的主产省生鲜乳价格与玉米、豆粕价格计算得到，玉米和豆粕在饲料综合价格中的权重分别为70%和30%。

养殖成本低等综合优势明显，抵御行业亏损的能力大大增强，对生猪产业的影响力不断提升。这加速了资本大量进入生猪产业，生猪养殖规模化程度也进一步提升，产业集中度持续提高。政策方面，政策支持更加灵活有效。2021年，国家发展改革委等部门联合印发《完善政府猪肉储备调节机制做好猪肉市场保供稳价工作预案》，为有效缓解猪肉市场价格波动、促进产业持续健康发展发挥了重要作用。2022年商务部组织投放了10批次共计14万余吨中央储备肉①，有力保障了市场价格稳定和居民消费需求。经过政策不断优化以及经验的积累，调控政策将进一步促进生猪市场平稳运行，从而更好地满足居民猪肉消费需要。此外，在产业发展质量方面，生猪产业的发展从重视养殖端效率的提升转向重视整个产业链发展质量的全面提升，尤其是突出了强化生猪种业和增强良种供给能力的支撑作用，以生猪种业创新能力的提升促进生猪产业高质量发展，将进一步提升生猪产业整体发展质量。总体来看，随着猪肉市场供给充足，猪肉消费需求有望恢复，预计2023年猪肉供需总体达到平衡，生猪产业高质量发展将更加注重以生猪种业为基础的发展质量和核心竞争力的提升。

预测2023年牛羊产业生产将进一步发展，牛羊肉供给能力稳步增强。近年来，随着居民收入增长以及健康饮食观念进一步发展，牛羊肉消费量呈逐年攀升的趋势，牛羊肉消费在促进肉类消费结构升级中扮演着重要角色，并且在从季节性、区域性消费转变为全国性、全年性消费过程中具有巨大的增长潜力。同时，随着消费升级的持续推进以及市场竞争的加剧，牛羊肉消费呈现多元化、品牌化、个性化特征，牛羊肉产业市场集中度将进一步提升，优质、品牌化的牛羊肉消费将成为消费增长的重要内容。此外，在《推进肉牛肉羊生产发展五年行动方案》等政策的深入推进过程中，牛羊肉自给率、产量以及规模养殖比重等核心目标将逐步落实，尤其是在良种繁育体系建设、适度规模标准化养殖、屠宰加工流通体系建设、质量安全监管等

① 《国务院新闻办发布会介绍2022年商务工作及运行情况》，中华人民共和国中央人民政府网站，http：//www. gov. cn/xinwen/2023-02/03/content_ 5739888. htm。

关键环节的强化，将不断拓展产业增产空间，进一步提升牛羊肉综合生产能力和市场供应保障能力，从而促进牛羊肉产业的持续升级和牛羊肉消费市场的平稳发展。

预测2023年禽肉产量将有所增加，需求对价格具有较强支撑作用。2022年下半年禽肉产业出现盈利状况较好的周期，鉴于禽肉作为价格相对较低的蛋白质来源，禽肉行业有望在2023年取得较好发展。但是鸡苗、饲料等成本较高，对养殖端形成较大压力，并且禽流感疫情具有较大不确定性，种源供应等问题将对行业产生直接影响。总体来看，随着居民消费结构的逐步优化，禽肉消费占肉类消费的比重将进一步上升，尤其是营养饮食观念的发展以及快餐业对于禽肉的偏好，对禽肉产业的发展将发挥显著的推动作用。

预测2023年乳制品消费需求有所恢复，但养殖成本将保持高位运行，乳制品进口小幅增长。由于居民食物消费观念加快转变以及生活水平的快速提升，乳制品消费具有较大的增长动力。随着社会经济活力提升，2023年乳制品消费需求将快速恢复并实现新的增长，尤其是新鲜、有特色的消费需求增长将有利于提高本土化乳制品的供给。在价格方面，饲料原料价格保持高位运行，将导致奶牛养殖成本居高不下，养殖成本也会进一步传导至原料奶价格上，同时考虑到乳制品消费的恢复，原料奶价格将呈现稳中略涨的趋势。进口方面，随着国际乳制品价格的下降以及国内消费需求的恢复，乳制品进口将实现小幅增长，而鉴于库存奶粉等因素，原料奶粉的进口将受到一定程度的抑制。

G.7

2022年渔业经济形势分析及2023年展望

刘子飞　李　雪*

摘　要： 2022年，得益于疫情防控常态化、社会经济发展外溢效应和行业绿色高质量发展政策等，渔业经济总体运行平稳、持续向好。渔业生产方面，水产品产量持续增长至6869万吨，增长率为2.67%，增幅连续四年扩大；养殖产量占水产品产量比重提高至81.06%；多年的资源养护政策成效初显，捕捞产量增长率自2016年以来由负转为正。市场方面，受主销区或主产区新冠疫情反复，以及招工难、停市等影响，水产品市场不容乐观；水产品交易量、交易额双降，分别下降11.27%和7.21%。国际贸易方面，主要受益于冷冻食品进口贸易便利化等，水产品进口快速增长，拉动水产品贸易量、贸易额分别增加至824万吨、467.1亿美元，增长率相应达11.65%、17.01%；中国水产品国际贸易首现逆差，净进口额6.9亿美元。展望2023年，中国渔业经济运行的宏观环境，尤其是紧密相关的餐饮业、旅游业全面改善，渔业生产将保持稳中有进势头。预测水产品产量增长至6950万吨左右，增长约1.2%；水产品消费恢复和释放增长，有利于市场交易活动，水产品价格小幅波动和略增；水产品贸易总额约500亿美元，增长7%，贸易逆差略有扩大。

关键词： 渔业经济　水产品产量　水产养殖　水产品市场　水产品贸易

---

* 刘子飞，管理学博士，中国水产科学研究院副研究员，主要研究领域为渔业经济与政策、资源与环境经济、海洋经济与碳汇；李雪，中国水产科学研究院研究实习员，主要研究领域为渔业经济与政策、渔业碳汇、水产品贸易等。

一 2022年渔业生产情况

（一）渔业总产值较快增长

1. 渔业经济持续向好，总产值首次突破3万亿元

得益于疫情防控常态化，水产养殖、捕捞，水产品加工与流通，休闲渔业经营活动有序恢复，渔业总产值较快增加。通过典型省份的实地调研发现，2022 年渔业生产、投入经济活动较上一年均有所增加，初步估计全年渔业经济总产值将首次超过 3 万亿元，增至 3.15 万亿元，增幅约 4.4%，增速较同期全国第一产业增加值（4.1%）高 0.3 个百分点。

2. 渔业产业结构保持相对稳定，二、三产业比重略有提升

“十三五”以来，渔业经济总产值呈现“一产支撑半壁江山，二、三产分列”的产业结构特征，且近年比较稳定。2021 年渔业一产产值 15158.63 亿元，渔业工业和建筑业产值 6155.16 亿元，渔业流通和服务业产值 8375.93 亿元，分别增长 12.15%、3.71% 和 3.52%。三次产业比重为 51.06 ∶ 20.73 ∶ 28.21。2022 年，受疫情常态化及水产品流通加工、休闲渔业等恢复发展的影响，初步判断二、三产业产值在渔业总产值中的份额略有增长，比重由 2021 年的 48.94%增至 50%以上。

（二）水产养殖带动水产品产量持续增长

1. 水产品总产量持续增长，增幅连续第四年扩大

2022 年水产品产量 6869 万吨，较上年的 6690 万吨增加近 180 万吨，增长率为 2.67%，增幅连续第四年扩大，较 2021 年的增长率（2.16%）高 0.51 个百分点（见图 1）。水产品持续增长和增幅扩大的主要原因大致有三个：第一，“十三五”期间，主要受“环保风暴”影响，近海水域滩涂、陆上养殖和内陆大水面、“三网”、池塘等传统养殖模式受阻，加上渔业产量数据根据“第三次全国农业普查结果”进行调减，导致前期基数较低

(2018 年增长率最低，为 0.19%)；第二，得益于水产养殖宜渔资源的挖掘利用，典型养殖模式及其配套装备与技术得到示范推广，渔业生产边界得到扩大和释放；第三，自 2020 年开始新冠疫情给渔业生产带来较大冲击，与渔业生产力释放的长期及滞后效应形成对冲，随着疫情防控的常态化，后者占据主导，使得水产品产量增长连续扩大。

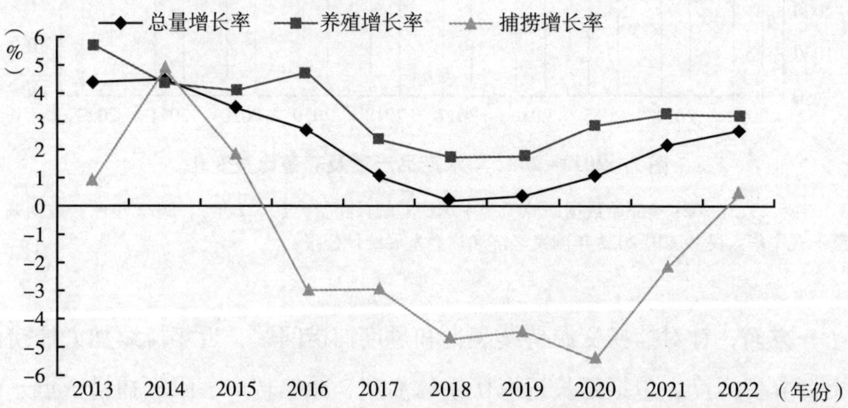

图 1　2013~2022 年水产品产量增长情况

注：2013~2021 年原始数据来源于《中国渔业统计年鉴》(2022 年)；2022 年原始数据来源于《中华人民共和国 2022 年国民经济和社会发展统计公报》。

2. 养殖水产品产量在水产品产量中的占比进一步提高，捕捞产量增长率自2016年以来由负转正

2022 年，全国养殖水产品产量 5568 万吨，增加 173.59 万吨，增长 3.22%，捕捞水产品产量 1301 万吨，增加 5.11 万吨，增长 0.40%。其中水产养殖产量增速与上年（3.26%）基本持平，从近年增速来看在一定程度上为快速增长，可能主要受益于前期资源养护成效，捕捞产量增长率自 2016 年以来第一次出现正增长（见图 1）。得益于水产养殖产量的较快增长，养殖水产品产量在水产品产量中的份额首次超 81%，达到 81.06%，较上一年（80.63%）增长 0.43 个百分点，自 2015 年呈持续提升势头（见图 2）。这主要受生态优先渔业发展阶段，捕捞限额和水产养殖宜渔资源拓展等两方面政策的影响。

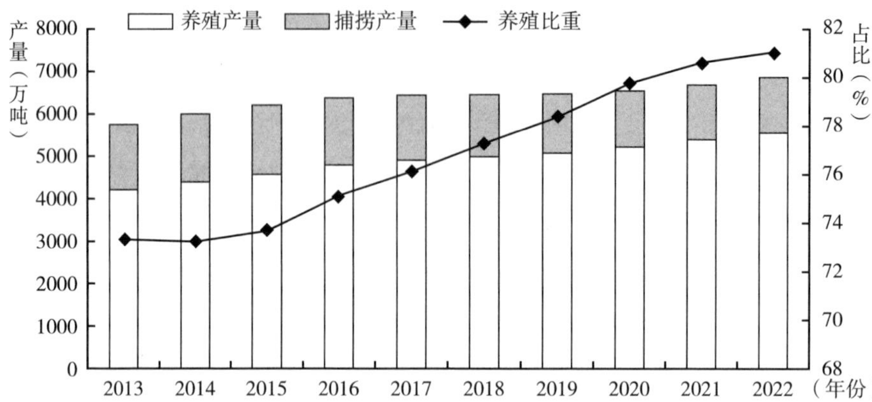

图 2　2013~2022 年水产品产量及养殖比重变化

注：2013~2021 年原始数据来源于《中国渔业统计年鉴》（2022 年）；2022 年原始数据来源于《中华人民共和国 2022 年国民经济和社会发展统计公报》。

一方面，针对捕捞资源持续衰退和过度捕捞问题，近年持续加大捕捞渔业资源养护力度，包括延长近海伏季休渔期、减船转产、限额捕捞试点、打击涉渔“三无”船舶，以及长江十年全面禁渔、内陆七大流域实现禁渔期全覆盖和远洋渔船自主休渔、加大 IUU 打击力度等，使得各项捕捞产量未增长甚至呈减少趋势。

另一方面，中国持续大力发展水产养殖业，在池塘、工厂化、底播和吊养等方式的基础上，稻渔综合种养、大水面生态渔业等养殖模式得到示范推广，盐碱地、深远海等宜渔资源进一步挖掘利用。截至 2023 年 1 月，中国已建设国家级海洋牧场示范区 169 个，根据农业农村部 2022 年印发的《关于加强水生生物资源养护的指导意见》，到 2035 年建设国家级海洋牧场示范区 350 个左右。此外，根据 2022 年中央一号文件精神和要求，农业农村部连续第三年实施水产绿色健康养殖技术推广“五大行动”，包括生态健康养殖、尾水治理、用药减量、配合饲料替代幼杂鱼、种业质量提升等，促进了水产养殖业的绿色生态转向进程，为水产养殖产量的持续增长奠定了基础。截至 2022 年底，全国共培育“五大行动”骨干基地 1265 个，面积 771 万亩，推广水产新品种 100 个，骨干基地基本实现了生态健康养殖模式全覆盖、养殖尾水循环综合利用或达标排放全覆盖，水产养殖用兽药使用量同比减少 9%，配合饲料替代率平均达到 84%①。

二　2022年水产品市场情况

（一）水产品市场形势不容乐观

1. 水产品交易量和交易额均下降

主要受北京、上海、广东、福建、山东等水产品主销区或主产区新冠疫情反复造成水产品流通、销售受阻等影响，2022 年水产品交易量、交易额均呈同比下降态势，分别为 772.01 万吨、2112.75 亿元，分别同比下降 11.27%和 7.21%②。

分月度来看，各月份水产品交易量较上年同期均呈不同程度的下降，其中 2~7 月、12 月的降幅均超过 11%，其他月份的降幅为 2.98%~9.48%（见图 3）。交易额方面，除 1 月和 10 月同比增长外，其他 10 个月同比均负增长，其中 4~7 月、12 月的下降幅度均达 13%。

2. 水产品价格小幅波动，总体与上年持平

2022 年全国水产品批发价格指数为 120.23③，比 2021 年价格水平（119.29）略有上浮，但幅度不足 1%。分月度来看，2022 年水产品批发价格小幅波动，季节性特征明显，总体呈现波动下降特征。2022 年 1~2 月春节前后，受节日消费需求增加和海外疫情下进口通关效率下降影响，冬春两季供给能力双重因素驱动，水产品批发价格走高，1 月水产品批发价格指数为 120.73，环比上涨 3.36%（见图 4），到 2 月水产品批发价格指数达到

① 《农业农村部办公厅关于做好 2023 年水产绿色健康养殖技术推广“五大行动”工作的通知》，https：//www. moa. gov. cn/govpublic/YYJ/202303/t20230301_ 6421861. htm。

② 据可比的 45 家批发市场监测数据。

③ 农业农村部全国重点农产品市场信息平台监测数据，根据全国农产品市场信息平台给出的农产品批发价格指数编制方法说明，该指数为定基指数，以 2015 年为基期。

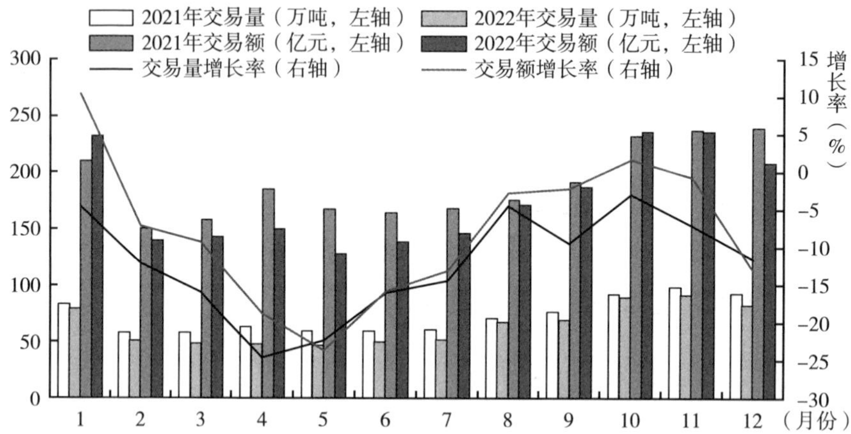

图 3　2022 年水产品交易量、交易额及变化

资料来源：水产品批发市场监测系统。

123.09，为全年最高，环比上涨 1.95%；3~11 月，节日消费需求下降，水产养殖业陆续进入投苗期和出塘期，供给能力有所提升，加之新冠疫情散发多发情况下水产品需求不旺影响，水产品批发价格也随之下降，在“五一”“十一”节日消费需求提振的影响下，水产品批发价格短暂回调，但均低于春节期间价格水平。

（二）海水产品价格基本持平

1. 海水产品平均市场批发价格与上年度基本持平

2022 年海水产品①市场平均批发价格为 42.07 元/公斤，较 2021 年海水产品市场平均批发价格上涨 0.34 元，上浮幅度不足 1%。分阶段看，海水产品市场平均批发价格波动趋势与 2021 年大体一致，季节影响显著，但波动幅度同比扩大。2022 年 1 月和 2 月，受节日需求增加影响，海水产品价格持续走高，分别达到 43.59 元/公斤和 45.38 元/公斤，环比增速分别达到 4.97%、8.70%。3~7 月，随着春节后的消费需求减弱，

① 根据农业农村部重点农产品市场信息平台数据计算。较 2021 年，2022 年重点农产品市场信息平台数据公布范围有所减小，目前重点监测海水产品仅包括带鱼、大黄花鱼等两种。

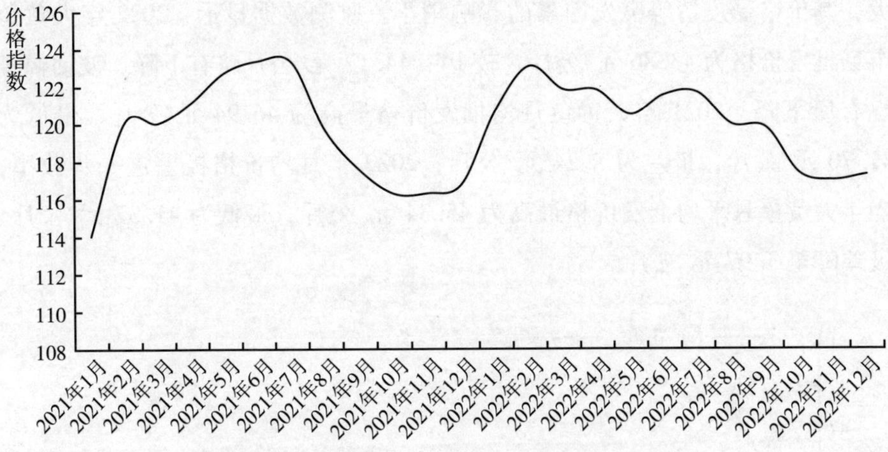

图 4　2021~2022 年水产品批发价格指数月度变化

资料来源：全国重点农产品市场信息平台，以 2015 年为基期。

海水产品市场批发价格有所回落，但仍高于 40 元/公斤。8~11 月，渔业生产出塘活动增加，加上近海伏季休渔结束，海水产品到达上市旺季，供给增加促使价格继续回落，最低跌至 37.53 元/公斤（11 月），环比下跌 5.99%，较 2 月的价格峰值下降 7.85 元/公斤，2021 年月平均价格极差为 4.68 元/公斤。

2. 大带鱼价格整体低于大黄鱼，但波动幅度更大，大黄鱼价格趋于平稳

2022 年，大带鱼年平均批发价格为 41.49 元/公斤，较上年价格 40.95 元/公斤上涨 1.32%（见图 5）。大带鱼月平均价格极差较上年也有所扩大，表明波动和不确定性增大。据农业农村部重点农产品市场信息平台监测数据，2021 年大带鱼最低月平均批发价格为 38.34 元/公斤，最高为 44.11 元/公斤，月均价格极差为 5.77 元/公斤，2022 年大带鱼最低月平均批发价格为 35.93 元/公斤，最高达 48.22 元/公斤，差值增至 12.29 元/公斤，较 2021 年增长 1 倍以上。这表明可能主要受 2022 年疫情反复影响，作为典型捕捞产品的大带鱼，其批发价格波动幅度较上年更大。

相对于捕捞产品，以大黄鱼等养殖为主的产品由于人工干预和可控性更

大，其价格受疫情等突发因素的影响稍小。监测数据显示，2022 年大黄鱼市场批发价格为 43. 86 元/公斤，较上年 44. 17 元/公斤略有下降。波动幅度也有所下降，2021 年大黄鱼月均批发价格最高为 46. 94 元/公斤，最低为 41. 70 元/公斤，极差为 5. 24 元/公斤；2022 年月均价格极差进一步收窄，当年大黄鱼月平均批发价格最高为 45. 34 元/公斤，最低为 41. 37 元/公斤，极差降至 3. 97 元/公斤。

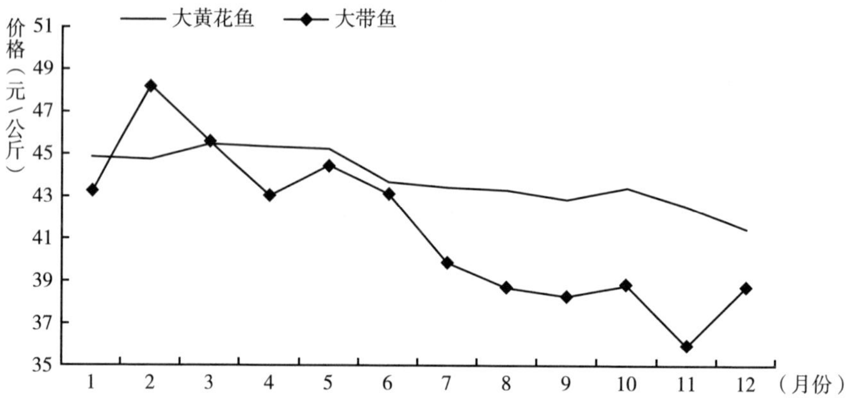

图 5　2022 年重点监测海水产品价格走势

资料来源：全国重点农产品市场信息平台。

（三）淡水产品价格稳中略降

1. 淡水产品批发价格回落，市场总体趋于平稳

2022 年淡水产品平均批发价格为 15. 86 元/公斤，较 2021 年的价格 16. 95 元/公斤下降 6. 43%①。2022 年价格回落的重要原因是上年第一季度之后以大宗淡水鱼为主的淡水鱼全面涨价②，使得基期水平较高。2021 年

① 根据农业农村部重点农产品市场信息平台数据计算。

② 全面上涨的主要原因为前期环保督察“一刀切”导致的内陆典型养殖面积或产量下降，出现了供不应求。具体见 2021 年农村绿皮书。

淡水产品月均市场批发价格当年 1 月最低，为 13. 16 元/公斤，当年 7 月涨至峰值 19. 52 元/公斤，月均价格极差为 6. 36 元/公斤，环比增速波动区间为-5. 02%～13. 30%。相对而言，2022 年淡水产品价格变动较平稳。月均市场批发价格在 5 月达到峰值，为 16. 55 元/公斤，11 月跌至谷底 15. 16 元/公斤，仅相差 1. 39 元/公斤，环比增速波动为－5. 73%～6. 60%。

2. 重点监测淡水产品价格均不同程度回落

2022 年，农业农村部重点监测的淡水产品价格呈同比普遍回落态势。活鲫鱼市场批发价格最高（见图 6），年均达到 20. 01 元/公斤，比 2021 年价格水平（20. 99 元/公斤）回落 4. 69%。白鲢活鱼价格最低，年均市场批发价格为 9. 95 元/公斤，较 2021 年年均价格 10. 66 元/公斤下跌 6. 64%。活草鱼价格下降最为显著，其年均市场批发价格由 2021 年的 18. 97 元/公斤降至 2022 年的 17. 12 元/公斤，降幅高达 9. 76%，活鲤鱼年均市场批发价格降幅次之，由 2021 年的 16. 04 元/公斤降至 14. 85 元/公斤，降幅 7. 46%。活鳙鱼价格变动最小，2022 年鳙鱼年均市场批发价格为 18. 02 元/公斤，较 2021 年价格 18. 17 元/公斤稍有降低 0. 83%。

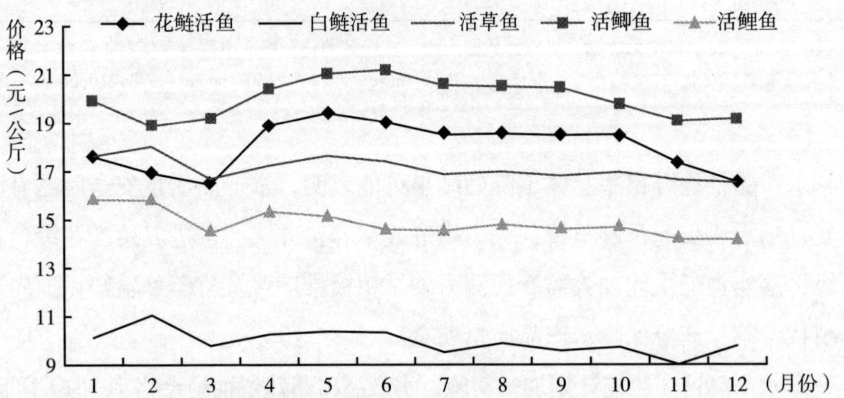

图 6　2022 年重点监测淡水产品价格走势

资料来源：全国重点农产品市场信息平台。

（四）水产品质量安全形势

1. 水产品总体抽检合格率下降1.1个百分点，质量安全有待提升

2022 年农业农村部组织开展了两次国家农产品质量安全例行监测工作，抽检了 1231 辆（个）水产品运输车和暂养池，水产品总体合格率为 95.8%，较上年下降 1.1 个百分点。各品种抽检合格率稍有差异。下降的包括两个品种，其中鳙鱼抽检合格率由 99.8%降至 98.9%，鲢鱼抽检合格率由 100%降至 99.4%。相反，对虾抽检合格率由 99.5%增至 100%，鳜鱼抽检合格率由 98.6%增至 98.7%（见表 1）。

表 1　2021~2022 年水产品质量安全抽检合格率

单位：%

品类	2022 年抽检合格率	2021 年抽检合格率
总体	95.8	96.9
鳙鱼	98.9	99.8
鲢鱼	99.4	100
罗非鱼	—	100
对虾	100	99.5
鳜鱼	98.7	98.6

注："—"表示当年无数据；与原始数据一致，农产品抽检合格率小数点后保留 1 位数字。

资料来源：农业农村部，http：//www.gov.cn/xinwen/2022-12/30/content_ 5734216.htm。

水产品抽检合格率总体下降的结果可能表明，水产品质量安全问题有所反复，仍需要引起足够重视，大力推进改革养殖方式、推进养殖产业绿色化升级，落实责任主体加大监管检测力度，积极推广普及科学养殖知识、先进养殖技术等，充分保障水产品质量安全。

2. 水产品兽药监控计划加快实施，水产品兽药残留抽检合格率为99.9%

为了解决水产养殖过程中违规使用孔雀石绿、硝基呋喃等违禁药物，影响中国水产品质量安全的问题，2022 年行业主管部门加快实施了水产品兽药监控计划，取得一定成效。2022 年 3 月，农业农村部印发《2022 年国家

产地水产品兽药残留监控计划》和《2022年国家水生动物疫病监测计划》，对全国范围内的水产养殖用兽药及其他投入品、水生动物疫病风险防控工作进行监管，旨在有效提升水产养殖质量安全和生物安全水平，保障水产品安全有效供给。监控计划实施中明确要求对孔雀石绿等7种禁（停）用药物进行检测，此外新增地西泮残留的检测条目，这标志着中国对未经批准使用的水产养殖用兽药监管的进一步加强。通过加快实施水产品兽药监控计划，在养殖产地随机抽取15万余批次水产品的兽药残留检测合格率达99.9%，表明重要水产品兽药残留尤其是“三鱼两药”的针对性问题得到一定缓解。

三　2022年水产品贸易情况

（一）进口大增，主导水产品国际贸易量和贸易额双增

1. 进口需求拉动下2022年水产品贸易量较快增长

2022年中国水产品进出口总量达到824万吨，较上年增加86万吨，同比增长达11.65%。其中，水产品进口量为454万吨，同比增长20.2%，净增长91万吨；出口量370万吨，同比下降1.3%，净减少5万吨。①

以上表明进口快速增加是中国水产品国际贸易量扩大的拉动因素，其背后原因则是国内供不足需或供给偏紧造成的进口需求持续扩大。供给方面，近年来，中国为了养护渔业资源、水资源，大力推行长江禁捕、近海捕捞减船转产等政策，特别是海水捕捞产量逐年下降，导致国内市场野生捕捞水产品，尤其是无法人工养殖的部分水产品供给大量减少，需要进口捕捞产品补充替代。需求方面，随着经济发展、社会主要矛盾转换和收入水平不断提高，中国居民对高营养、低热量、优质蛋白的水产品的消费需求持续增长，加上2022年中国疫情防控常态化，优化了进口冷链水产品检验检疫、仓储及监管等政策措施，国内市场对水产品消费信心进一步提振，促使国内市场

① 资料来源为中华人民共和国海关总署统计月报，水产品进口量不含鱼粉。

对水产品的进口需求，尤其是对高质量的食用进口水产品（如龙虾、蟹、三文鱼、鳕鱼等）的需求大幅提升，拉动了水产品进口量的增长。

2. 进口额大幅增长，水产品贸易总体转为逆差

2022 年中国水产品贸易持续向好发展。2022 年中国水产品贸易总额 467.1 亿美元①，同比增长 17.01%；较疫情前的 2019 年增长 18.67%，净额增长 73.5 亿美元。其中出口额 230.1 亿美元，同比增长 5.02%，较 2019 年增长 11.37%；进口额 237.0 亿美元，同比增速达 31.50%，净增额 56.9 亿美元，较 2019 年进口总额增长 26.74%。

受进口大幅增长而出口增速较低影响，中国水产品贸易由顺差转为逆差；2022 年，中国水产品出口额低于进口额，由 2021 年的顺差 39.0 亿美元转为逆差 6.9 亿美元。

（二）水产品进口规模大幅扩张

1. 食用水产品进口大幅增长，鱼粉进口量小幅下降

2022 年中国水产品进口总量 454 万吨，进口总额 237.00 亿美元，较上年均呈较大增幅。其增长主要来源于食用水产品进口量的大幅上升。中国海关数据显示，食用水产品进口总量由 2021 年的 363 万吨增至 2022 年的 437 万吨，同比增速高达 20.6%，净增长 74 万吨，占水产品进口总量增量的 80%以上。

在食用水产品中，鱼类特别是冻鱼进口增幅较大，甲壳类次之。第一，2022 年食用鱼类进口量 252 万吨，其中冻鱼进口量 206 万吨，较上年增长 44 万吨，同比增长 27.16%，在水产品进口总量、食用水产品进口量中的占比分别达 45.37%、47.14%，较上年分别增长 0.74 个、2.51 个百分点。进口额方面，2022 年食用鱼类进口额为 51.05 亿美元，同比增幅高达 45.40%，增速快于同期水产品进口总额和食用水产品进口额的水平，占食

① 数据进出口额来源于中华人民共和国海关总署，按农业农村部农产品分类口径编写，与官方数据保持一致，小数点后保留 1 位数。

用水产品进口额比例为26.31%，较上年提升约2个百分点。第二，虾蟹类水产品进口增幅也较大。2022年中国甲壳类食用水产品进口109.63万吨，较2021年的80.17万吨增长约36.75%，进口金额95.63亿美元，接近食用水产品进口总额的一半。第三，剩余品类水产品进口量额均不及鱼类、甲壳类，按照进口量比较，依次为头足类35.36万吨，藻类18.08万吨，贝类17.30万吨，其他4万余吨，进口量总计约占食用水产品进口量的17.20%，进口金额占比约为13.46%。

除食用水产品外，鱼粉一直是中国水产品进口的重要品类。2022年中国饲料用鱼粉进口总量为180.12万吨，较上年182.34万吨减少2.22万吨。2022年鱼粉进口小幅下降主要有三点原因：一是国内大力推行绿色养殖，饲料替代行动初步推动鱼粉饲料投喂强度下降；二是受台风天气等自然灾害及对虾病害影响，水产养殖一定程度上受阻，鱼粉需求有所收缩；三是汇率变动和鱼粉原料波动下，鱼粉进口成本上涨，鱼粉贸易企业进口略有减少。

2. 得益于对虾产品，厄瓜多尔作为中国第一大食用水产品进口来源国地位得以稳固

根据进口额大小，2022年中国食用水产品进口来源前10大国家依次为厄瓜多尔、俄罗斯联邦、越南、印度、加拿大、美国、印度尼西亚、挪威、日本、新西兰，合计占全国的75.89%，进口量占比78.62%（见表2）。

厄瓜多尔自2021年超越俄罗斯联邦成为中国最大水产品进口来源国后，延续对中国的出口优势，继续成为中国第一大进口来源国。中国自厄瓜多尔进口水产品品类主要有：冷冻对虾及虾仁、冷冻带鱼及鲳鱼和其他鱼类、少量墨鱼和海参及其制品。其中仅冷冻对虾一项金额就高达35.41亿美元，数量56.44万吨，占厄瓜多尔对中国全部出口数量的98%以上。

俄罗斯联邦对中国出口食用水产品数量达到93.78万吨，但金额仅为27.64亿美元。由于出口品类中鱼类占绝对优势，尽管单价更高的虾蟹类水产品出口有所增加，但规模相对较小，总体出口单价远低于厄瓜多尔。

越南在中国进口来源国中地位有所提高，从2021年的第十大来源国跃居第3位，金额增至16.80亿美元。这主要是由于在中国水产品进口需求增

长、逐步放开冷链水产品进口政策的前提下，越南当局加大对中国出口营销力度，加大了以查鱼为代表的优势鱼类产品出口以及增加了迎合中国水产市场需求的虾蟹产品出口。

表 2　2022 年中国食用水产品进口前 10 大进口来源国

贸易伙伴名称	进口量(万吨)	进口额(亿美元)
厄瓜多尔	57. 53	35. 61
俄罗斯联邦	93. 78	27. 64
越南	46. 00	16. 80
印度	29. 67	12. 63
加拿大	10. 34	12. 26
美国	28. 03	11. 32
印度尼西亚	37. 15	11. 01
挪威	18. 40	9. 14
日本	15. 94	5. 75
新西兰	6. 82	4. 99
合计	343. 66	147. 15
总进口	437. 13	193. 91
合计占比(%)	78. 62	75. 89

资料来源：中华人民共和国海关总署。

（三）水产品出口收窄

1. 水产品出口规模进一步缩减，加工贸易比重同比上升

2022 年中国食用水产品出口总量 368. 98 万吨，同比减少 1. 34%；出口总额 225. 37 亿美元（见表 3），同比增长 4. 63%，考虑到通货膨胀及人民币贬值等因素，总体上中国食用水产品出口额增速实质上远低于此水平。

从出口产品品类看，鱼类略增，贝类、甲壳类等明显下降。其中，鱼类仍是中国出口第一大水产品类，2022 年中国食用鱼类产品出口量为 256. 97 万吨，较 2021 年增加约 8. 64 万吨，增长 3. 48%。食用贝类出口量为 43. 82 万吨，较上年减少 13. 54 万吨，下降幅度达 23. 61%。甲壳类出口量 19. 90 万吨，减少近 5 万吨，降幅达 19. 39%。藻类出口小幅下降，由 2021 年的

7.83 万吨降至 2022 年的 6.70 万吨。

从出口贸易方式看，中国水产品贸易方式进一步转变，来进料加工贸易增长显著。2022 年，一般贸易出口额 174.73 亿美元，与 2021 年（172.96 亿美元）基本持平，占全部出口贸易方式比重降至 77.36%，减少近 3 个百分点；加工贸易 48.75 亿美元（见表 4），较上年的 40.14 亿美元增长 21.43%，占比增至 21.58%，上升近 3 个百分点。

表 3　2022 年中国食用水产品出口分类情况

单位：亿美元，万吨

项目	总计	鱼类	贝类	头足	甲壳	藻类	其他
出口金额	225.37	125.06	40.61	26.87	26.70	5.08	1.04
出口数量	368.98	256.97	43.82	40.31	19.90	6.70	1.27

资料来源：中华人民共和国海关总署。

表 4　2022 年中国水产品出口情况——分贸易方式量表

单位：亿美元，%

年份	一般贸易	加工贸易	保税物流	其他贸易
2022	174.73	48.75	1.98	0.41
2021	172.96	40.14	2.59	0.16
2022 年同比增长	1.03	21.43	-23.57	150.94

资料来源：中华人民共和国海关总署。

2. 日、美、韩仍是中国出口主要目标市场，东盟市场增长显著

2022 年中国对全球 184 个国家或地区均有食用水产品出口，其中出口额排名前 10 的目标市场分别是日本、美国、韩国、中国香港、泰国、马来西亚、中国台湾、菲律宾、墨西哥、德国，合计出口额 166.35 亿美元，出口量 244.12 万吨，分别占全国食用水产品出口金额的 73.81%、出口总量的 66.16%。其中对日本出口同比有所减少，出口额由 38.50 亿美元降至 36.79 亿美元，出口量由 55.94 万吨降至 53.05 万吨（见表 5）。但日本在中国食用水产品目标市场中的出口量、出口额仍均居首位，产品以鱼类为主，为 21.75 亿美元，占中国对日出口食用水产品的 59.12%。

表 5　2022 年中国食用水产品出口前 10 国家（或地区）

贸易伙伴名称	出口量		出口额	
	数量（万吨）	占比（%）	金额（亿美元）	占比（%）
日本	53.05	14.38	36.79	16.32
美国	40.55	10.99	25.50	11.32
韩国	39.01	10.57	18.21	8.08
中国香港	18.47	5.01	17.08	7.58
泰国	21.57	5.85	16.99	7.54
马来西亚	15.25	4.13	16.47	7.31
中国台湾	10.79	2.93	13.33	5.91
菲律宾	19.73	5.35	9.97	4.43
墨西哥	11.85	3.21	6.16	2.73
德国	13.84	3.75	5.84	2.59

资料来源：中华人民共和国海关总署。

随着 RCEP、"一带一路"倡议、"东盟 10+1"等的深入推进，中国对东盟国家水产品出口增长显著。据中华人民共和国海关总署数据，2022 年中国对东盟国家食用水产品出口量 76.54 万吨，出口金额 54.40 亿美元，分别增长 26.89%、15.82%。其中对马来西亚、文莱、缅甸等国家出口增幅均在两位数以上，主要出口水产品类有墨鱼、鱿鱼、鳗鱼、金枪鱼等。

3. 国内出口区域集中于主要沿海省市，出口区域集中度较高

2022 年，中国 31 个省份中有 8 个省份水产品出口额超过 2 亿美元，从大到小依次为福建、山东、广东、辽宁、浙江、海南、江苏、河北等，合计水产品出口额 213.58 亿美元，占当年中国水产品出口总额的 92.82%。与 2021 年前 8 位的省域出口额（203.46 亿美元）占全国的比重（92.86%）持平，中国水产品出口区域集中度仍保持在较高水平。

具体到省域层面，作为全国出口最大的两个省份，以及得益于渔业生产强省、积累的来进料加工基础和区位优势等，福建、山东的水产品出口增长也较快，使得其水产品出口的领先地位得到巩固。福建省 2022 年水产品出口额为 84.58 亿美元，较 2021 年净增 6.73 亿美元，增长率 8.64%，占全国

水产品出口总额比重由35.53%增至36.76%。山东省2022年水产品出口额为51.91亿美元（见表6），较2021年增加7.50亿美元，同比增幅高达16.90%，占全国水产品出口总额比重由20.27%增至22.56%。

表6 2022年中国主要省份水产品出口额

单位：亿美元

省份	2022年	2021年
福建	84.58	77.85
山东	51.91	44.41
广东	24.86	29.76
辽宁	23.19	21.65
浙江	18.26	18.18
海南	5.08	5.14
江苏	3.18	4.19
河北	2.52	2.28
合计	213.58	203.46

资料来源：农业农村部。

四 2023年渔业经济展望

（一）2023年渔业发展的机遇与挑战

1. 渔业经济发展的机遇

（1）国民经济全面恢复为渔业经济发展注入强大需求动力

2023年实行的“乙类乙管”意味着疫情防控新阶段正式开启，居民生产生活尤其是餐饮、休闲、旅游等与渔业经济紧密相关的消费需求将全面恢复和释放，这将促进水产品消费、休闲渔业等发展。一方面，在人民生产生活恢复正常化背景下，渔业养殖、捕捞、加工等经济活动得以有序恢复正常开展，国民水产品的供给基础得以保障，供给途径得以通畅，供给市场得以活跃。另一方面，经济社会发展有利于提高居民收入水平、恢复居民生活质量，进一步提升居民对具有优质蛋白属性的水产品的消费需求，特别是家庭外的社会消费需求扩大。供给端的良好条件和需求端的有效提振对有效推动渔业产业经济恢复、渔业绿色高质量发展提供供给需求双重动力，对促进渔业经济内循环主体格局的构建起到积极作用。

（2）预制菜等新兴水产消费形式兴起，带动渔业转型升级

长期以来，中国渔业产业结构一直以一产为主，市场消费也是以鲜活、冰鲜水产品为主，水产品加工率较低。随着居民消费转型升级和城镇化进程加快，居民对高蛋白、高营养、低脂肪的水产品，以及方便、快捷和性价比较高的水产预制品的消费需求显著提升。据《2022 年中国预制菜产业发展白皮书》[①] 数据，2022 年中国预制菜市场规模达 4196 亿元，同比增长 21.3%，2026 年中国预制菜市场规模有望达 10720 亿元。其中 2022 年水产预制菜行业规模为 1047 亿元，同比增长 22.3%。由于水产品预制菜食材品种广泛，消费场景广、空间大，开发价值高，预计未来中国水产预制菜市场将保持较高的增长速度，2026 年水产预制菜市场规模将达 2576 亿元。后疫情时代，水产品预制菜已渐成为水产品消费的新途径，考虑到 14 亿多人口的超级消费市场，水产预制菜市场的蓬勃发展必将从需求端拉动水产品供给有效增长，充分带动水产品加工率的提升，有效促进中国水产品加工业、水产品流通业的良好发展，为渔业产业链拓展、价值链延伸提供重大有利环境。

（3）贸易便利化有利于水产品进出口

2022 年末，中国对进口冷链食品防疫政策进行了一系列重大优化调整，将进一步提升中国水产品进出口贸易便利化水平。同期中国财政部发布公告，自 2023 年 1 月起，对鲜冷大西洋鲑鱼、冻大西洋鲑鱼、冻带鱼、冻小龙虾及对虾等多种水产品进口关税进行下调。以上政策意味着，包括水产品在内的中国进口冷链食品防疫政策优化和贸易便利化水平提升，其通关效率更高、进口途径更为通畅、贸易成本有效下降。此外，水产品是中国对中、

---

① 《2022 年中国预制菜产业发展白皮书》。

日、韩、澳、新和东盟等RCEP伙伴的重要贸易产品，受惠于区域全面经济伙伴关系逐步建立，2022年中国对协定伙伴国水产品贸易呈显著增长。2023年是RCEP生效的第二年，区域内水产品关税水平进一步下降、便利化加强，有利于贸易成本下降，助推中国水产品贸易规模扩大。

（4）科技创新为渔业经济增长提供第一动力

近年来，中国在水产养殖信息化、智慧化、数字化和深远海养殖装备与技术，以及精准捕捞等研发与技术应用方面取得显著成效，为中国水产品产量持续增长提供了基础支撑。2022年农业农村部发布《关于促进“十四五”远洋渔业高质量发展的意见》《农业农村部办公厅关于扶持国家种业阵型企业发展的通知》等文件，国务院印发《“十四五”推进农业农村现代化规划》等，均提到强化农（渔）业科技创新和支撑。2023年农业农村部渔业渔政工作部署会更是强调，要加强科技协同创新，推动水产种业振兴，加快发展设施渔业，持续推进养殖业绿色发展。渔业关键环节和领域科技创新的加强，将为渔业经济短期和中长期增长，尤其是通过挖掘深远海、大水面、稻田和盐碱地等宜渔资源拓展渔业发展空间，保障水产品产量持续增长提供有效动力。

2. 渔业经济需关注的问题

（1）成本上升、价格波动影响水产品供给和市场稳定性

国内因素方面，近海渔业资源养护、远洋捕捞限额、内陆全面禁渔或禁渔期等政策持续推进，捕捞水产品产量增长可能性较小，经济全面恢复将有效拉动市场需求回暖，供给偏紧预计将带动水产品价格上涨。国际因素方面，俄乌冲突延续，将对中国从水产品进口第二大国——俄罗斯的进口贸易产生直接不利影响，尤其是国内紧俏的龙虾、蟹、鳕鱼等产品；同时，原油价格可能进一步增长，增加水产捕捞作业成本以及水产品流通与原料成本，进而对中国渔业生产及水产品国际贸易产生负面影响。2022年7月起豆粕价格持续攀升，月均增幅500元/吨，11月甚至达到5561元/吨的历史高位，受豆粕价格走高影响，饲料价格也随之高企①。预计2023年国内经济

① 农业农村部重点农产品信息平台数据。

有序恢复，水产养殖进一步发展，对豆粕等原料产品的需求进一步增大，从而促使其价格得以保持高位波动，继而带动水产养殖成本走高，水产养殖主体供给积极性可能将受到一定影响。

（2）海外需求不足、贸易摩擦持续影响水产品出口

2022 年 11 月，经济合作与发展组织（OECD）发布经济展望报告指出，乌克兰危机等极有可能继续引发能源危机刺激通胀，增加全球经济风险，预计 2023 年全球经济增速放缓至 2.2%，特别是美欧经济将急剧放缓，美国、欧元区经济增速将降至 0.5%，英国更是有可能负增长 0.4%。海外经济复苏动力不足、需求减弱将对中国出口产生不利预期。此外，中美贸易摩擦影响持续，2019 年起美国政府将从中国进口水产品的关税水平提升至 25%，此后中国对美水产品出口急剧下降，2022 年中国对美水产品出口量 40.55 万吨，出口额 25.50 亿美元，较 2018 年的 56.13 万吨 34.28 亿美元，分别减少 27.76%、25.61%。预计在 2023 年海外经济放缓预期下，单边主义、"去中国化"加剧可能性增大，贸易摩擦将持续影响中国对美水产品出口，受中美贸易关系涟漪效应影响，中国对欧元区等市场水产品出口也可能遇冷。

（3）极端天气和病害频发

《2022 年中国气候公报》显示，2022 年中国气候总体暖干特征明显、旱涝灾害突出。华南地区 5 月前后，持续低温降雨，影响养殖水体温度及环境，养殖对虾排塘率高，损失较大。南方部分地区进入夏季后持续性高温天气引发草鱼、鲫鱼、对虾等主养品种多种病害发生。沿海地区夏季台风等恶劣气候影响下，近海养殖、捕捞作业均受到不同程度的影响。当前中国渔业以一产为主，极度依赖天然环境，全球气候逐渐恶化，极端天气增加趋势不可逆转，规避极端天气、自然灾害等对渔业正常生产活动的不利影响值得关注。

（二）2023年渔业经济预测

综合考虑行业发展的机遇与挑战，渔业经济稳定运行的外部环境和条件

更加有利，较大冲击和不确定因素发生的可能性较小，预测 2023 年渔业经济将持续向好发展。

1. 2023年渔业产量、产值将双增长

一是经济有序恢复背景下，“大食物观”拉动渔业增长。近年来，中国树立和贯彻“大食物观”“从更好满足人民美好生活需要出发”等理念，在确保粮食供给的同时，保障水产品等食物多元有效供给。“向江河湖海要食物”，为水产品产量产值增长提供了有效保障。二是中国渔业绿色高质量发展将持续推进，水产养殖业“五大行动”进一步实施，降低捕捞强度、养护渔业资源做法短期内不会改变。预测 2023 年捕捞水产品产量大概率将稳中有降，预计包括远洋渔业产量在内，不会超过 1300 万吨，则水产品产量增量主要依靠水产养殖业。

综上，近年来，水产养殖技术不断发展的势头将得到延续，但考虑到前期基数效应，增速大概率放缓，水产养殖仍将是水产品产量、产值增长的主要来源。综合参考 2019~2022 年水产养殖产量年均增速（3.11%），2023 年水产养殖产量有望增长 1.5%左右，增至 5650 万吨，水产品总产量达到 6950 万吨左右。

2. 水产品价格预计继续保持相对稳定

一方面，国内经济有序恢复，对水产品消费需求进一步增加，水产饲料原料上涨风险将增加养殖成本，形成了水产品价格大概率上涨的推拉因素。另一方面，水产品产量进一步增加有利于缓解供给偏紧关系，水产品进口更加便利、贸易成本下降，有利于对冲水产品需求扩大和成本上升带来的价格增长，使水产品价格在相对稳定的区间运行。2023 年 1~2 月，月度水产品价格指数分别为 125.86、124.80，同比增长仅 1.76%、0.08%，与 2022 年同期价格总体持平。

基于以上分析，预测 2023 年水产品价格将延续 2022 年价格走向，呈总体平稳、季节性小幅波动的特征。

3. 水产品进口将持续增加、逆差规模增大

进口方面。首先，国内经济恢复带动食用水产品消费需求增加，近海捕

捞产量控制政策影响海水产品，特别是相当程度上依赖捕捞生产的水产品供给，继而促使国内食用水产品需求缺口的扩大，增加进口动力。其次，中国对进口冷链食品管控政策放松，部分水产品关税税率下降，促使水产品通关效率提高、贸易成本下降。最后，中国水产养殖规模预计扩大，可能带动鱼粉需求增长，增加相应商品进口。

出口方面，全球经济复苏乏力，地缘政治局部冲突增加了国际水产品出口的不确定性。不过，由于受国外新冠疫情和冷链产品入关管制影响，2022年的水产品出口潜力未有效释放，相反，得益于中国政策优化调整，进口大增导致当前基数较大。此外，2023 年是 RCEP 生效第二年，在区域全面经济伙伴关系协定下，贸易渠道通畅，合作关系深化，水产品贸易作为中国与 RCEP 伙伴国之间重要农产品贸易项目将持续受益。

综上分析，预测 2023 年中国水产品进口增速放缓，出口稳定增长，但进口增速仍快于出口，贸易总额约 500 亿美元，增长 7%左右，贸易逆差扩大至 15 亿美元。

G.8

2022年农业对外开放形势分析及2023年展望

胡冰川　翟天昶*

摘　要： 2022年受到前期美元货币宽松政策影响，叠加俄乌冲突、极端天气及新冠疫情等不利因素，全球农产品价格大幅上涨，人类经历了二战以来最为严重的粮食危机。在此背景下，中国作为全球最大的农产品进口国，也经历了量减额增的过程，承担了额外增加的贸易成本。不仅如此，2022年中国农产品贸易逆差持续加大。展望2023年，随着美国量化宽松货币政策的持续退出，俄乌冲突的负面影响出尽，全球粮食供需格局将会有所缓解，全球农产品价格也将继续进入下行通道。

关键词： 农产品贸易　农业对外开放　农产品价格　粮食供需

一　农产品贸易

2022年，中国农产品进出口额3343.2亿美元①，同比增长9.9%。其中，出口982.6亿美元，增长16.5%；进口2360.6亿美元，增长7.4%；贸

* 胡冰川，管理学博士，中国社会科学院农村发展研究所研究员，研究方向为农产品贸易、农产品市场政策的数量评估；翟天昶，管理学博士，中国社会科学院农村发展研究所助理研究员，研究方向为食物消费、农产品政策。

① 数据来源：农产品进出口贸易额数据来自中华人民共和国海关总署官网。分品种贸易数据按农业农村部农产品分类口径编写。以下“增长”“减少”若无特别说明，均为同比增长或同比减少。

易逆差1378.0亿美元，增长1.7%。农产品贸易在货物贸易中占比为5.3%，较2021年的5.0%有所提高，仍然处于2001年加入WTO以来的高水平，如图1所示。其中，农产品出口额占总出口额的比例为2.7%，农产品出口份额维持在历史低位，而农产品进口额占总进口额的比例为8.7%，农产品进口比重处于1984年以来的历史高位。

从整体来看，影响2022年中国农产品贸易主要有三个关键影响因素，一是俄乌冲突对全球大宗商品市场的冲击，二是美元等主要货币由宽松转向紧缩，三是受国内疫情影响，经济增速放缓带来的农产品需求抑制作用。

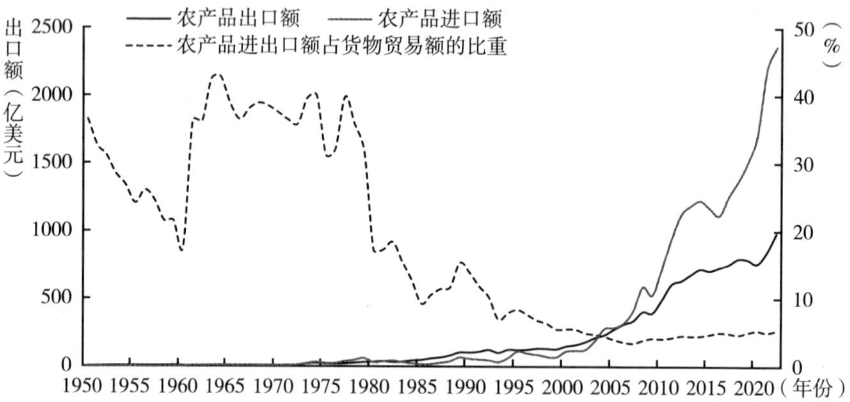

图1　中国农产品进出口额及占比情况

资料来源：①1950~1960年数据来自对外贸易统计年鉴；②1961~1979年数据来源为FAO数值；③1980~1994年数据来源为对外贸易统计年鉴；④1995年以后数据来自农业农村部和中华人民共和国海关总署公布数据。

（一）谷物进口量总体而言有所下降，量减价增是2022年粮食进口的主要特征

2022年，中国谷物进口5320.4万吨，同比减少18.6%；进口额196.6亿美元，减少2.2%。出口244.2万吨，减少6.8%；出口额12.0亿美元，增长2.0%。净进口5076.2万吨，减少19.1%。分品种来看如下。

①2022年中国进口大米619万吨，同比增长123万吨，增幅为24.8%，首次超过进口关税配额。2022年中国累计出口大米219万吨，同比减少25

万吨，降幅为9.5%；大米净进口400万吨，同比增长148万吨。按品种看，全年碎米进口352.7万吨，占比57.0%，同比增长40.2%。精米、糙米进口263万吨，占比42.5%，同比增长9.2%。中国大米进口来源国主要是东南亚和南亚国家，其中进口自印度的为218万吨、巴基斯坦120万吨、泰国80万吨、缅甸80万吨、柬埔寨29万吨。

②2022年中国小麦进口996万吨，同比增长19.0万吨，增幅为1.9%。2022年中国小麦进口主要来源国是澳大利亚、加拿大、法国、美国。其中进口自澳大利亚小麦为572万吨，占比57.4%；进口自加拿大为179万吨，占比18.0%；进口自法国为170万吨，占比17.1%；进口自美国的小麦仅63万吨，同比减幅达77.0%。

③2022年中国玉米进口量为2062万吨，同比减少27.3%。其中从美国进口玉米1486万吨，约占全年玉米进口总量的72.1%；其次是乌克兰，进口量为526.4万吨，约占进口总量的25.5%。相对于玉米进口而言，中国玉米出口规模很小。

④2022年中国大麦进口量为576万吨，同比减少53.8%；其中进口自阿根廷为239万吨，占比41.5%；进口自加拿大为193万吨，占比30.1%；进口自法国为98万吨，占比17.1%。另外，值得关注的是，进口自哈萨克斯坦为19万吨，占比3.3%，同比增长66.5%。高粱进口量为1014万吨，同比增长7.7%；其中进口自美国为633万吨，占比62.4%；进口自阿根廷为199万吨，占比19.6%；进口自澳大利亚为181.3万吨，占比17.9%。

⑤除了谷物以外，2022年中国木薯干片进口量为711万吨，同比增长28.8%。进口来源地主要是泰国和越南，进口自泰国的木薯干片为649万吨，占比91.3%；进口自越南的木薯干片为57万吨，占比8.0%。中国木薯淀粉进口量为431万吨，同比增长23.7%，其中进口自泰国为244万吨，占比56.5%；进口自越南为162万吨，占比37.5%。

2022年中国谷物进口量总体而言有所下降，量减价增是2022年粮食进口的主要特征，原因主要包括以下两个方面。

一是俄乌冲突引发的恐慌情绪蔓延，大幅推动了全球粮食价格的上涨。2022 年 2 月底的俄乌冲突加剧了全球粮食市场的恐慌情绪，推动了全球粮食价格暴涨。其直接表现为俄乌双方玉米、大麦等谷物出口阻滞，降低了贸易量，推动玉米、大麦等俄乌主要出口谷物价格的提升；与此同时，俄乌冲突也推动了运费成本、肥料和能源价格的上升，传导至其他谷物，也间接推高了农业生产成本，从而导致整体谷物价格的上涨。

二是 2022 年美国尚未完全退出量化宽松政策带来的市场惯性作用。能够看到，美联储为了应对疫情冲击，2020 年开启了新一轮量化宽松政策，在应对疫情影响的同时，也带来了明显的国内通胀压力及全球大宗商品价格上涨。2022 年，美国 CPI 同比上涨了 8.0%，其中食品价格指数上涨了 9.9%。自 2021 年 11 月起，美国量化宽松正式进入退出阶段，完整缩表周期需要到 2024 年，因此，2022 年美元量化宽松政策仍然具有惯性作用，维持全球农产品价格高位运行。

这两点原因不仅对全球粮食市场具有解释力，对其他大宗农产品也同样具有解释力。

（二）油籽和食用植物油进口均有不同程度的下降

2022 年，中国食用油籽进口 9610.9 万吨，同比减少 5.8%；进口额 658.4 亿美元，同比增长 13.4%。2022 年食用油籽出口 100.7 万吨，同比增长 8.2%，出口额 17.3 亿美元，同比增长 11.3%；贸易逆差 641.1 亿美元，增加 13.5%。

其中，大豆进口 9108 万吨，同比减少 5.6%。从进口来源上看，进口自巴西为 5440 万吨，占比 59.7%；进口自美国为 2953 万吨，占比 32.4%；进口自阿根廷为 365 万吨，占比 4%；进口自乌拉圭为 179 万吨，呈现较大幅度增长，增幅为 106.7%。

2022 年中国食用植物油进口 726.4 万吨①，同比减少 35.7%，进口额

① 农业农村部农业贸易促进中心：《2022 年 1—12 月我国农产品进出口情况》，http：//www.moa.gov.cn/ztzl/nybrl/rlxx/202301/t20230128_6419275.htm。

95.5亿美元，同比减少17.4%；出口17.7万吨，同比增长45.6%，出口额3.3亿美元，同比增长66.6%；贸易逆差92.2亿美元，同比减少18.9%。其中，豆油进口量为34万吨，同比减少69.1%；棕榈油进口量341万吨，同比减少26.8%；菜籽油进口量106万吨，同比减少50.7%；葵花籽油和红花籽油进口量为188.8万吨，同比增长47.5%。

实际上，2022年食用油籽与植物油进口量下降的直接因素在于油籽价格上涨对需求产生了抑制作用，例如，2022年中国进口大豆平均单价为每吨4485元，同比上涨25.1%。当然，其外生因素可以概括为俄乌冲突、极端天气及新冠疫情的负面影响，诸如印度尼西亚等国对棕榈油出口的贸易政策变化、中国养殖业低迷对粕类饲料需求降低等。

2023年，随着全球油料作物产量的增长以及俄乌冲突对全球农产品市场冲击的逐渐消退，全球食用油籽及植物油的供给会有所增加，全球食用油及油籽价格也将趋于下降，食用油及油籽的进口量可能会有所增加。

（三）棉花和食糖进口量出现不同程度的下降，但进口额有所增长

1. 棉花

2022年，中国棉花进口202.6万吨，同比下降13.5%[①]；进口额53.0亿美元，增长26.5%。其中，最主要棉花进口来源国为美国，为113万吨，占比58.7%；进口自巴西为58万吨，占比30%；进口自印度为3万吨，占比1.5%。棉花替代性产品棉纱进口117.6万吨，同比下降44.5%。其中，自越南进口纱线67.5万吨，占比57.4%；自巴基斯坦进口纱线14.5万吨，占比12.3%。与此同时，2022年中国纺织服装出口依然保持增长。2022年，中国纺织服装累计出口额3233.5亿美元，同比增长2.6%。其中纺织品出口额1479.5亿美元，同比增长2.0%；服装出口额1754.0亿美元，同比增长3.0%。

---

① 农业农村部农业贸易促进中心：《2022年1—12月我国农产品进出口情况》，http://www.moa.gov.cn/ztzl/nybrl/rlxx/202301/t20230128_6419275.htm。

棉花进口量减少的主要原因为：2022 年下半年以后，美联储加速退出宽松货币政策，采取大幅加息措施，使得全球商品交易大幅收缩，全球纺织品服装需求受到抑制，2022 年 9 月以后中国纺织服装出口额出现负增长。加之美西方打压新疆棉出口，加剧国内纺织企业的订单荒，从而造成了国内棉花消费需求的下降。受此影响，2022 年下半年之后，国内棉花价格出现大幅下跌，从年初每吨 2 万元下跌至年末的 1.3 万元。

2023 年，预计随着国内经济恢复，棉纺织行业产能能够获得国内消费需求的支撑；加上美国加息等措施导致的全球经济增速放缓已经使得国际棉价全面回调，这也为棉纺织业的成本提供支持，使得对棉花的需求将会有所增加。因而，2023 年中国对进口棉的需求比 2022 年将有积极表现。

2. 食糖

2022 年，中国食糖进口 527.0 万吨，同比减少 6.9%；进口额 25.6 亿美元，同比增长 12.3%。进口来源最大的国家是巴西，为 418 万吨，占比 79.2%，主要原因在于 2020 年 5 月食糖配额外进口保障关税到期后，巴西食糖的竞争力十分强劲；其次为印度，进口量为 27.5 万吨，占比 5.2%。

食糖进口量下降的主要原因在于国内外价差的变化。2022 年上半年，受俄乌冲突、国际油价和海运费用大幅上涨的影响，国际糖价上升明显，进口食糖配额外进口利润大幅下降。尽管随后泰国、印度食糖产出量有所增加，国际糖价有所下降，进口食糖配额外利润有所回升，但仍然持续倒挂。此外，受疫情影响，2022 年国内糖厂及含糖食品制造企业生产情况不佳，影响了国内食糖的需求。

2023 年，在局部气候异常、地缘政治冲突、各国政策等不利因素的影响下，尽管巴西、泰国等产区甘蔗产量可能会有所上升，但美国收紧货币之后带来的大宗商品价格回调也为食糖需求提供价格支撑，因此全球食糖供需可能仍处于紧平衡状态，国际食糖价格下降幅度有限。

对中国而言，随着经济社会发展，国民膳食逐步向营养健康方向转化及人口老龄化问题的显现，加之相对廉价的淀粉糖等替代品的存在，国内食糖需求增长空间相对有限。但也要看到，2023 年经济增长的恢复也会支撑食糖需求，从而带动国内糖料产能和制糖企业、含糖食品生产加工企业生产秩序的恢复。综上所述，2023 年，中国食糖进口量可能会相对稳定甚至小幅增加。

（四）蔬菜贸易保持稳定增长，进口品种多样化，水果贸易持续处于贸易逆差，且有不断扩大之势

1. 蔬菜

2022 年中国蔬菜贸易额 181. 8 亿美元，蔬菜出口额 172. 2 亿美元，同比增长 9. 2%；进口额 9. 6 亿美元，同比减少 19. 0%；贸易顺差 162. 6 亿美元，同比增长 11. 5%。

从出口去向来看，最主要的市场为中国香港、日本、越南和韩国。其中，中国香港 29. 6 亿美元，占比 17. 2%；日本 24. 4 亿美元，占比 14. 2%；越南 17. 2 亿美元，占比 10. 0%；韩国 12. 5 亿美元，占比 7. 3%。从蔬菜进口来源看，进口额排名前三的国家分别为印度、美国和泰国。

分蔬菜品种来看，中国出口的蔬菜主要包括蘑菇、大蒜、番茄、辣椒、菠菜、胡萝卜及萝卜、木耳、生姜、马铃薯、竹笋等，以上品类合计出口额占比 57. 0%。实际上，蔬菜出口有刚性需求支撑，与食物消费结构、贸易距离、生产质量水平有着密切关系。2022 年，尽管仍然受到疫情影响，但是蔬菜贸易仍然保持稳定增长，反映出中国农业产业链的韧性。其中，蘑菇是中国蔬菜第一大出口品种，出口额为 27. 6 亿美元，占比 16. 0%，主要得益于食用菌生产效率的整体提升，例如工厂化生产；其次为大蒜，为 24. 6 亿美元，占比 14. 3%；番茄的出口额排在第三，为 12. 7 亿美元，占比 7. 4%。蔬菜进口品种主要为辣椒、马铃薯、胡椒、豌豆和番茄等，以上品种进口额占比 90. 6%。其中，最主要的进口品种为辣椒，为 3. 9 亿美元，占比 40. 6%。

2. 水果

2022 年，中国水果出口额 69. 2 亿美元，同比减少 7. 9%；出口量 466. 0 万吨，同比下降 5. 2%。全年鲜冷冻水果主要出口品类包括柑橘、苹果、梨和葡萄等。其中，苹果出口额 10. 4 亿美元，同比减少 27. 3%，出口量 82. 3

万吨，同比减少23.7%；柑橘出口额10.4亿美元，出口量87.6万吨，同比分别下降22.4%和4.6%；葡萄出口额7.3亿美元，同比下降3.9%，出口量37.7万吨，同比增长7.4%；梨出口额5.0亿美元，出口量44.4万吨，同比分别下降18.0%和12.9%。以上主要品类出口额占鲜冷冻水果出口总额的79.1%。

2022年水果进口额156.9亿美元，同比增长7.9%；进口量达793.2万吨，同比增长4.4%。按进口额排序，全年鲜冷冻水果进口主要品类为榴梿，进口额为40.3亿美元，同比下降4.3%，进口量为82.5万吨，同比增长0.5%；其次为樱桃，进口额和进口量分别达到27.7亿美元和36.7万吨，同比分别增长39.9%和16.9%；香蕉位列第三，进口额和进口量分别达到10.4亿美元和186.4万吨，同比分别增长11.3%和6.7%。随后为山竹、椰子、龙眼、葡萄、火龙果、猕猴桃及柑橘。以上主要品类进口额占鲜冷冻水果总进口额的74.5%。

分贸易地区来看，中国水果主要出口地为越南、泰国、美国、印度尼西亚、日本和菲律宾等国，其中越南份额最高。中国水果进口来源国主要为泰国、智利、越南和菲律宾，来自以上四个国家的水果进口额占中国水果进口总额的76.2%。

总体来看，中国水果进出口持续处于贸易逆差，且有不断扩大之势。2022年中国水果贸易额226.1亿美元，贸易逆差87.7亿美元，同比增长24.8%。中国水果进口增加得益于国内消费升级、健康消费需求增加，水果进口呈现高价值化的趋势；加之近年来RCEP协议的成功签署，为中国带来贸易便利的同时，也开拓了新市场。

（五）畜产品贸易逆差较上年有所下降

2022年，中国畜产品贸易额579.5亿美元，逆差451.5亿美元，较上年减少2.5%。其中，畜产品出口额64.0亿美元，同比增长6.3%；畜产品进口额515.5亿美元，同比减少1.5%；进口总量1271.1万吨，同比减少18.0%。

1. 猪肉

2022 年，中国生猪产品进口额 66. 1 亿美元，进口量 279. 7 万吨，分别同比下降 49. 4%和 43. 3%。其中，猪肉进口额 39 亿美元，进口量 176 万吨，分别同比减少 61. 7% 和 52. 6%。猪杂碎进口额 27. 1 亿美元，同比减少 12. 0%；进口量 105. 1 万吨，同比减少 19. 6%。进口主要来源于西班牙、巴西、美国、丹麦、荷兰、加拿大等 20 个国家，其中西班牙是第一大进口来源国，进口量为 69. 4 万吨，占比 24. 8%；而后依次是巴西 43. 9 万吨，占比 15. 7%；美国 39. 1 万吨，占比 14. 0%；丹麦 35. 3 万吨，占比 12. 6%；荷兰 23. 3 万吨，占比 8. 3%；加拿大 16. 7 万吨，占比 6. 0%。

2022 年生猪产品进口额和进口量下降的根本原因在于国内生猪养殖规模基本恢复到非洲猪瘟之前水平。具体来看，2022 年国内生猪出栏量达 69995 万头，较 2021 年增长 4. 27%；同时，生猪存栏量为 45256 万头，同比也有增长。其中，能繁母猪存栏量达 4390 万头，已相当于正常保有量的 107%。国内猪肉产量达 5541 万吨，较 2021 年增加 245 万吨，增长约 4. 6%，因此对猪肉及生猪产品进口产生了抑制作用。进一步地，生猪产能恢复，使得上游饲料需求也重新达到顶峰，这也对 2023 年及之后全球饲料粮市场产生一定影响。

2. 其他肉类

2022 年，中国牛产品进口量为 283. 2 万吨，同比增长 14. 5%；进口额 188. 1 亿美元，同比增长 40. 0%。进口的牛产品来自巴西、阿根廷、乌拉圭、新西兰、澳大利亚等。2022 年，中国羊产品进口量为 35. 9 万吨，同比减少 12. 7%；进口额 20. 8 亿美元，同比减少 13. 0%。进口的羊产品来自新西兰、澳大利亚、乌拉圭等国家。

2022 年，中国鸡肉产品进口量达 130. 4 万吨，同比下降 11. 4%；进口额 41. 4 亿美元，同比增长 17. 6%。进口的鸡肉产品来自巴西、美国、俄罗斯、泰国等国家，其中巴西是第一大进口来源国，进口量达 55. 3 万吨，占比 42. 4%；而后是美国 34. 5 万吨，占比 26. 5%。

3. 乳品

2022 年我国共计进口各类乳制品 327 万吨，同比减少 17.1%，进口额 139.4 亿美元，同比增长 0.8%，进口乳制品折合生鲜乳为 1917 万吨，同比减少 14.9%。其中，进口干乳制品 227.1 万吨，同比减少 14.4%，进口额 122.6 亿美元，同比增长 2.5%，进口液态奶 100.1 万吨，同比减少 22.8%，进口额 16.8 亿美元，同比下降 10.3%。

分品种来看，除婴幼儿配方奶粉、奶油和蛋白产品进口量略增外，其余全部品类进口量均下降，具体呈现以下特征。①婴幼儿配方奶粉、奶油和蛋白产品进口量有小幅增长。其中，婴幼儿配方奶粉进口 26.6 万吨，同比增长 1.5%；奶油进口 14.3 万吨，同比增长 9.1%；蛋白产品进口 5.2 万吨，同比增长 2.9%。②炼乳、包装牛奶、大包粉、奶酪产品、乳清产品和酸奶进口量都出现明显下降。其中，炼乳进口 2.4 万吨，同比下降 30.8%；包装牛奶进口 72.2 万吨，同比减少 27.5%；大包粉进口 103.5 万吨，同比减少 18.8%；奶酪产品进口 14.6 万吨，同比减少 17.4%；乳清产品进口 60.6 万吨，同比减少 16.2%；酸奶进口 2.4 万吨，同比减少 14.4%。中国乳制品出口量较小，以婴幼儿配方奶粉和大包粉为主。

分来源地看，折原料奶后，2022 年中国乳制品进口总量的 44.3% 来自新西兰，其次是美国，占 15.9%，澳大利亚居第 3 位，占 6.0%。按进口额来看，2022 年进口总额的 52.0% 来自新西兰，澳大利亚居第 2 位，占 8.4%，德国居第 3 位，占 7.0%。

总体来说，2022 年中国乳制品进口量显著下降，主要原因在于俄乌冲突引致的欧洲国家乳制品生产成本上升，从而使得国际奶价显著上涨，对全球乳品消费产生的消费抑制；加之中国受疫情影响降低了食品需求。2023 年，随着疫情防控政策的调整，国内乳制品消费需求预计将快速恢复，加上俄乌局势的利空出尽，国内乳制品进口量也将迎来恢复。

（六）水产品进口额较大幅度增加，水产品贸易由上年顺差转为逆差

根据海关公布的数据，2022 年，中国水产品出口 230.1 亿美元，同比

增长 5.0%；进口 237.0 亿美元，同比增长 31.5%；净进口 6.9 亿美元，由上年顺差转为逆差。

水产品进出口额增加的原因在于全球疫情的缓解。在全球通货膨胀和饲料价格上涨的情况下，随着疫情形势的调整，2022 年水产品贸易额显著增加，主要体现为进口额的显著增长。这主要是因为随着中国经济持续健康发展，城乡居民收入和城市化水平提高，人民生活水平不断提高，膳食结构也逐步升级，人们对水产品的需求长期来看处于逐步增长态势。居民对品质好、价格高的水产品的需求量也越来越大，直接推动了水产养殖业的快速发展。

二 农业吸引外资和对外投资

（一）农业外商直接投资企业数有所减少

根据国家统计局公布的《中华人民共和国 2022 年国民经济和社会发展统计公报》数据，2022 年全年外商直接投资（不含银行、证券、保险领域）新设立企业 38497 家，比上年下降 19.2%。实际使用外商直接投资金额 12327.0 亿元，增长 6.3%，折 1891.0 亿美元，增长 8.0%。其中共建“一带一路”国家对华直接投资（含通过部分自由港对华投资）新设立企业 4519 家，下降 15.3%；对华直接投资金额 891 亿元，增长 17.2%，折 137 亿美元，增长 18.6%。全年农林牧渔业外商直接投资企业数为 420 家，比上年减少 14.5%，实际使用资金 80 亿美元，比上年增长 44.6%。从比例看，农林牧渔业利用直接投资额比例为 0.65%，与 2022 年相比，占比有较大幅度增加。

（二）农业对外投资显著下降

根据国家统计局公布的《中华人民共和国 2022 年国民经济和社会发展统计公报》数据，2022 年全年对外非金融类直接投资额 7859 亿元，比上年增长 7.2%，折 1169 亿美元，增长 2.8%。其中，对共建“一带一路”国家非金融类直接投资额210亿美元，增长3.3%。在对外非金融类投资中，农林牧渔业投资总计8.3亿美元，下降26.5%。2022年，又有5个国家同中国签署共建“一带一路”合作文件。

近年来，受疫情影响，无论是农业吸引外资，还是农业对外投资，都受到明显影响，当然这也是阶段性情况。实际上，随着疫情管控放开，农业双向投资状况都会不断优化。一方面是源于农产品的进口和贸易需求，另一方面也有全球化的推动，这些因素都会使全球农业资源与生产要素具备更高的流动性。

三　农业对外开放

党的二十大报告提出要加快构建新发展格局，着力推动高质量发展。坚持社会主义市场经济改革方向，坚持高水平对外开放，加快构建以国内大循环为主体、国内国际双循环相互促进的新发展格局。推进高水平对外开放，稳步扩大规则、规制、管理、标准等制度型开放，加快建设贸易强国，推动共建“一带一路”高质量发展，维护多元稳定的国际经济格局和经贸关系。

这为新发展格局下推动农业高水平开放的政策设计提供了导向，即以高水平制度型开放来推动农业的高水平开放，进一步利用国外农业技术和资源。一方面，在弥补国内食物品种供给不足的同时，增加国外新品种的进口；另一方面，进一步推动食物的多元化供给并且提高国内农业的生产能力，提高农业的高质量发展水平。

当前，也要看到农业对外开放也存在一定矛盾性，主要表现为三个方面。

①农产品贸易配额及配额外关税构筑的市场准入壁垒与国家粮食安全之间的矛盾。能够看到，无论是水稻、小麦、玉米，还是棉花、食糖进口配额，都刺激了相关替代品的大量进口，诸如高粱、大麦、纱线、淀粉等。在逻辑上，中国农产品进口配额已经演化为海外农业生产者利益再分配的工具。这对于中国粮食安全而言，并没有特别意义。当然，从贸易谈判来看，

现有配额仍然是有效的筹码。

②种业开放与农业高水平开放之间的矛盾。根据《外商投资准入特别管理措施（负面清单）》（2021 年版），其中涉及禁止转基因品种选育及种子生产。此前，转基因品种选育及种子生产并没有实质性放开，并没有表现为农业开放问题。从种业开放，尤其是农作物种子[①]市场开放而言，开放的负面影响更多地表现为种子市场的利益再分配，但在客观上会促进种业竞争，间接保障国家粮食安全。

③生物安全风险防控与进口多元化之间的矛盾。防范生物安全风险、筑牢国门生物安全防线是极度重要的，但也存在科学与经济的平衡。在经济全球化的背景下，追求生物安全的绝对性既不科学也不合理，包括外来生物入侵、疫病防控等，其实都需要理性看待。作为全球最大的农产品进口国，在优化进口来源、提高供应链韧性的大背景下，需要关注到更多的产地实际，充分发挥科学评价作用，从而尽可能多地增加进口来源。当然，这里也存在外交和对等开放问题，不一而足。

四　2023年展望

如前所述，一段时期以内，全球农产品价格波动的主导因素是美国货币政策，其他的外在影响因素包括俄乌冲突、极端天气等，当然也包括中国经济复苏及居民消费变化。整体来看，美联储完整缩表周期需要到 2024 年，因此包括农产品在内的全球大宗商品价格仍处于下行通道。由于俄乌冲突的相关负面信息已经在 2022 年基本出清，除非俄乌冲突显著扩大，否则不会对全球农产品供需带来额外的冲击。从中国消费需求来看，当前仍然处于食品消费升级的阶段，但是也要考虑中国人口年龄结构和人口增长实际，就目前情况来看，无法继续支撑大规模的食品消费扩张，可能在个别产品方面会有强劲增长，例如高价值果蔬、水果、水产等，但是整体消费应当处于相对

① 与动物遗传物质不同的是，农作物种子存在本土驯化的因素，需要考虑立地条件。

稳定阶段。

①以美元计价的全球农产品价格仍处于下行通道。根据国际货币基金组织2023年1月《世界经济展望》更新预测，2023年全球增长将降至2.9%，2024年将回升至3.1%。2023年预测比2022年10月《世界经济展望》预测高0.2个百分点，但低于历史平均水平3.8%；同时，全球通胀预计将在2023年和2024年分别降至6.6%和4.3%，仍高于疫情大流行前的水平。从全球农产品和大宗商品市场来看，全球经济增速有限仍将对消费形成有效抑制作用。这也意味着在主要经济体增长低迷的背景下，相应的实际需求也会一定程度地降低。

②从全球农产品市场平衡角度来看，当前全球整体供需并未呈现较大失衡。部分国家的粮食危机主要是国家治理的失序问题，并不意味着全局性的粮食危机。以粗粮为例，根据联合国粮农组织预测，2022~2023年度，全球粗粮产量将达到14.7亿吨，尽管比2021~2022年度的15.1亿吨有所减少，但是消费量也会有一定的下降，这也使得2022~2023年度全球粗粮库存消费比为22.9%，略低于2021~2022年度25%的水平，仍然维持在合理水平。

③从中国角度来看，2023年将会进一步提高生产能力，增加农业产出，但是食物消费升级仍将推动多元化农产品进口。2022年中国粮食产量进一步增长，而在生猪养殖趋于饱和的背景下，对饲料需求也将趋于饱和，在全球供应相对宽松的背景下，国内饲料供需的紧张状况将会得到较大缓和，市场格局也会发生很大变化。这种效应会传导到国际市场，对饲料、饲草、肉类贸易都会产生一定影响。这一点基本延续2022年的基本走势，并在2022年的基础上表现得更为明显。尽管当前全球对中国2023年度的农产品进口持乐观态度，但是从中国食物消费需求出发，整体的需求格局应该渐趋稳定。

总体来看，2023年全球农产品市场趋向于宽松，当然也包括俄乌局势、极端天气等特殊因素带来的紧张状况。从贸易策略出发，2023年农产品进口相对较为从容，但是也要考虑对国内库存及市场的冲击因素。

热 点 篇

Key Issues

G.9

中国粮食作物供种安全形势、挑战与对策研究

景 琦　王术坤*

摘 要： 保障粮食作物种子供给安全是保障国家粮食安全的重要基础之一。本报告根据历年数据，在分析粮食作物种子供需、进出口、国家储备和企业库存、市场价格等基本特征的基础上，计算了不同约束条件下三大粮食作物的种子自给率。研究得出中国杂交水稻、常规水稻、玉米和小麦的自给率都处于较高水平，2013年以来上述四种作物的最低自给率分别为119.9%、105.3%、110.6%、132.5%。但是，中国种子供给方面仍然存在种子品种繁多且中端同品系同质化严重，优质品种供不应求；制种区域相对集中，易受极端气候影响；制种区域与用种区域间隔偏远，流通压力较大；制种成本不断上升，制种企业和粮农收益减少；制

* 景琦，农学硕士，全国农业技术推广服务中心，主要研究方向为种子供需与风险监测预警；王术坤，管理学博士，中国社会科学院农村发展研究所助理研究员，主要研究方向为农业政策评估和农业技术经济。

种计划难以预料市场行情，导致库存剩余或者脱销等问题与挑战。为提高种子供给能力，应该坚持市场导向，采取增加高质量种子供给，完善供种应急保障能力，提升制种的现代化技术水平，降低种子生产成本，鼓励企业拓展国外制种市场等措施。

关键词： 供种安全 粮食安全 供种率 种子质量

“国以农为本，农以种为先”，种业安全事关粮食安全和国家安全高度，保障粮食和重要农产品种源自主可控是加快农业强国建设，确保重要农产品供给、关键核心技术和产业链供应链等方面不受制于人的重要前提。2021年7月，习近平同志主持召开中央全面深化改革委员会第二十次会议，审议通过了《种业振兴行动方案》，提出实现种业科技自立自强、种源安全自主可控的总目标，把种源安全上升到国家战略安全高度。2022年，总书记出席中央农村工作会议中进一步强调“保障粮食和重要农产品稳定安全供给始终是建设农业强国的头等大事”，保障国家种源安全的重要战略意义更加突出。

种子作为农业的“芯片”，是实现粮食增产增收和农业节本增效的内因。种子生产销售过程兼具农业投入品和一般商品的双重属性，决定了种子难以像农药、化肥等工业产品那样精准生产和精准供给。因此，作为粮食生产最重要的生产要素，保障种源供应与需求的整体平衡，建立健全供种保障与应急调剂体系关乎国家粮食生产安全根基。本报告界定的供种安全主要是从种子生产和需求角度，探讨种子生产是否能够满足国内粮食生产需要以及影响种子供给的现实因素。重点以水稻、小麦和玉米作为研究对象，利用历年数据，从时间维度上系统分析粮食作物种子的供需、库存、储备、价格基本特征，计算不同条件下粮食作物种子的自给率，分析种子供给安全的影响因素和挑战，最后有针对性地提出政策建议。

一　中国主要作物种子供需总体特征

供种安全主要由种子生产和需求两方面决定，一般认为，当上年种子生产量与当年种子存量之和大于当年需求量时则认为满足当年供种安全的条件。中国种子供给主要包括种子生产[①]、企业库存、国家储备、进出口和农民自留种。种子价格作为反映种子供需关系的重要指标，可以从侧面反映国内种子供需平衡形势。

（一）种子需求

我国三大粮食作物常年总用种量在 70 亿~80 亿公斤，年际差异根据作物种植结构调整情况略有波动。2021 年，中国三大粮食作物总用种量约为 74.4 亿公斤[②]，其中，小麦用种总量为 50.5 亿公斤，杂交水稻用种总量为 2.7 亿公斤，常规水稻用种总量为 9.7 亿公斤，玉米用种总量为 11.5 亿公斤（见图 1）。分地区看，种子主要需求地区与粮食作物主产区基本一致，小麦用种量主要集中在河南、山东、安徽、河北和江苏，合计占比达到 74.5%；常规水稻用种主要集中在黑龙江、江苏、江西三个省份，合计占比为 61.4%；杂交水稻用种主要集中在湖南、安徽、湖北三个省份，合计占比 48.7%；玉米用种主要集中在黑龙江、内蒙古、吉林、山东、河南、河北六个省（区），合计占比 60.9%。从时间维度看，水稻和玉米种子在 2013~2015 年呈现短暂增长后开始缓慢下降，2021 年再次呈现上升势头。小麦种子用量总体呈现逐年增长趋势。

（二）种子生产

我国三大粮食作物常年制繁种产量在 80 亿公斤以上。2021 年，三大粮

① 由于种子生产和作物生长一样，需要一个生长周期。因此，基本上当年生产的秋冬季种子和下年的春夏季种子用于下年粮食作物生产。

② 常规种子用种量包括农户自留种的用量。

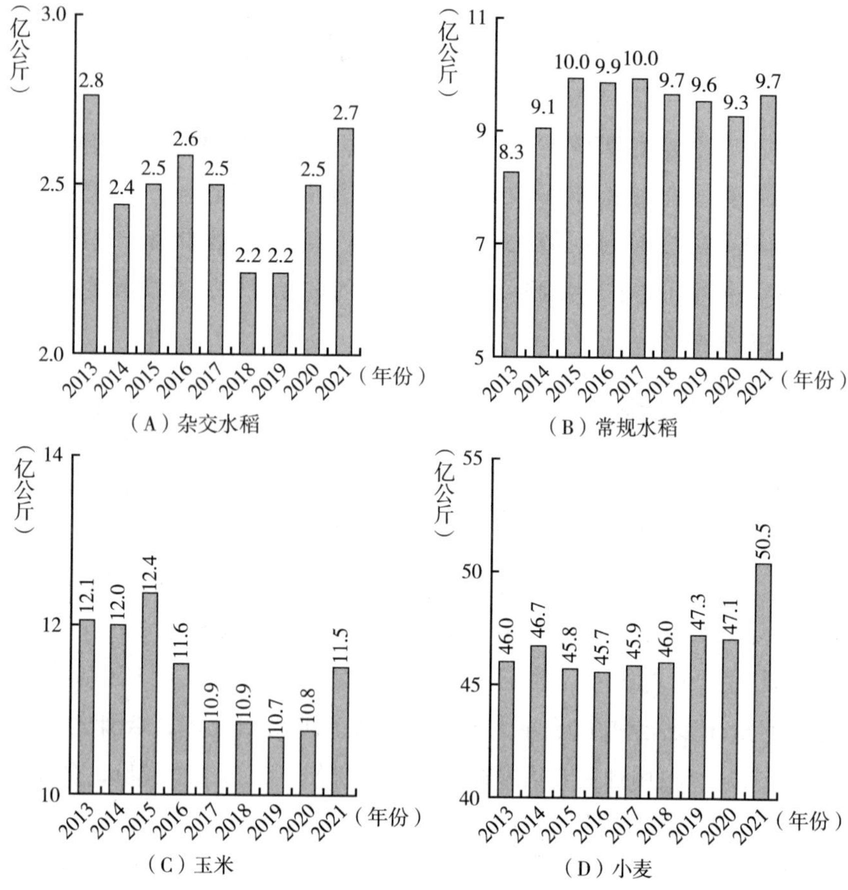

图1　2013~2021年三大粮食作物种子需求情况

资料来源：全国农业技术推广服务中心。

食作物种子共计生产85.1亿公斤①，其中，小麦种子62.4亿公斤，玉米种子10.4亿公斤，水稻种子12.4亿公斤且常规水稻占比77.7%（见图2）。对比三大作物种子需求量，商品化种子的生产量略大于种子总需求量（含非商品化农民自留种）。分地区看，杂交水稻种子生产主要集中在福建、湖南和四川三个省份，合计占总产量的56.7%；常规水稻主要集中在江苏

① 种子生产量不包含农户自留种的用量。

和黑龙江两个省份，合计占总产量的72.0%；玉米主要集中在甘肃和新疆两省（区），合计占总产量的比例高达83.6%；小麦主要集中在河南、山东、安徽、江苏四省，合计占总产量的80.6%。从时间维度看，杂交水稻、玉米种子生产量表现出高低循环跳动的趋势，而小麦、常规水稻种子生产量相对稳定。不同粮食作物种子生产量的变化主要受农产品市场价格的影响。

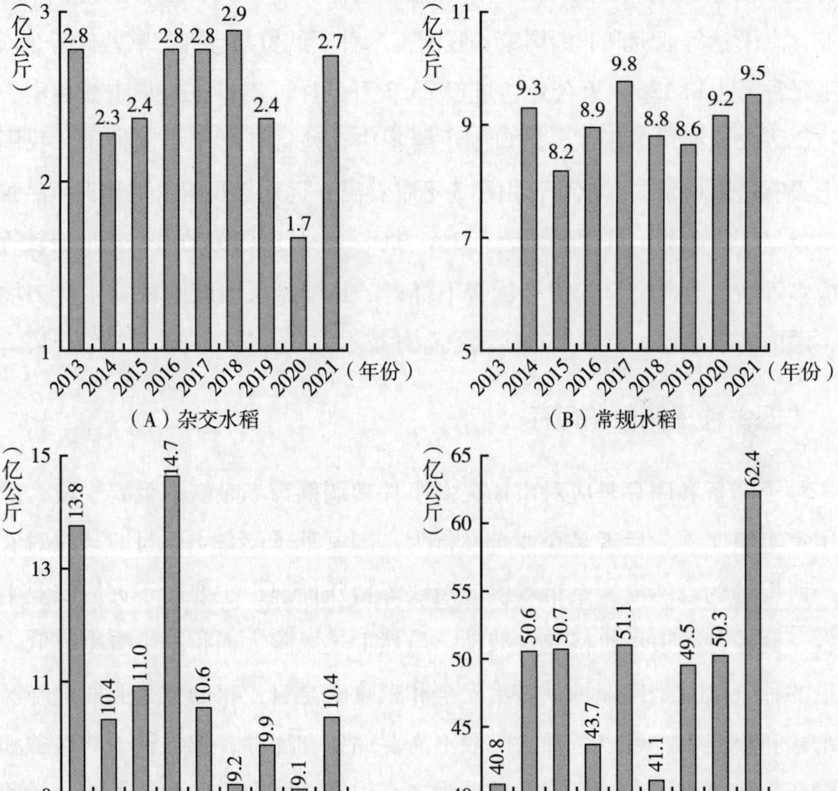

图2　2013~2021年三大粮食作物种子生产情况

资料来源：全国农业技术推广服务中心。

（三）种子进出口

在三大粮食作物中，中国是水稻的发源地，水稻育种技术起步早、投入多，特别是杂交水稻技术已经走在世界前列，因此，相比于其他口粮作物，中国水稻种子出口顺差最为明显。从数据上看，2021 年我国水稻种子出口总量达 2514.3 万公斤，而进口只有 290 公斤（见图 3），出口种类以杂交水稻为主，出口国家主要集中在越南、巴基斯坦、菲律宾、孟加拉国、印度尼西亚、乌干达等亚洲和非洲国家；我国玉米种子的贸易也拥有顺差优势，2021 年玉米种子出口 126.1 万公斤，进口 23.7 万公斤，出口主要集中在越南、安哥拉、塔吉克斯坦等国家，进口则主要集中在法国；对于小麦种子，我国基本上没有进出口贸易。然而，由图 3 不难看出，近几年我国水稻和玉米品种的出口量呈下降趋势，其主要原因有 3 个方面：一是国内劳动力、土地流转等制种成本不断上升，出口的价格优势下降；二是国家层面鼓励粮食生产力度加大，国内需求量增加；三是进口国家育种技术发展，进口需求量持续下降。

（四）种子储备和库存

种子储备和库存是应对市场突发事件和调剂市场余缺的重要手段，前者由国家组织实施，后者是企业自发行为。国家种子储备主要目的是应对农业生产所遭遇的自然灾害及市场供应短缺等特殊情况，主要用于灾后农业生产自救、调控种子市场价格异常波动。虽然上述风险大面积发生概率很低，但充足的种子储备是确保种子供给安全和粮食安全自主权的重要兜底措施。常规水稻和小麦农户可以留种，一般不需要储备和库存，我国种子的储备和库存以杂交作物种子和短生育期种子为主。根据国家救灾备荒种子储备任务发布数据整理得到，杂交水稻国家储备占用种量的 3%左右，根据 2021 年杂交水稻用种量计算，杂交水稻国家储备约 0.08 亿公斤。玉米储备占总用种量的 2%左右，根据 2021 年玉米用种量计算，玉米国家储备是 0.23 亿公斤。2021 年杂交水稻库存在 0.7 亿公斤，玉米库存 4.6 亿公斤，分别占用种量的 26%和 40%左右。

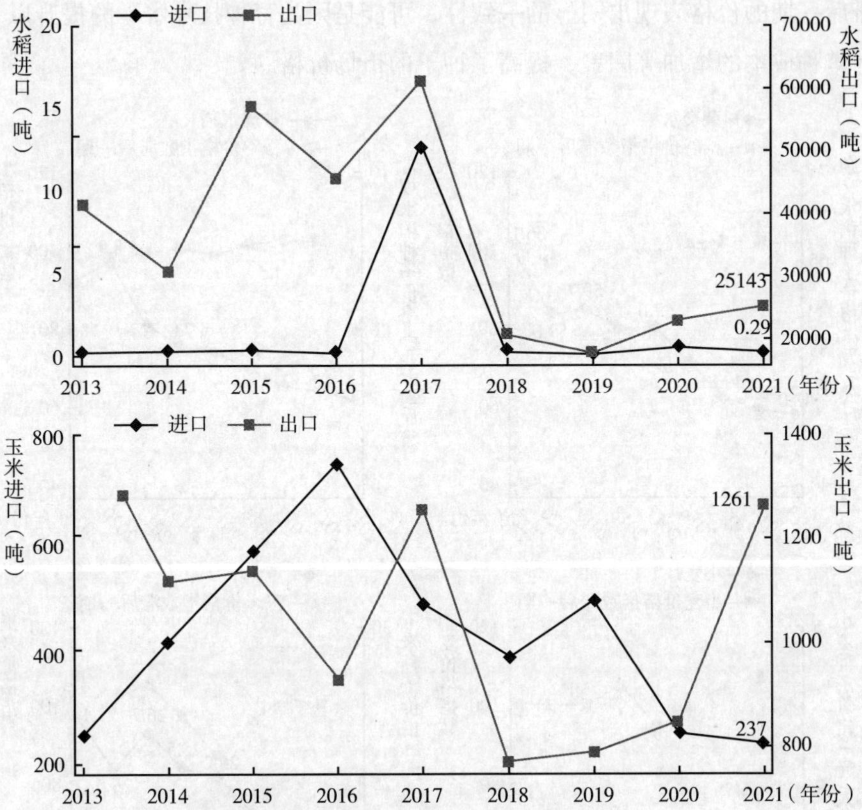

图 3　2013~2021 年粮食作物种子进出口情况

资料来源：全国农业技术推广服务中心。

（五）种子市场价格

市场价格是种子供需形势的间接反映。图 4 为水稻、小麦和玉米种子价格的基本情况。可以看出，自 2013 年以来，中国水稻和玉米的种子价格不断提高，小麦的种子价格相对稳定。其中，杂交水稻种子价格上涨最为明显，由 2013 年的 48. 0 元/公斤上涨到 2021 年的 66. 1 元/公斤，常规水稻种子价格则由 7. 1 元/公斤上涨到 8. 6 元/公斤，玉米种子价格由 22. 3 元/公斤上涨到 27. 1 元/公斤，年平均增长率分别为 4. 0%、2. 4%、2. 5%。小麦种子价格则相对稳定，大致在 4. 6 元/公斤左右。作物种子价格没有和农作物滞后一期的价格表现出明显的一致性，可能是因为育种技术水平的提升以及制繁种成本的增加等因素，提高了种子的市场价格。

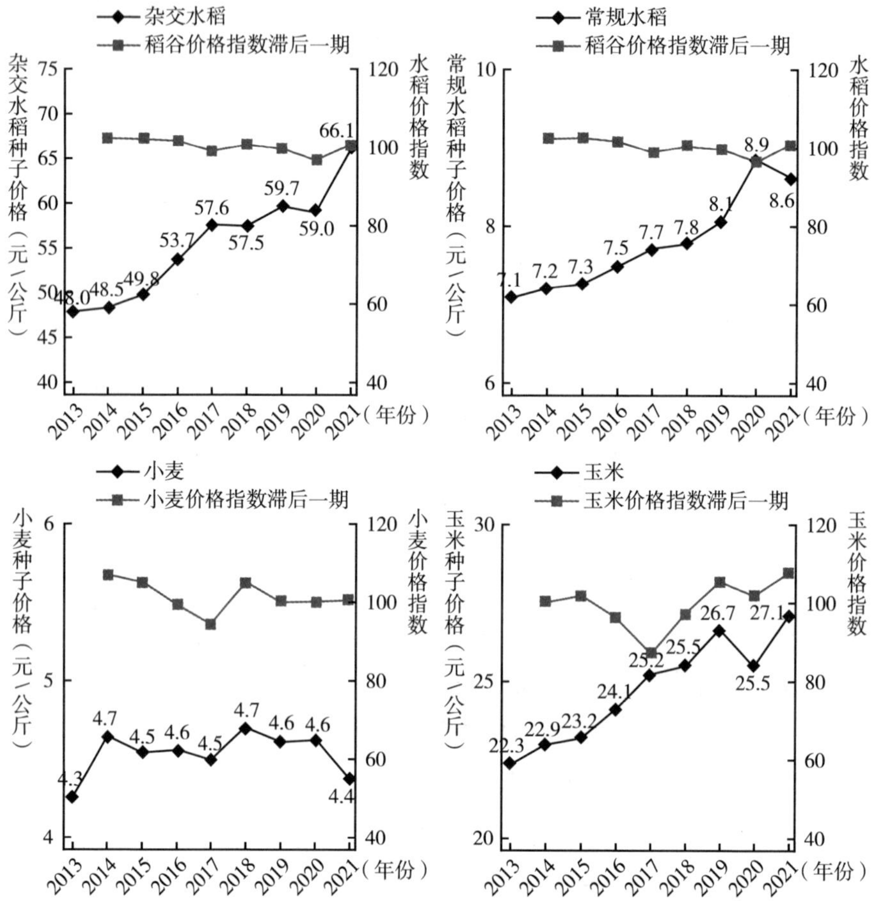

图 4　2013~2021 年粮食作物种子价格情况

资料来源：全国农业技术推广服务中心。

二　粮食作物种子自给率测度

本报告按照种子生产量除以用种量的方法计算不同作物的供种率，主要从两个维度测度水稻、玉米和小麦三种作物的供种率。第一个维度指标中的种子生产量只考虑商品种子产量和生产者自留种两类情况，这一指标相对保守，属于最低供给数量的供种率，用供种率 1 表示；第二个维度指标中的种子生产量则将企业库存、政府储备和生产者自留种都考虑在内，属于最高供给数量的供种率，用供种率 2 表示。

$$\text{供种率 1} = (\text{商品种子产量} + \text{自留种}) / \text{用种需求量} \tag{1}$$

$$\text{供种率 2} = (\text{商品种子产量} + \text{净进口} + \text{企业库存} + \text{政府储备} + \text{自留种}) / \text{用种需求量} \tag{2}$$

其中，自留种=用种需求量×（1-商品化率）

公式（1）~（2）的计算结果见图 5 所示。商品种子产量是经企业生产在市场上销售的种子产品，与之对应的是自留种，是农户自己留存的非商品种子；商品化率是某个作物的商品种子产量除以总用种需求量。就商品种子产量总体而言，中国粮食作物供种率较高，完全可以满足国内粮食作物种子的供给。图 5（A）为 2013~2021 年杂交水稻的自给率，可以看出，如果只考虑当年的粮食作物种子生产和需求，自给率表现出先增长后下降再增长的波动趋势。在计算的 9 年数据中，2014 年、2015 年和 2020 年 3 年的自给率在 100%以下，2020 年一度达到最低的 68.4%。如果将库存、储备和进出口都考虑在内，自给率都在 100%以上，最低自给率为 2020 年的 119.9%，最高可达到 2017 年的 181.1%。

图 5（B）为常规水稻自给率的基本情况，相对于杂交水稻，常规水稻自给率较低。如果仅考虑当年的生产和用种情况，常规水稻基本维持在 90%~100%，如果考虑到储备、库存和进出口情况，常规水稻的自给率则都在 100%以上。其中，最高自给率是 2021 年的 133.3%，最低自给率为 2015 年的 105.3%。

图 5（C）为小麦自给率的基本情况，可以看出，小麦自给率整体表现出上升的趋势。在不考虑库存、储备和进出口的情况下，除个别年份外，小麦种子自给率基本能够达到 100%以上；将上述条件考虑后，小麦自给率都在 100%以上，最低为 110.6%，最高达到 147.1%。

图 5（D）为玉米自给率的基本情况，相对于水稻和小麦，玉米自给率波动较大。在不考虑库存、储备和进出口的情况下，大多数年份自给率在 90%左右；由于玉米种子的企业库存较多，将上述条件考虑后，玉米自给率都在 130%以上，2016 年达到最高的 188. 6%后开始逐年降低，2021 年下降到 132. 5%。2015 年底玉米临时收储政策取消，玉米播种面积降低，导致 2016 年玉米自给率达到顶峰，随后农民种植玉米的面积下降，企业根据市场形势做出反应，库存玉米也开始降低。

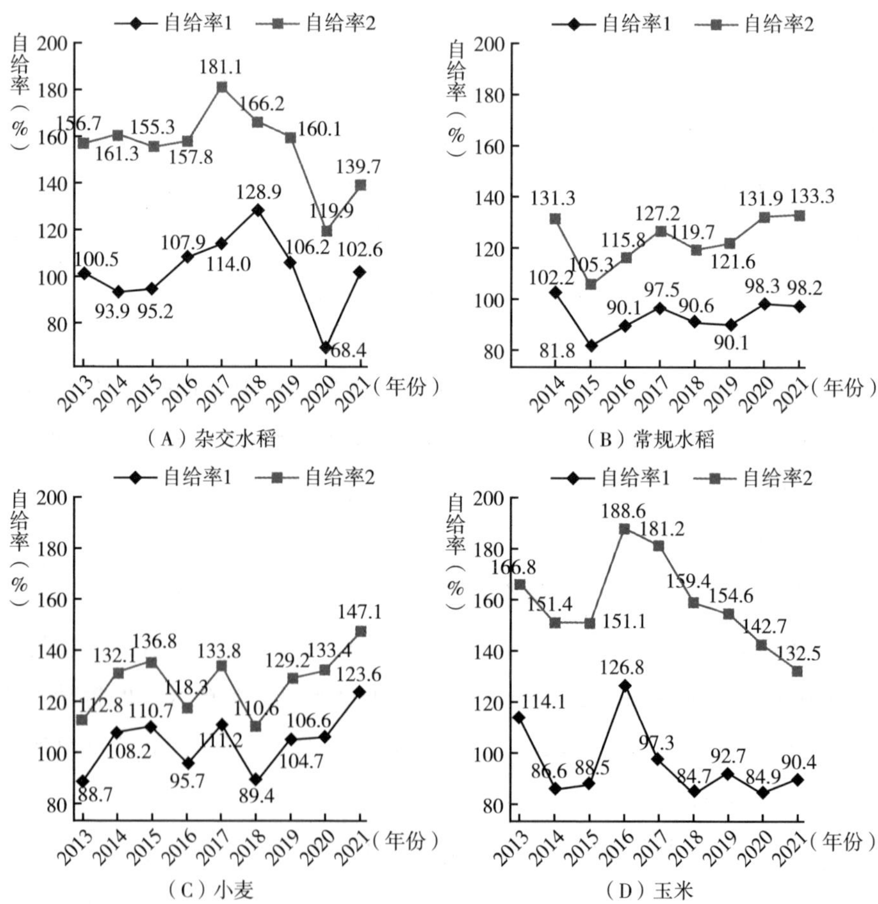

图 5　2013~2021 年粮食作物种子自给率情况

资料来源：作者计算得到。

三　中国主要作物供种安全的问题与挑战

通过粮食作物供种率的计算可以看出，中国种子总量供给完全可以满足生产者的总用种量。但是，从常年市场表现来看，种子供应也存在局部市场结构性供求不调、种子质量优劣并现、应对自然灾害能力趋弱等方面的问题和挑战。

（一）种子市场两极化趋势明显，优势品种供不应求与中端同质化品种滞销并存

在经历长时间高速增长后，中国粮食供求的主要矛盾已经由总量不足转为结构性过剩和有效供给不足。与当今粮食供求矛盾相似，种子供需同样存在总量供应过剩和区域供应不平衡的问题。第一，种子品种数量繁多，市场集中度不高。通过图 6 可以看出，中国粮食作物品种审定的数据逐年增加，尤其是 2016 年《种子法》修订品种审定制度使得新品种审定的数量快速增加。例如，2013 年玉米审定品种数量仅为 481 个，缓慢增加到 2016 年的 558 个，然后快速增加到 2021 年的 3094 个。杂交水稻、常规水稻和小麦新品种的审定数量也表现出相似的趋势。根据前 10 个品种播种面积占比可以看出，杂交水稻的品种集中度呈现先下降后上升的趋势，由 2013 年的 17.7%下降到 2016 年的 13.6%后，再度上升为 2021 年的 19.9%。常规水稻在波动中出现略微下降，玉米的品种集中度则出现明显下降趋势，由 2013 年的 34.4%下降为 2021 年的 22.9%，小麦品种的集中度与玉米相似，由 2013 年的 37.5%下降为 2021 年的 28.2%。

第二，种子市场需求两极化趋势加剧，中端同品系同质化品种市场表现低迷，优势品种供不应求。随着生活水平的提高，消费者对高品质农产品需求增加，生产者对品种的要求也从供给导向转变为需求导向。供需结构不匹配导致高产稳产、适合机械生产、品质优良、养分高效利用的品种需求较多、供不应求，而品质差的品种则销售不畅，甚至产生库存积压风险，最后

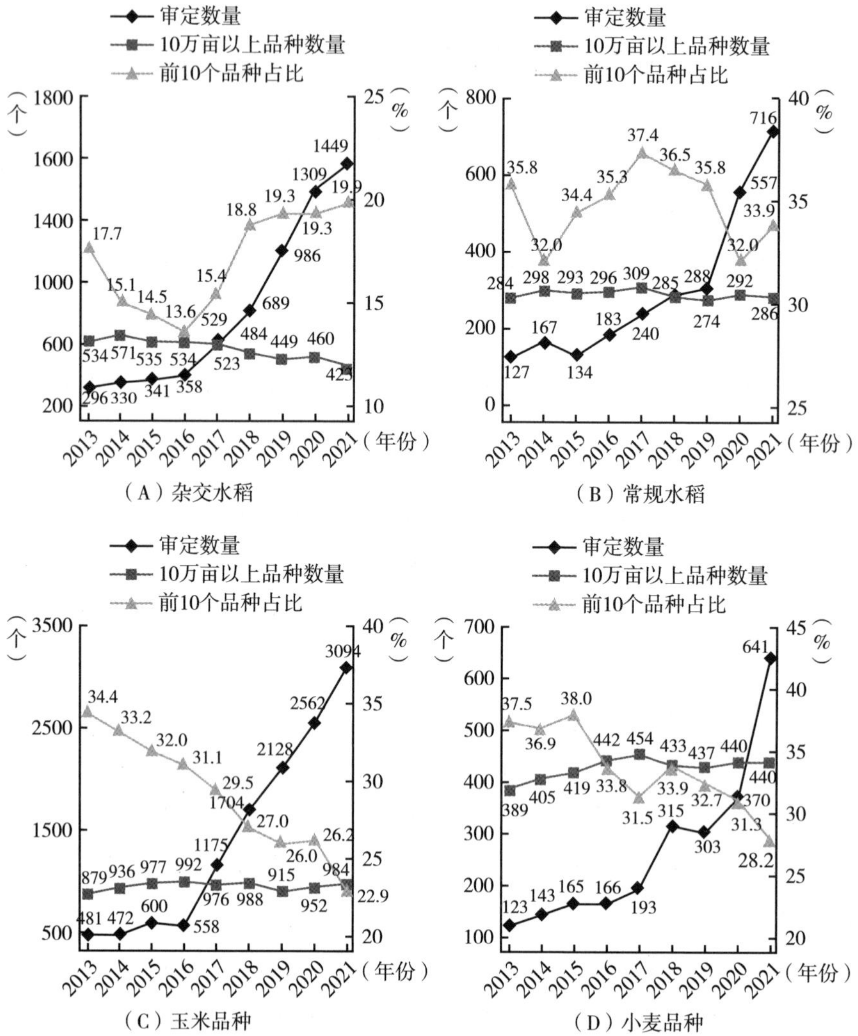

图6　2013~2021年粮食作物种子品种使用情况

资料来源：全国农业技术推广服务中心。

只能采取低价转商处理。这导致中端同品系同质化品种、多体系运营造成退货率维持在较高水平，库存压力普遍偏大。市场调研显示，2022年度水稻退货率普遍偏高，普通水稻品种大概在40%左右，市场主推品种退货率在20%左右。

（二）制种区域相对集中，易受极端气候影响

由于杂交种子生产基地对隔离和肥水、光照等要求严格，全国制种地区高度集中。截至 2022 年，全国共有国家级制种大县和区域性良繁基地[①] 216 个，三大粮食作物总共 83 个，其中小麦 21 个，常规水稻 10 个，杂交水稻 29 个，玉米 23 个（见表 1）。根据农业农村部种业管理司发布的数据，国家级制种大县和区域性良繁基地生产作物种子的占比达到 70%～80%。由于缺少每个县市的制种面积，本报告采用拥有国家级制种大县和区域性良繁基地的数量最多的两个省份（区、市）的县市数量占总数量的比例衡量集中度。玉米制种的地区集中度最高，其他依次是常规水稻、小麦和杂交水稻。常规水稻制种主要集中在黑龙江和江苏，总共占到 80% 的县市；玉米主要集中在甘肃和新疆，总共有 16 个县市，占比达到 70%。小麦主要集中在山东和河南，两省一共有 12 个县区，占比 57%；杂交水稻集中在湖南和四川，总共有 12 个县，占比 41%。

表 1　中国制种地区分布情况

作物	国家级制种大县或区域性良繁基地
常规水稻（共 10 个）	桦川县、佳木斯市郊区、绥化市北林区、八五三农场、庆安县、公主岭市、国营白马湖农场、泗洪县、施甸县、东辛农场
杂交水稻（共 29 个）	建宁县、泰宁县、宁化县、尤溪县、博白县、岑巩县、东方县、公安县、溆浦县、靖州市、零陵区、绥宁县、武冈市、攸县、大丰区、建湖县、阜宁县、金湖县、宜黄县、湘东区、南城县、梓潼县、安州区、邛崃市、泸县、东坡区、大竹县、宁海县、垫江县
小麦（共 21 个）	东辛农场、濉溪县、涡阳县、辛集市、赵县、滑县、焦作市温县、商丘市夏邑县、虞城县、平原城乡一体化示范区、尉氏县、邓州市、襄州区、德州市陵城区、济宁市兖州区、宁津县、郓城县、莘县、华阴市、奇台县、拜城县
玉米（共 23 个）	甘州区、高台县、临泽县、肃州区、凉州区、永昌市、景泰县、林口县、宁安县、洮南市、松山区、青铜峡市、西昌市、昌吉市、玛纳斯县、呼图壁县、巩留县、第四师、第五师、第六师、第九师、第八师、陆良县

资料来源：根据农业农村部公布信息整理所得。

① 国家级制种大县主要是杂交水稻和杂交玉米（简称“两杂”）种子生产基地；区域性良繁基地主要是两杂之外的其他作物制种基地。

制种地区高度集中，极易受到水灾、风灾、旱灾等极端气候的影响。从历史维度看，气象灾害是造成制繁种减产的重要因素。例如，两系杂交稻种子生产，易受授粉期光温变化影响制种产量。根据笔者调查，2020年长江流域普遍遭遇大面积强降雨或持续低温天气，杂交稻制种普遍减产30%以上，2022年长江流域普遍遭遇高温干旱天气，杂交稻制种普遍减产20%以上；西北玉米基地2021～2022年连续遭遇低温、病害等叠加气候及病虫害影响，连续两年制产量平均减产15%以上；小麦成熟后期连阴雨等灾害天气会直接导致小麦灌浆不饱满或穗发芽，严重影响小麦种子品质，对农户自留种和企业商品种制种提出新的要求。

（三）制种区域与用种区域间隔偏远，流通压力较大

相较于粮食作物主产区与主销区结构布局的失衡，种子生产和需求的地区分布更加不平衡。图7（A）为杂交水稻供需在不同区域的结构差异，可以发现杂交水稻种子在福建、江苏和海南有大量剩余，尤其是福建，除本省供种需求外，可对外供种65.0百万公斤，安徽、湖北两省种子需求缺口严重，每年需外调种子73.5百万公斤。因此每年需要从福建和江苏调度大量的杂交水稻种子到安徽、湖北生产。图7（B）为常规水稻供需在不同区域的结构差异，可以看出，黑龙江和江苏剩余常规水稻最多，江西和湖南生产常规水稻的种子不足省内需求。因此每年需要从外省调入大量的常规种子到江西和湖南生产种植。图7（C）为玉米种子供需在不同区域的结构差异，可以看出，玉米种子生产在甘肃和新疆地区有大量剩余，黑龙江、吉林、内蒙古、山东、河南、河北等玉米主产省都需要从这两个省调入种子。甘肃和新疆两地区生产玉米种子具有得天独厚的自然环境，汇集了大部分玉米种子生产企业。图7（D）为小麦种子供需在不同区域的结构差异，可以看出，小麦种子剩余主要集中在新疆和江苏两个地区，河南和山东虽然是小麦制种主要地区，但是当地生产的种子仍然不能满足需求，需要从新疆和江苏调入补充缺口。

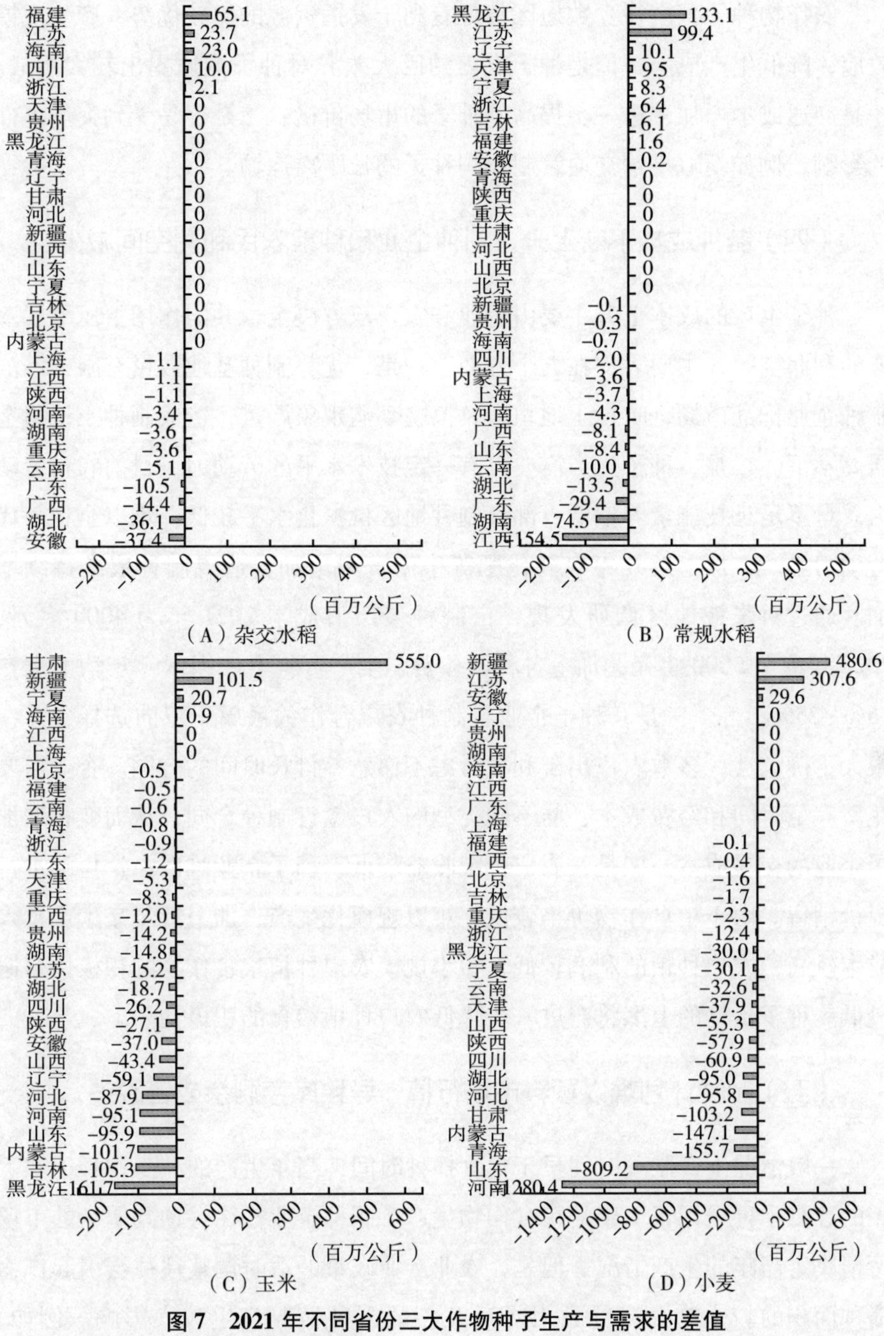

图 7　2021 年不同省份三大作物种子生产与需求的差值

资料来源：全国农作物种业统计手册。

农作物种子生产往少数地区集聚有利于发挥资源的比较优势，产生规模效应，降低生产成本。但是种子供需的巨大差异对种子流通提出较大挑战。一是交通成本增加，进一步提高了种子的市场价格；二是容易受到突然事件的影响，例如新冠疫情交通管制影响种子的长距离运输。

（四）制种成本不断上升，制种企业和种粮农民利润空间减少

种子生产的成本上升主要由企业和农户双方决定，共同作用下压缩了双方的利润空间，主要表现在五个方面。一是，优势制种基地数量有限，不法制种企业扰乱市场，哄抬土地租金、抢购套购现象严重，造成制种土地租金居高不下。二是，种子生产需要具有一定技术水平的劳动力，目前农村劳动力总量不足且技能素养偏低，部分制种地区机械化水平较低，难以全程替代劳动力生产，加上近几年农药化肥等生产资料增加，造成制种成本持续增加。通过对张掖地区调研发现，亩制种包产值成本 2021 年为 4000 多元，2022 年涨至 5000 多元，加上各种服务费、生产资料上涨因素，年均上涨在 15%～25%不等。三是，种子企业与制种农户合作关系属于双向选择，存在很大不确定性，多数农户出于利益考虑不愿意签订长时间的合同。企业需要花费大量时间和经费成本，与不同类型的农户签订制种合同，从而变相增加了企业的交易成本。四是，农户种粮收益较低，种子企业难以在销售端进行提价销售。由于粮食作物价格较低，难以规模化生产，加上近年来生产投入成本较高，农户种粮的利润较低，中小规模农户种植粮食作物的积极性普遍较低。种子价格的上涨将会进一步降低农户种植粮食的积极性。

（五）制种计划难以预料市场行情，导致库存剩余或者脱销

一般情况下，制种时间早于粮食播种时间，当年生产的秋冬季种子和下年的春夏季种子用于下年的粮食作物生产。制种企业往往会预判明年的市场行情决定当年的生产情况。但是，农业产业政策的适时调整往往会引起作物播种面积的较大变化，导致对今后几年的制种情况产生较大影响。例如，2016 年 4 月国家取消玉米临时收储政策，实施“市场定价、价补分离”的

新政策。导致2016~2019年玉米种子供大于求的形势成为常态，种子市场进入白热化竞争阶段，玉米种子生产量常年在需求量之下。2020年后，玉米种子库存量首次下降到60%以内的合理区间，2021年玉米种子产量低于预期，而大田种植面积受玉米市场价格提高的影响迅速增长，而企业深受早期过剩压力之苦，加之对生物技术应用和品种更新换代的提速预期，企业制定制繁种计划时更加审慎，导致2022年玉米种子库存降至2016年以来最低点。

四　政策建议

（一）提高综合抗性好、优质优价的种子供给，满足市场有效需求

目前中国粮食供需的主要矛盾已经由总量不足转为结构性过剩和有效供给不足，粮食安全矛盾逐步传递到种子供需矛盾，即总量供给充足、高品质种子需求不足。近日，农业农村部首次发布《国家农作物优良品种推广目录》，筛选了10种农作物241个优良品种，引导优良品种大面积推广，加快推动品种更新换代。因此，短期看，通过市场选择和政府适度干预，大力推广满足消费者需求的优良品种，快速淘汰一批质量差、效率低的品种；长期看，应该完善育种机制，以市场为导向，加大自主创新，研发绿色、轻简、受市场追捧、综合抗性好的新品种。

（二）提升种情监测调度信息化手段，提高供种应急保障能力

加快种情监测调度标准体系建设，推动基础数据与关键指标应用采集规范研究，固化信息采集、储存、分析与应用流程，推动信息化手段升级。加快推动种子基地监管、生产备案、经营许可、供需调度、市场监测等系统数据融合，尽快实现供需监测调度数据与备案管理业务数据多途径对比与智能分析，提高数据精准度与时效性。完善种子市场观察点布局，巩固重点企业、重点基地与关键市场调度渠道，提高种源应急调度能力与种子余缺调剂精准指导能力。

（三）提高灾前预判能力和灾后补给能力，减少极端气候造成的种子损失

广泛收集影响产需形势的降雨、干旱、高温、虫害等极自然灾害信息与地区的种子减产等高维数据，量化不同类型不同时期自然灾害发生对种子减损程度，供需的影响程度，并结合生产实践研究提出应对不同灾害的技术方案。总结辖区自然灾害发生规律、发生特点与造成的影响，科学制定储备计划，明确救灾备荒种子类别、储备数量、品种特性要求以及各类种子所应对的自然灾害。

（四）提高种子生产的技术水平和规模化经营水平，降低种子生产成本

目前中国土地资源细碎化严重，偏远地区社会化服务水平仍然不高，农业生产效率相对较低。根据 FAO 公布的 2021 年数据，美国玉米单产为 714 公斤/亩，平均每亩地比中国高出 321 公斤，这与美国高度发达的农业现代化水平直接相关。种子生产过程相对粮食生产而言更为复杂，对农业现代化生产技术要求更高。因此，结合中国制种基地高度集中的特点，建议把制种基地做优做强，改善基地生产条件，推动规模化、标准化、机械化、智能化建设和全程生产专业化服务，通过规模经济降低种子生产成本。

（五）持续加大对外开放步伐，鼓励企业拓展国外市场

目前国内育种技术具有优势，但是由于过高的生产成本，种子的出口价格略低于制种成本价格，企业利润空间太小。国外发展中国家由于劳动力、土地成本低，自然条件适合，国内很多企业想到国外制种后运往国内或者再出口到其他国家。尤其是杂交水稻制种，中国技术水平较高，在东南亚的种子市场较大。从国外发达国家种业发展的历程看，企业走出国门是必经之路。因此，建议国家持续加大对外开放步伐，在一定的种质资源范围内鼓励制种企业拓展国外市场，利用好国内国外两种资源、两个市场提高国家的种子生产能力。

G.10

多元化食物供给体系构建的机制、挑战与对策

杨鑫　罗千峰*

摘　要： 耕地保护用途限制政策不能完全抵消食物消费升级创造的潜在收益，令耕地资源的“非农化”和“非粮化”问题仍然突出，多元化食物供给体系属于融合耕地利用优先序下的农业供给侧改革新取向。多元化食物供给体系构建应在保障粮食安全的前提下，政府利用市场化方式激励食物生产流通主体调整经营决策，主要是降低非耕地资源的生产成本、食物流通和进口贸易的信息成本、食物供给政策的制度成本。多元化食物供给体系构建面临一系列挑战，表现为粮经饲统筹空间有限、林牧渔业发展环境尚待改善、不同食物生产模式的优势没有充分发挥、食物流通渠道效率不高、大豆进口呈现寡头格局等。最后，提出了以优化耕地用途管制和提升粮食综合生产能力统筹农业种植、降低林牧渔业在非耕地生产的边际成本、制定一二三产业融合的差异化方案、推动食物流通环节的数据服务业发展、优化大豆国际供应链格局等政策建议。

关键词： 多元化食物供给体系　大食物观　国土资源

* 杨鑫，管理学博士，中国社会科学院农村发展研究所助理研究员，研究方向为食物安全与自然资源管理；罗千峰，管理学博士，中国社会科学院农村发展研究所助理研究员，研究方向为农业经济理论与政策。

随着生态文明战略实施、居民收入提高、国际农产品贸易风险扩大，有限的农业资源与不断增长的食物消费需求之间的矛盾日益突出，大食物观下保障国家粮食安全的形势更加严峻复杂。为抓紧抓好粮食和重要农产品稳产保供，2023年中央一号文件明确“加快构建粮经饲统筹、农林牧渔结合、植物动物微生物并举的多元化食物供给体系”。重新塑造食物供给体系是一项长期的系统工程，简单的政策体系难以发挥预期作用。而且，食物供给体系涉及耕地资源、农用地资源、国土资源、国际土地资源的再分配，深化农业供给侧改革是构建多元化食物供给体系的应有之义。考虑到多元化食物供给体系是政府基于食物供需形势凝练的政策术语，本报告首先明确多元化食物供给体系的政策缘起与内涵，然后明确其构建的一般机制，分析当前的基础和挑战，最后提出具体的对策建议。

一　多元化食物供给体系的政策缘起

改革开放后，随着农业生产水平持续提高，食物消费从传统的八成粮食、一成肉食、一成蔬果的结构快速转化，蔬果、猪肉等副食品消费快速增加。1983年中央一号文件提出发展经济作物和林牧渔业，随后逐步放开了食物价格管制，1988年通过建设“菜篮子”工程缓解城镇居民副食品供应紧张的问题；1993年粮油敞开供应后，食物供需进入全面市场化阶段，市场机制推动食物供给体系由以粮为主逐步调整为“粮—肉—菜”并重模式，引起了以粮食为主的种植业向菜果以及种养结合的饲养业转化。为更好满足居民对副食品的需求，政府出台大量政策以强化市场机制，从“十五”时期开始，种植业与林牧渔业各自的发展规划基本每五年发布一次，力促农林牧渔业共同发展。

然而，农业的不同部门对耕地资源的争夺日益激烈，保障谷物种植的压力越来越大。2011年，《全国种植业发展第十二个五年规划》明确提出“对种植业在耕地资源约束趋紧的情况下，粮食作物各品种之间，粮食作物、棉油糖作物、园艺作物之间争地的矛盾将长期存在”。2008~2019年，全国耕地减少了1.13亿亩，耕地植树造绿、挖湖造景、发展林果业和挖塘养鱼等现象层出不穷，蔬菜、水果、水产品等食物生产向开发利用难度较低的耕地集中，进而出现粮食播种面积下降与粮食种植的“上山下河”的现象。在“确保谷物基本自给、口粮绝对安全”的新粮食安全观下，食物供给体系中逐步凸显出耕地总量流失、非种植用途侵占、粮食种植被挤出的耕地利用矛盾。

为控制耕地资源过度流向非粮食生产，政府通过行政干预、法律法规等方式保护耕地并平衡粮食作物与重要农产品的生产。在耕地保护方面，2005年《中华人民共和国土地管理法》规定了非农业建设占用耕地的单位履行补充耕地的法定义务，随后形成了一系列耕地占补平衡的政策与法规。2008年，《中共中央关于推进农村改革发展若干重大问题的决定》首次提出“永久基本农田”的概念，2017年划定了永久基本农田15.5亿亩，之后政府反复强调守住18亿亩耕地保护红线。在坚守耕地红线不变的同时，耕地用途管制愈发严格。2019年修正的《中华人民共和国土地管理法》规定，严格限制农用地转为建设用地，对耕地实行特殊保护；严格控制耕地转为林地、草地、园地等其他农用地。2020年，国务院办公厅印发《关于坚决制止耕地“非农化”行为的通知》，明确全面实施耕地用途管制和耕地利用优先序，要求永久基本农田重点用于发展粮食生产，特别是保障稻谷、小麦、玉米三大谷物的种植面积，一般耕地主要用于粮食、棉、油、糖、蔬菜等农产品及饲草饲料生产。尽管存在维持非粮食作物种植现状不变、允许粮经饲复合种植等变通措施，严格的耕地用途保护措施确实大幅压缩了经济与饲草作物、林牧渔业利用耕地资源发展的空间。

不过，耕地保护与耕地用途管制监管成本较高，实施经济惩罚的空间有限，所以耕地保护和管理政策本质上仅是增加了非粮食作物在耕地生产的成本。在蔬菜、水果等副食品价格不断提高的情况下，只有不断强化耕地保护和用途限制的强度，以及推动农业技术快速进步，食物供给才能在满足以口粮安全为底线的大食物观，即便可行，耕地用途限制政策也伴随着口粮过剩、农户增收放缓等非预期效果。因此，以“限制”为主的耕地保护和用途限制政策能够保障口粮安全，但不足以令食物供给体系向践行大食物观的方向变迁，亟须从“激励”的思路出发调整推动食物供给体系变迁的政策取向。

沿着食物供给单一利用耕地资源到多元开发国土资源的思路，耕地保护与利用优先序下的农业供给侧改革新取向逐步形成（见图1）。2014年，中央农村工作会议提出“由单纯在耕地上想办法到面向整个国土资源做文章”。2015年，习近平在中央农村工作会议上强调“要树立大农业、大食物观念，推动粮经饲统筹、农林牧渔结合、种养加一体、一二三产业融合发展”，阐述了大农业观与大食物观的辩证关系。随后，经历多次中央农村工作会议、历年中央一号文件等政策演进，“多元化食物供给体系”于党的二十大报告中正式提出，并在2023年中央一号文件中明确其目标，即“粮经饲统筹、农林牧渔结合、植物动物微生物并举”。

二　多元化食物供给体系的构建机制

（一）多元化食物供给体系的概念界定

食物供给体系指食物生产者愿意生产并销售食物的系统结构，理解多元化食物供给体系内涵的重点难点在于解构“多元化”。从上文的政策缘起可以看出，构建多元化食物供给体系是为解决大食物观与食物供给之间矛盾而提出的农业供给侧结构性改革措施，具体思路就是从过度利用耕地到国土资源全方位开发利用。根据经济学的生产理论，食物生产关注提高全要素生产率和优化要素投入结构，而食物供给更加强调根据食物商品价格合理配置生产要素的过程，与合理利用耕地、农用地、国土资源的政策目标相契合。所以，食物供给体系的多元化首先体现在食物生产过程可利用全部国土资源的多元化，改变长期单一依赖于耕地生产食物的供给方式。“粮经饲统筹”突出了耕地的多元化种植，例如，发展粮经、粮饲复合种植模式；“农林牧渔结合”指各类农用地的多元化利用，例如，发展林下经济、草原经济、立体养殖、大水面生态渔业等新模式；“植物动物微生物并举”指各类国土资

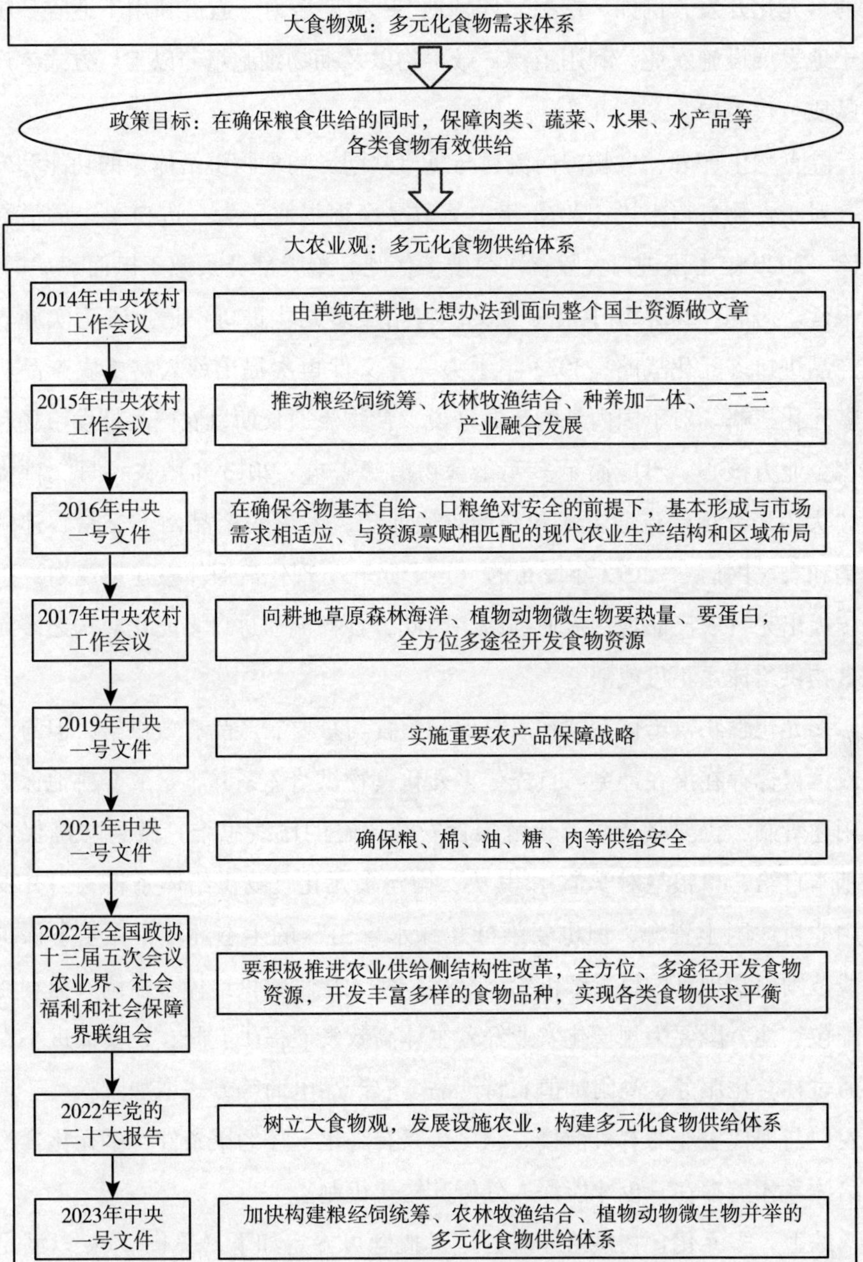

图 1　关于多元化食物供给体系的政策演进

源的多元化开发，例如，挖掘“四荒地”[①]生产潜力，通过利用不适宜种植的土地发展设施农业，利用植物、微生物以及动物细胞培养以工厂方式生产高品质替代蛋白。

除食物生产外，食物国内流通与进口共同影响食物供给体系的功能和效率。对于食物进口来说，2018 年中美贸易摩擦揭露了大豆进口单一的潜在风险。2020 年中国进口大豆首次突破 1 亿吨，绝大部分来源于巴西、美国、阿根廷。对此，2021 年中央一号文件将拓展多元化进口渠道上升为实施农业产品进口多元化战略，2023 年中央一号文件再次提出深入实施农产品进口多元化战略。对于国内食物流通来说，食物流通长期以农产品批发市场和零售企业为核心，不能满足多元化食物消费需求。2013 年中央一号文件提出“大力培育现代流通方式和新型流通业态，发展农产品网上交易、连锁分销和农民网店”，2022 年发布的《“十四五”现代流通体系建设规划》进一步提出完善农产品现代流通网络。因此，食物流通进口多元化对构建多元化食物供给体系不可或缺。

多元化食物供给体系的初衷是保障粮食与重要农产品有效供给，但与已有政策目标存在潜在冲突。首先，多元化食物供给体系并不是放弃耕地保护和用途管制，仍要坚持防范化解粮食安全风险的底线思维，做到“确保谷物基本自给、口粮绝对安全”。其次，构建多元化食物供给体系将大力开发利用非耕地国土资源，但也要维持“绿水青山”的生态环境，在生态保护红线范围内实现食物可持续供给。最后，多元化食物供给体系强调农业利益分配包容性，既要为规模化农业经营主体高效发展提供空间，也要促进小农户通过社会化服务、高附加值农特产品、农产品电商等方式增加收入，实现小农户与现代农业的有机衔接。总之，只有满足上述约束条件，多元化食物供给体系才能存在，也才能深入分析其构建机制。

综上，多元化食物供给体系的广义概念可界定如下（见图 2）：以满足

① “四荒地”指农村集体经济组织所有、不宜采取家庭承包方式承包的荒山、荒沟、荒丘、荒滩。

多元化食物消费需求为目标，在粮食安全、生态环境保护、小农户增收约束下，与国土资源禀赋相匹配的现代农业生产结构、与国内国外双循环格局相匹配的稳定高效食物流通网络的食物生产销售复杂系统，由多元化食物生产系统、多元化食物流通进口系统、多元化食物政策系统等多个子系统组成。狭义上的多元化食物供给体系特指多元化食物生产系统，剥离食物流通、进口与政策，聚焦于全方位、多途径开发食物资源以及优化食物生产方式等技术问题，更适合于资源环境、食物生产技术进步的研究视角。本报告以宏观农业经济为视角，研究目标是明确多元化食物供给体系构建的机制与挑战，故采用其广义概念更合适。

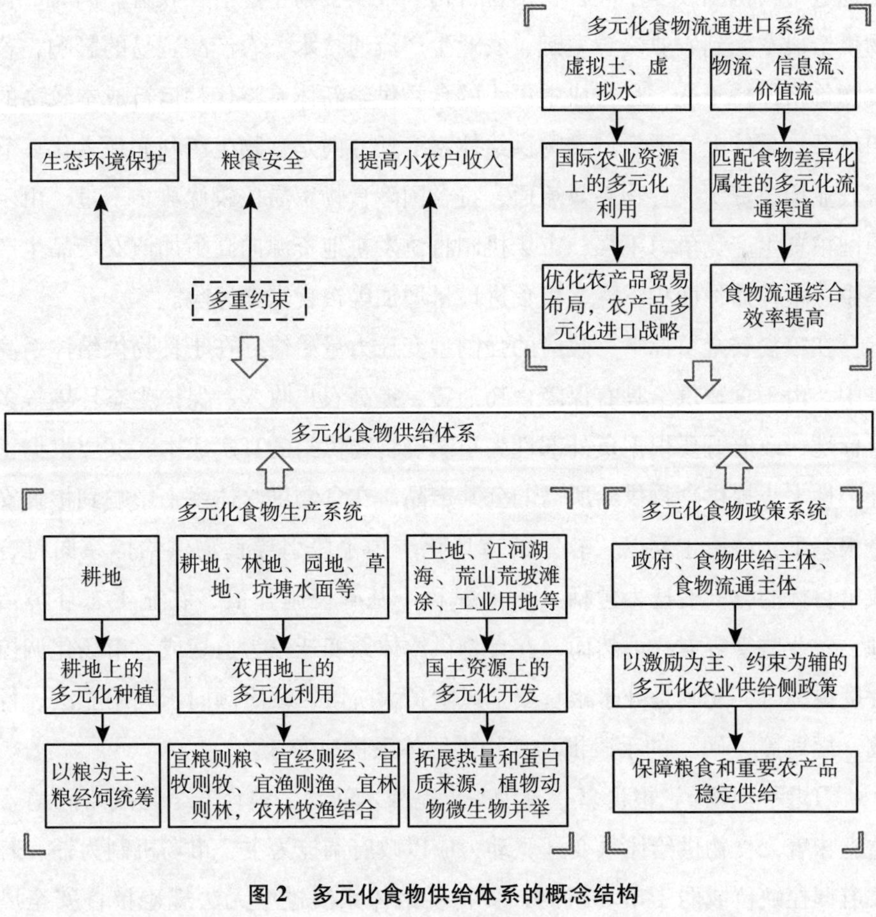

图 2　多元化食物供给体系的概念结构

（二）食物供给体系变迁的驱动力

构建多元化食物供给体系需要推动原有的食物供给体系向多元化方向变迁。依据新制度经济学理论，食物供给体系变迁是指效率更高的食物供给系统结构产生、替代或改变旧体系结构的动态过程，驱动力量可来自市场机制和政府干预。

对于诱致型食物供给体系变迁过程，食物供给系统结构由食物生产边际净收益比值决定。消费者对于不同食物之间的边际替代率是递减的，意味着大多数消费者总是偏好于多类型食物组合。随着收入提高，食物消费结构变化通过市场机制改变不同食物出售价格，改变食物生产潜在收益。同时，食物供给成本受到农业资源禀赋、农业生产流通技术、农产品贸易的影响，若食物价格保持不变，运行成本更小的食物供给新体系将代替运行成本较高的旧体系。总体上，诱致型食物供给体系变迁方向是食物生产利润最大化、节省农业稀缺资源、食物高效流通、符合国际食物贸易比较优势。不过，由于中国粮食生产竞争力不强，市场机制将诱发耕地资源向高附加值农产品生产集中、粮食播种面积下降、粮食进口量增加等粮食安全风险。

在粮食安全目标下，政府的强制型变迁力量始终存在于食物供给体系演进中。由于食物供给具有保障食物消费、提高农户收入、保护生态环境等多目标性，政府既要根据负外部性大小明确食物供给的真实成本，又要根据正外部性大小提供食物供给所需的公共产品。在食物供给体系未影响到粮食安全根基下，政府主要以“软”的市场化干预手段引导食物供给体系向符合政策目标的方向变迁，包括补贴或赋税、基础设施建设、农业生态环境治理、农业监管等方式。然而，在食物供给体系变迁较为迫切或者市场化调控程度更高时，尤其是处于粮食安全风险扩大阶段，政府倾向于利用立法、行政、规划等“硬”的手段推动食物供给体系快速变迁。

习近平强调：“粮食多一点少一点是战术问题，粮食安全是战略问题。”这意味着，食物供给体系变迁驱动力应以政府调控为主、市场机制为辅。若政府调控缺位或弱于市场机制，食物供给体系演进中无法规避粮食安全风险，出现粮食生产生态、经济与社会不可持续的隐患。由于强制型食物供给体系变迁为长期主导，实现特定政策目标会偏离食物生产者利润最大化最优决策，财政补贴压力可能持续扩大，有必要利用市场机制构建长效激励机制。所以，食物供给体系变迁需要政府在保障粮食安全的前提下，促进非耕地资源大规模开发利用，利用市场化调节激励食物生产流通主体调整行为。

（三）多元化食物供给体系构建的成本降低路径

制度非均衡是建立新制度的必要条件，还需要降低制度变迁成本才能推动新制度代替旧制度。除粮食外，食物价格基本由市场决定，政府难以直接提供价格补贴以改变食物生产流通主体决策。不过，食物多元化需求会拉高蔬菜、水果、水产品等食物价格，对食物生产流通主体而言，多元化食物供给体系构建的收益激励始终存在。也就是说，从单一化转变为多元化食物供给体系关键在于提高食物生产经营主体成本收益率，特别是要降低构建成本。

第一，降低非耕地资源的食物生产成本。耕地的资产专用性最低，可以生产农林牧渔业中的所有食物类型，而其他国土资源都有其特定的用途。举例而言，考虑到道路、水利等基础设施更完善，耕地转变为林地和渔业用地成本较低；反之，天然林地和水面转变为耕地也并不适合种植大田作物，围湖造田、毁林开荒伴随着严重的生态后果和更高的生产成本。所以，做到“宜牧则牧、宜渔则渔、宜林则林”的前提是降低非耕地资源的食物生产成本，推动林牧渔业与耕地资源的脱钩，向森林、草原、海洋、四荒地等国土资源发展。

第二，降低食物流通和进口贸易中的信息成本。随着食物流通和进口的基础设施与技术体系逐步完善，无形的信息成本对食物流通和进口贸易的多元化发挥决定性作用。对于食物产业主体，选择单一化和多元化交易关系取决于何种模式交易风险更低：一方面，多元化交易关系会增加处理信息的难度，容易诱发信息不对称下的机会主义行为，但会降低“断供”或“取消订单”的风险；另一方面，单一化交易关系会降低处理信息的难度，但会增加“被套牢”的交易风险。由此可见，伴随食物交易信息成本增加，降低交易风险的需要会推动食物交易关系多元化。

第三，降低已有农业农村政策的制度成本。耕地用途管制成本过高，既体现在难以及时发现耕地“非粮化”和“非农化”的现象，又体现在惩罚措施落实困难，最终导致严格耕地用途管制不具有可持续性。若无法做到严格限制耕地用途，非粮食作物对粮食作物的挤出作用将不可避免。已有农业政策比较关注高标准农田建设、耕地流转等领域，林地、草地、海域使用权和“四荒地”的承包或流转正式制度尚未建立，种植主体的权益无法得到保证，增加了“资本下乡”开发利用非耕地的隐性成本。此外，降低食物供给制度成本还需要完善食物交易监管和保护机制，打击食物流通领域违法犯罪，保护食物进口商在国际贸易中的正当权益。

三 多元化食物供给体系构建的挑战

（一）粮经饲三元种植结构形成而统筹空间有限

2015 年中央一号文件中提出要“促进粮食、经济作物、饲草料三元种植结构协调发展”。具体地，粮经饲三元种植结构是在以粮食作物为主、经济作物为辅的二元结构的基础上，把饲料生产从粮食生产概念中分离出来，安排一定面积土地和适当的作物茬口来生产饲料。2021 年与 2015 年相比，口粮作物、玉米播种面积略微下降，可食用经济作物播种面积明显提升，青饲料播种面积大幅增加（见表 1）。若考虑饲草变化，农业生产结构多样性还会明显提高。2020 年全国利用耕地种植优质饲草近 8000 万亩，产量约 7160 万吨，其中全株青贮玉米产量为 4000 万吨[①]。粮食、经济作物和饲料作物之间的耕地利用结构发生变化的同时，种植关系协调性增加，出现了多

① 《“十四五”全国饲草产业发展规划》，农业农村部网站，2022 年 2 月 16 日，http：//www.moa.gov.cn/zxfile/reader? file = http：//www.moa.gov.cn/govpublic/xmsyj/202202/P020220225543847961405.ofd。

种粮经饲复合种植模式。除传统的小麦玉米、小麦蔬菜轮作外，玉米大豆带状复合种植、小麦花生轮作、水果套种粮蔬作物、地膜花生与青贮玉米套种等新模式得到广泛应用。

表1　2015年与2021年主要农作物的播种面积变化

单位：万亩

分类	2015年	2021年
主要口粮作物（小麦和水稻）	8.30	8.02
可食用经济作物（豆类、油料、糖类、蔬菜和瓜果）	6.77	7.32
玉米	6.74	6.50
青饲料	0.24	0.39

注：国产大豆以食用为主，而非生产食用油和豆粕；饲用和工业经济是玉米主要的用途，口粮和制种用途比例极低，故玉米同时属于经济与饲料作物。

资料来源：2022年《中国农村统计年鉴》。

根据第三次全国国土调查、2020年度国土变更调查和督察执法情况，占用耕地植树造绿、挖湖造景、发展林果业和挖塘养鱼等耕地“非农化”“非粮化”问题仍然突出。从种植业外部来看，耕地“非粮化”与大豆、饲草扩种相互冲突，限制了粮经饲统筹空间。然而，耕地用途改变行为较为零散和隐蔽，监管成本较高，且强制的法律和行政手段控制耕地“非农化”容易引发社会矛盾。《中华人民共和国土地管理法实施条例》没有强调强制措施，更多的是行政管理与罚款。例如，非法占用永久基本农田发展林果业或者挖塘养鱼逾期不改正的，按占用面积处耕地开垦费2倍以上5倍以下的罚款。农业农村部部长唐仁建明确提出，“采取经济手段，给农民以利益的引导，不能搞‘一刀切’，简单粗暴地把之前农民种的其他东西砍了”[①]。从种植业内部来看，粮经饲作物之间的结构性矛盾加剧。当前全国稻谷和小麦

① 《2022年全国两会首场“部长通道”》，新华网，2022年3月5日，http://www.xinhuanet.com/politics/2022lh/zb/bztd/td1/wzsl.htm。

食用消费量自给率分别高达 133.7%和 145.4%[①]，而农业农村部提出 2023 年确保大豆油料面积稳定在 3.5 亿亩以上，力争再扩大[②]，优质饲草产量达到 9800 万吨。在耕地“非农化”问题严峻、口粮作物过度保障、大豆和饲草作物面积扩大的情况下，还要稳定蔬菜、油料作物、糖料等经济作物面积，粮食、经济作物和饲料饲草作物之间统筹管理愈发困难。

（二）林牧渔业规模世界领先而发展环境尚待改善

经过 70 多年发展，2021 年，全国林牧渔业总产值达到 6.1 万亿元，占农林牧渔业总产值的 41.5%，相当于 1978 年水平（可比价格）的 11.7 倍。中国的肉类、水产品、核桃等林牧渔业产品常年位居世界首位，有效满足了居民对副食品的需求。在林业食物方面，2021 年，各类林业产品年产量超过 2 亿吨，产值超过 2.2 万亿元[③]。2021 年，水果产量为 29970.2 万吨，油茶籽产量为 394.2 万吨，核桃为 540.4 万吨，分别相当于 1990 年水平的 7.5 倍、36 倍和 16 倍。在畜牧食物方面，2022 年，全国猪牛羊禽肉产量 9227 万吨，较 1990 年增长了 323%，猪肉和禽肉产量比重维持在 85%左右；牛奶产量 3932 万吨，禽蛋产量 3456 万吨，分别相当于 1990 年水平的 7.5 倍和 36 倍。2021 年，中国主要畜禽核心种源自给率超过 75%[④]，机械化率为 38.5%[⑤]，规模化率超过 70%，形成了规模养殖场带动大群体养殖户的模式。在渔业食物方面，2022 年，全国水产品总产量达到 6869 万吨，渔业科技进步贡献率提高到 63%以上；渔业养殖水平大幅提升，根据《中国统计

① 刘长全、韩磊、李婷婷、王术坤、罗千峰：《大食物观下中国饲料粮供给安全问题研究》，《中国农村经济》2023 年第 1 期。

② 《农业农村部：今年确保大豆油料面积稳定在 3.5 亿亩以上》，农业农村部网站，2023 年 1 月 28 日，http://www.moa.gov.cn/ztzl/ymksn/spbd/qt/202301/t20230128_6419339.htm。

③ 《2021 年我国经济林产值超过 2.2 万亿元》，央视网，2022 年 1 月 14 日，https://news.cctv.com/2022/01/14/ARTI1mc8QPeKbwQqSTH7ljcz220114.shtml。

④ 农业农村部：《中国启动新一轮畜禽遗传改良计划　满足居民“吃好肉”需求》，中国新闻网，2021 年 4 月 28 日，https://www.chinanews.com.cn/cj/2021/04-28/9466254.shtml。

⑤ 农业机械化管理司：《2021 年全国农业机械化发展统计公报》，农业农村部网站，2022 年 8 月 17 日，http://www.njhs.moa.gov.cn/nyjxhqk/202208/t20220817_6407161.htm。

年鉴》，养捕比例由 1978 年的 26∶74 提高到 2021 年的 81∶19。

相比于种植业，林牧渔业基础设施落后、支持保护政策不健全、农业科技创新不足问题较为突出。随着高标准农田建设的推进，耕地的交通、灌溉、电力等基础设施日益完善，平坦稳定的地形有效提高了农业机械化率，2021 年小麦、水稻、玉米、大豆等大田作物的耕种收综合机械化率分别超过 97%、85%、90%、97%①。林牧渔业发展的水、电、路等基础设施投入较大，投资回报周期长，连片标准化程度不高，抗御自然灾害的能力差。然而，高标准林地、园地、草原和水面建设没有被提上日程。根据《中国水利统计年鉴》，2016~2020 年，耕地、林地、果园和牧草灌溉面积占灌溉面积比重分别增长-0. 37 个、0. 27 个、0. 06 个和 0. 05 个百分点，非耕地灌溉面积增长较快，但耕地灌溉面积比重自 2000 年以来始终在 91%以上。此外，非耕地使用制度尚不完善，林地、草原、海域、自然资源等确权没有全部完成，“四荒地”界定存在争议。大部分地区划定了生态保护红线，平衡生态环境保护和国土资源开发利用强度存在困难。因此，非耕地的国土资源开发利用仍然存在较高的物质与制度成本。

（三）多种食物生产模式并存而各自优势没有完全发挥

中国食物系统具有较强的包容性，小农户、家庭农场、规模种养主体并存，小规模农业、规模农业、生态农业、设施农业、工厂化农业、特色农业共同发展。在食物工业化生产方面，全国设施农业面积达 4270 多万亩，占世界设施农业总面积的 80%以上②，蔬菜及食用菌、果树种植面积分别占 81%、11%。“十三五”以来，通过利用先进的微生物合成技术及先进的生产设备，发酵产业主产品的产量由 2010 年的 1840 万吨增长到 2019 年的

---

① 农业机械化管理司：《2021 年全国农业机械化发展统计公报》，农业农村部网站，2022 年 8 月 17 日，http：//www. njhs. moa. gov. cn/nyjxhqk/202208/t20220817_ 6407161. htm。

② 杨舒：《科技赋能“菜篮子”，设施农业大有可为》，《光明日报》2022 年 5 月 26 日。

3000 万吨，年平均增长率为 7.8%[①]。在食物生态化生产方面，截至 2019 年底，林下经济总产值达 9563 亿元，比上年增长 17.26%。林下经济逐步形成林下种植、林下养殖、林下采集等典型模式，产出了蔬菜、木本油料、食用菌等多种食物。2020 年，全国木本油料种植面积已达 2.46 亿亩左右，年产食用油约 104 万吨[②]。2021 年，全国稻渔综合种养面积 3966.12 万亩，稻谷产量近 2000 万吨，水产品产量 355.69 万吨，占全国淡水养殖产量的 11.17%[③]。

食物工业化和生态化生产模式并存是发展多元化食物供给体系的基础，但目前并没有充分发挥两种模式的优势，即没有充分挖掘耕地资源与非耕地资源的潜力。一方面，设施农业和规模化农业的生产效率不高。中国设施蔬菜机械化率仅为 30%左右，农业单产水平较低，设施农业种植的黄瓜亩产量仅为发达国家的 1/4，番茄为发达国家的 1/3[④]。设施农业生产效率不高的原因是大量小农户建设农业设施没有遵循标准化原则，各类农机无法良好适配，加之自身技术水平不足以规避风险，在设施中继续以劳动密集方式进行生产。即便物资投入科技水平够高，规模化种植/养殖需要一定的管理经验才能用好机械设施。目前新型复合农业人才供应不足，农户以传统种植/养殖习惯为主，而学校教育又无法满足需求。另一方面，生态化特色农业附加值不高。对于很多地区而言，特色农业发展存在向标准化农业发展的倾向模式，可是其生产能力无法匹配市场需求。更核心的问题在于，农业品牌维护意识较差，产品过于单调，文化、生态、健康属性不突出，以次充好的情况较多。

---

① 毕心宇、吕雪芹、刘龙、陈坚：《我国微生物制造产业的发展现状与展望》，《中国工程科学》2021 年第 5 期。

② 孙琳：《发展木本食用油产业　为粮食安全加“油”》，《人民政协报》2022 年 8 月 19 日。

③ 于秀娟、郝向举、党子乔、杨霖坤：《中国稻渔综合种养产业发展报告（2022）》，《中国水产》2023 年第 1 期。

④ 徐佩玉：《中国设施农业面积占世界 80%以上，其中大部分种植蔬菜——拎稳“菜篮子”，给设施农业升级》，人民网，2023 年 3 月 9 日，http：//finance.people.com.cn/n1/2023/0309/c1004-32640008.html。

（四）食物流通的渠道增加而效率不高

党的十八大以来，食物流通基础设施水平迈上新台阶。以37个国家级和66个区域级的流通节点城市为物流枢纽的流通网络基本形成，鲜活农产品“绿色通道”运行管理机制不断完善，“快递进村”比例超过80%。根据《“十四五”冷链物流发展规划》，2020年冷链物流市场规模超过3800亿元，冷库库容近1.8亿立方米，冷藏车保有量约28.7万辆，分别是“十二五”期末的2.4倍、2倍和2.6倍左右。根据第50次《中国互联网络发展状况统计报告》，农村地区互联网普及率达58.8%。在道路网、冷链网、信息网共同驱动下，中国基本形成了大市场、大流通的多元化食物流通市场体系。自2012年以来，大型连锁商超和餐饮企业的食物采购网络快速形成，还涌现了大量扁平化的农产品流通新模式，例如，生鲜电商、社区买菜等。2022年全国农产品网络零售额5313.8亿元，增速较2021年提升6.4个百分点[①]。总体上，经由农产品批发市场、农超农餐对接、网络销售、集采供配、社区电商的农产品数量比重为60%、20%、13%、5%和2%[②]。

在食物流通快速发展背景下，食物流通成本居高不下，与发达国家相比还有较大差距。中科院地理所团队根据大规模实地调查和文献数据发现，全国每年有27%的食物是损失或浪费的，其中45%发生在产后处理环节[③]。多元化食物流通渠道效率不高的原因是产业链中观尺度信息不充分不准确。从宏观尺度看，农产品批发市场为食物交易双方提供了担保和匹配功能，省市尺度的“多对多”交易过程信息处理能力较强，但向更小尺度兼容上述功能导致信息成本指数级上升。从微观尺度看，生鲜电商利用网络交易平台可整合家庭或者社区层面的食物需求数据，不过向更大尺度对接食物需求数据

---

① 《2022年我国农产品网络零售增势较好》，中华人民共和国政府网站，2023年1月30日，http：//www.gov.cn/shuju/2023-01/30/content_ 5739182.htm。

② 沈绍基：《加强农产品流通体系建设的三点建议》，《农民日报》2022年7月6日。

③ Li，X.，L. Xiaojie，L. Shijun，et al.，“China’s Food Loos and Waste Embodies Increasing Environmental Impacts”，*Nature Food*，2021，2（7）：519-528.

需要付出极高的运营成本。最终，乡镇、县和市域的中观尺度食物消费需求数据比宏观层面的信息量更大，针对普通消费者的网络交易平台也无法达到有效对接的要求，导致小型商超和餐饮服务商倾向于从农产品批发市场进货，通过支付实际的物流成本降低无形的信息成本。

（五）食物进口来源扩大而大豆进口呈现寡头格局

随着食物市场不断扩大对外开放程度，中国食物进口来源地更加多样化。从来源国的数量来看，2001～2021年，食物进口来源整体上较为丰富，各品类的进口来源国数量维持在30个以上。食物进口市场占有率最高国家的市场占有率下降，垄断地位降低。分品类来看，食物进口第一来源国对中国进口市场的占有率普遍下降，就谷物而言，虽然中国对美国的进口依赖持续增强（见表2），但整体风险可控。

表2　中国食物进口来源多样化情况

品种	进口来源国数量(个)			进口额达10%的国家(比重)		
	2001年	2011年	2021年	2001年	2011年	2021年
谷物	31	37	42	澳大利亚(36%)、加拿大(29%)、泰国(17%)	美国(36%)、澳大利亚(32%)、泰国(13%)	美国(43%)、乌克兰(16%)
肉类	42	22	38	美国(69%)	美国(40%)、巴西(18%)	巴西(25%)、美国(13%)、西班牙(13%)
水产品	85	105	82	俄罗斯(37%)	俄罗斯(28%)、美国(20%)	厄瓜多尔(16%)、俄罗斯(13%)
蛋奶	39	54	59	新西兰(40%)、澳大利亚(19%)、法国(13%)、美国(12%)	新西兰(62%)	新西兰(50%)
蔬菜	38	55	47	泰国(60%)、加拿大(12%)	泰国(53%)、越南(22%)、加拿大(15%)	泰国(50%)、加拿大(25%)

续表

品种	进口来源国数量(个)			进口额达10%的国家(比重)		
	2001年	2011年	2021年	2001年	2011年	2021年
水果	51	137	84	泰国(20%)、菲律宾(17%)、美国(15%)、越南(13%)	泰国(25%)、美国(16%)、智利(15%)、越南(14%)、菲律宾(13%)	泰国(41%)、智利(15%)

注：食物品类的贸易HS代码为肉类（02）、水产品（03）、蛋奶（04）、蔬菜（07）、水果（08）、谷物（10）。

资料来源：UN Comtrade数据库。

食物进口多元化的突出问题在于大豆进口量占粮食进口总量的比重均保持在60%以上，且进口来源集中。大豆进口主要来源于阿根廷、巴西、加拿大、俄罗斯和美国，1996~2020年，中国从这5个国家进口大豆的比重始终在95%以上，部分年份接近100%，其中从巴西和美国进口大豆的比重基本维持在70%~90%。实际上，1996~2020年巴西、美国等9个国家的大豆出口量占世界大豆贸易量的份额基本维持在95%以上，特别是2015~2020年美国和巴西的份额平均达到80%以上，形成“双寡头”格局。打破这种格局的困难不仅是美国和巴西具有大豆生产比较优势，还在于其他大豆潜在出口国营商环境较差，单个进口商没有能力解决信息不对称带来的大豆交易风险，使其冒着“被套牢”的可能性也要与“双寡头”交易。

四　多元化食物供给体系构建的对策

（一）以调整耕地用途管制和提升粮食综合生产能力统筹农业种植

为保障口粮安全和扩大粮经饲统筹的耕地总量空间，利用遥感、无人机等技术提高耕地“非农化”的监管效率，对非法将耕地转为建设用地和商业用地的行为应严厉打击，加大惩处力度。过于严格的耕地“非粮化”导致“粮经饲”无法统筹，可将耕地“非粮化”的约束条件根据粮食安全风险适度调整。当粮食安全风险存在演变为粮食危机的趋势时，全面收紧或坚持当前“非粮化”认定标准，千方百计释放粮食作物的生产空间。当粮食安全风险总体可控时，适当放松“非粮化”的标准，例如2~3年种植一轮谷物，不再要求规模以下种植主体至少一年种一季粮食作物，实施非粮食作物的播种面积控制额度等。通过调整治理耕地“非粮化”的实施细则，利用管控的时间、空间、主体差异性实现“粮经饲”统筹。加快高标准农田建设与粮食种子创新，以“藏粮于地、藏粮于技”提高粮食单产水平，通过建设粮食高产高效技术体系，保障1.3万亿斤以上的粮食综合生产能力，确保粮食在需要时“用得上、产得出”。

（二）降低林牧渔业在非耕地生产的边际成本

大力降低林牧渔业开发利用非耕地资源的有形边际成本。推动适合发展林牧渔业的林地、草原、河塘海域等基础设施建设，或者采用政府和社会资本合作模式利用多种资本。提高非耕地资源的机械化水平，促进农林牧渔业机械全面创新以及多功能性小型农业机械的尖端创新。开展农业设施更新改造项目，提高小农户经营的农业设施标准化水平，使其对接现代农机和耕作体系。适当补贴“四荒地”、盐碱地、海域的使用金，鼓励设施蔬菜、肉类、水产品等重要农产品生产脱离耕地。不仅如此，更要降低林牧渔业开发利用非耕地资源的无形边际成本。基于国土资源确权规范林地、园地、草地和水域的流转市场，促进林牧渔业生产服务主体发展。发展政策性与商业性相结合的林牧渔业灾害保险，控制因基础设施不足造成的收入下降风险。

（三）制定一二三产业融合的差异化方案

消费者既倾向于对标准化食物提高溢价，也会追求消费便利、食品质量安全和美观等商品属性。对规模化农业生产者，应坚持节本增效、发挥规模效应的产业发展思路。只有提高食物生产销售全过程的标准化水平，才能实现食物商品的标准化，所以，要强化食物生产、加工和流通等每个环节的工业化和标准化，向消费者传递可验证的食物分级分类信息。对个性化或特色化农业生产者，应坚持高附加值、发挥个性效应的产业发展思路，不必过度追求食物生产的高产高效，而是大力做好食物营销，强化食物的生态、健康、文化等多重属性，这一思路尤其适合于发展农特产品、林下经济产品等有机绿色农产品。总体上，农产品加工业应与规模化农业结合更紧密，根据农产品加工标准指导食物生产；休闲农业、食物市场销售应与个性化农业结合更紧密，根据市场需求变化指导食物生产。

（四）推动食物流通环节的数据服务业发展

在微观层面，强化对消费者权益保护和食物消费数据安全监管，鼓励消费者通过多元化渠道购买食物。在宏观层面，建立食物需求与进口风险预测模型，及时向大型食物流通主体发布预警信息。目前，相关部门已成立了玉米等粮食供需平衡预测体系，然而无法满足大食物观下保障所有重要农产品供给的更高要求。下一步应依托新组建的国家数据局，向食物产业链主体及时发布更加详细、多种类型的食物供需平衡信息，及时公布食物价格指数等数据，促进食物流通多元化程度提高。针对中观层面，发挥本地农产品批发市场与市场监管部门的监督作用，促进农产品批发市场数字化转型，提供标准评价和质量安全评价服务、担保交易功能，向食物购买方提供小规模食物生产主体的农产品信息，向食物出售方提供食物市场需求信息，减少小规模食物生产主体与食物流通主体的信息不对称。

（五）优化大豆国际供应链格局

首先，支持涉农链长企业搭建一批供需对接平台或行业资源共建共享平台，深化供应链上下游企业之间在采购、物流、销售、仓储等多领域的联动合作，降低流通成本。加强大豆全供应链的风险调查研判，建立动态监测、实时预警机制的国家级平台，稳定大豆生产主体的经营预期，化解大豆供应链风险。其次，支持涉农企业拓展大豆贸易广度和深度，发展海外农业。鼓励在外农业企业转移投资国度，增强其全球粮食供应链管理能力。以哈萨克斯坦、印度尼西亚为首的亚洲国家与以南非、尼日利亚为首的非洲耕地政治、经济、资源条件优渥，投资潜力普遍较高。最后，提高全球关键物流节点掌控能力，促进企业之间在粮食、航运、物流等方面开展深度合作，加强周边国家大豆贸易陆上中转站建设合作，打通大豆进口陆上渠道。推进关键节点国家或地区的粮食贸易人民币结算，基于“多对多”的跨境易货贸易稳定俄罗斯、乌克兰、非洲等国家和地区的油料进口。

参考文献

陈萌山：《大食物观正当其时》，《中国食物与营养》2022 年第 7 期。

黄宗智：《中国的隐性农业革命》，法律出版社，2010。

魏艳骄、张慧艳、朱晶：《新发展格局下中国大豆进口依赖性风险及市场布局优化分析》，《中国农村经济》2021 年第 12 期。

袁庆明：《新制度经济学》，复旦大学出版社，2012。

张晓玲、吕晓：《国土空间用途管制的改革逻辑及其规划响应路径》，《自然资源学报》2020 年第 6 期。

赵晓飞、付中麒：《大数据背景下中国农产品流通渠道变革实现路径与保障机制》，《中国流通经济》2020 年第 12 期。

朱晶：《树立大食物观，构建多元食物供给体系》，《农业经济与管理》2022 年第 6 期。

G.11

发展新型农村集体经济的困境与对策

赵　黎*

摘　要： 发展新型农村集体经济，实现集体经济现代化转型，是促进乡村振兴和共同富裕的重要途径。在稳步推进农村集体产权制度改革的同时，农村集体经济发展与改革取得了阶段性成效，为发展新型农村集体经济创造了良好的基础条件。当前，发展农村集体经济处于重要战略机遇期。在深化农村改革、促进城乡融合发展中，实现集体经济与市场经济的兼容，是一项尚未完成的历史任务。以经营型集体经济和服务型集体经济为主要类型的新型农村集体经济在实现产权关系明晰、治理架构科学、经营方式稳健、收益分配合理上都面临若干组织与制度方面的挑战。为优化社会主义市场经济条件下新型农村集体经济高质量发展路径，增强农村集体经济市场竞争力，应进一步完善集体经济组织治理机制，健全集体经济组织利益联结机制，建立集体经济可持续发展长效机制，探索集体经济发展新模式新路径，积极开拓农村集体经济转型升级空间，为实现农民农村共同富裕奠定更加坚实的物质基础，提供制度保障。

关键词： 新型农村集体经济　经营型集体经济　服务型集体经济　市场经济

* 赵黎，社会科学博士，中国社会科学院农村发展研究所副研究员，主要研究方向为农村组织与制度、社会治理、合作经济。

农村集体经济组织是促进农民农村共同富裕的重要主体，是健全乡村治理体系、实现乡村善治的重要力量。在开启全面建设社会主义现代化国家的新征程中，发展农村集体经济处于重要战略机遇期。创新发展理念，充分体现农村集体经济的经济社会价值、功能优势和制度优势，实现集体经济现代化转型，是促进乡村振兴和共同富裕的重要途径。发展新型农村集体经济之路，是以促进共同富裕为目标、以高质量发展为导向，走更有效率、更加公平、更可持续的农村集体经济现代化发展道路。

在深化农村改革、促进城乡融合发展中，实现集体经济与市场经济的兼容，是一项尚未完成的历史任务。实践经验表明，集体产权制度改革坚持市场化方向，在更深层次上落实基本经济制度，可以释放集体经济发展活力。本报告在回顾与总结农村集体经济发展历程与成效的基础上，分析以经营型集体经济和服务型集体经济为主要类型的新型农村集体经济发展面临的主要挑战与问题。在新发展格局下，未来农村集体经济转型升级的特征将日益突出。为优化社会主义市场经济条件下新型农村集体经济高质量发展路径，应进一步完善集体经济组织治理机制，健全集体经济组织利益联结机制，建立集体经济可持续发展长效机制，探索集体经济发展新模式，积极开拓农村集体经济转型升级空间，为实现农民农村共同富裕奠定更加坚实的物质基础，提供制度保障。

一 农村改革以来发展农村集体经济的历程与成效

（一）发展农村集体经济的政策演进与实践探索

农村改革以来，随着家庭联产承包责任制的推行，为适应农村经济社会条件的变化，农村集体经济组织走上了改革之路。自 20 世纪 80 年代中后期以来，不同地区开始推行以股份合作制为主要内容的农村集体产权制度改革，新的农村集体经济组织形式应运而生。

大体而言，发展农村集体经济的政策演进可以分为三个阶段。第一阶段是农村集体经济股份合作制探索期（20 世纪 80 年代后期到 90 年代中期）。以山东淄博和广东广州、深圳等经济发达地区为代表，农村集体经济股份合作制最初的探索主要以两种方式展开，即农村原有集体企业引入股份制因素，以及个体、私营经济的联合。其中，前者意在解决集体企业产权不明及由此带来的财产关系、管理方式和分配方式等方面存在的问题，后者意在解决如何引导非社会主义经济形式的个体经济和私营经济向社会主义合作制方向发展的问题[①]。从产权结构看，股份合作制企业可分为大股东控股型（包括自然人大股东控股和非自然人股东控股）、股东经营型和职工广泛持股型[②]。这一时期集体资产体现为乡镇企业资产、物业经济、征地拆迁补偿款等形式。

第二阶段是农村集体经济股份合作制推进期（20 世纪 90 年代中后期至 2012 年）。由社队企业发展而来的乡镇企业，因其产权不明晰而无法适应日益激烈的市场竞争。20 世纪 90 年代，全国乡镇企业经历一股改制浪潮，大部分集体所有制乡镇企业转变为私营企业[③]。为应对农村集体资产经营管理面临的问题，1998 年，国家开展了农村改革以来第一次农村集体资产清产核资工作。有研究指出，乡镇企业的创立、发展与产权改革的过程，是一个从权力与资本结合，到权力逐渐退出企业或以其他形式存在于企业中，再到资本的权力化的过程[④]。因乡镇企业改制，这一时期集体资产体现为物业经济、征地补偿款、转制企业股金等形式。

第三阶段是农村集体产权制度改革全面推进期（2013 年以来）。党的十八届三中全会提出保障农民集体经济组织成员权利，积极发展农民股份合作，赋予农民对集体资产股份权能的改革任务。随着 2014 年《积极发展农民股份合作赋予农民对集体资产股份权能改革试点方案》的实施，农村集

---

① 刘文璞：《社会主义与农民财产权——温州股份合作试验的启示》，《中国农村经济》1991 年第 11 期。

② 魏道南、张晓山编《中国农村新型合作组织探析》，经济管理出版社，1998。

③ 谭秋成：《乡镇集体企业中经营者持大股：特征及解释》，《经济研究》1999 年第 4 期。

④ 张晓山、苑鹏：《合作经济理论与中国农民合作社的实践》，首都经济贸易大学出版社，2009。

体产权制度改革在全国范围内逐步铺开。根据 2016 年中共中央、国务院《关于稳步推进农村集体产权制度改革的意见》（以下简称《意见》）提出的目标，按照试点先行、有序推进的原则，国家先后组织开展了五批改革试点，推动有经营性资产的村镇开展农村集体经营性资产股份合作制改革。在此背景下，近年来，各地集体经济组织积极挖掘集体土地、房屋、设施等资源和资产潜力，推动资源变资产、资金变股金、农民变股东（即“三变”改革），积极探索农村集体经济新形式。

（二）发展新型农村集体经济新模式

《中华人民共和国国民经济和社会发展第十四个五年规划和 2035 年远景目标纲要》提出，“深化农村集体产权制度改革，完善产权权能，将经营性资产量化到集体经济组织成员，发展壮大新型农村集体经济”。为规范农村集体经济组织运行和集体资产管理，目前全国约有 20 个省份颁行关于农村集体经济组织或农村集体资产管理的地方性法规或政府规章；在国家层面，《中华人民共和国农村集体经济组织法（草案）》进入立法审议程序。为实现农村集体经济产权关系明晰、治理架构科学、经营方式稳健、收益分配合理，2023 年中央一号文件提出，“探索资源发包、物业出租、居间服务、资产参股等多样化途径发展新型农村集体经济”。

新型农村集体经济大体上可以分为经营型集体经济和服务型集体经济两大类型。经营型集体经济主要见于资源禀赋较好、集体经营性资产较多的地区，特别是沿海发达地区的农村和其他地区的城中村、城郊村和经济发达村。这种类型的集体经济可分为“物业经济型”和“产业经济型”两类。“物业经济型”指的是通过推进集体经营性资产确权和股份合作制改革，组建社区型股份合作社或者股份经济合作社，以自主开发、合资、合作等方式发展租赁物业。这是当前经济发达地区发展新型农村集体经济的主要模式。“产业经济型”指的是发展创意农业、乡村旅游、农商直供等农村新产业、新业态。

服务型集体经济主要见于资源禀赋较差、集体经营性资产占比较低、市场化项目相对较少或以传统农业产业为主的地区。它以土地、厂房、农业基础设施、资金等集体所有资产为纽带，通常以村“两委”或村党组织领办合作社为主要形式，或者与农民专业合作社等农业经营主体或其他市场主体开展合作，提供居间服务。服务型集体经济的一种广为接受的发展模式是村社合一型合作社发展集体经济，其发展路径可分为“直接经营型”和“委托经营型”两类①。“直接经营型”指的是新型农村集体经济组织依托村社组织资源和治理资源，以土地流转、土地托管、土地入股等方式，提供产前、产中和产后农业生产性服务或承接政府公益类服务项目，以此实现集体创收或增收。“委托经营型”指的是新型农村集体经济组织代表全体成员，与新型农业经营主体或其他市场主体签订合同，以“反租倒包”“土地银行”等方式，将从农户手里流入的土地经营权出租给农业投资者或其他新型农业经营主体，以此增加村集体经营收入与农业资源有偿使用收入。服务型集体经济发展模式是集体统一经营的资源性资产和经营性资产较少的地区发展新型农村集体经济的主要形式。

近年来，发展各种形式的混合所有制经济是发展新型农村集体经济的一个明显特征。混合所有制经济是农村集体产权制度改革与社会主义市场经济相融合的产物，是集体经济与市场经济相结合的有效形式。深化混合所有制改革为推动农村集体经济转型升级，实现集体成员、村集体与市场主体等利益相关者在发展集体经济中实现共建、共治、共享提供了一条可行的途径，这有利于在集体、企业、劳动者之间形成激励相容的产权安排和治理结构，提高集体经济的竞争力。

（三）发展新型农村集体经济的成效

党的十八大以来，发展新型农村集体经济已基本具备了组织与制度基础。在稳步推进农村集体产权制度改革的同时，发展农村集体经济取得了阶

① 赵黎：《集体回归何以可能？村社合一型合作社发展集体经济的逻辑》，《中国农村经济》2022 年第 12 期。

段性成效。

一是明晰集体资产权属，为集体经济发展奠定基础。自推进农村集体产权制度改革以来，全国各地有序推进清产核资和集体经济组织成员身份确认，规范集体经营性资产股权设置。各地按照资源性资产、经营性资产和非经营性资产三个类别，全面清查核实各类集体资产，建立集体资产管理台账，理顺乡（镇、办事处）、村、组三级集体资产的权属关系，推动了农村集体财务管理制度化、规范化、信息化建设。试点地区全面核实、评估多年来荒芜、闲置、被侵占、被遗忘的资产和资源，处置了一批呆账、旧账、不明账，妥善解决了一些有权属争议的问题，有效解决了历史遗留问题。

二是推动要素市场化配置，赋予农民对集体资产股份权能。随着农村集体产权制度改革工作深入推进，不同地区在实现农村集体产权关系清晰的基础上，赋予了农民对集体资产更加完整的权能。除了赋予农民对集体资产股份占有与收益权，一些地区通过要素产权交易、要素抵押融资等方式，积极探索农民对集体资产股份有偿退出和股份抵押与担保贷款的实现方式。当前，按照《意见》提出的要求，各地对农民持有的集体资产股份有偿退出的探索，没有突破本集体经济组织的范围，基本以集体内部转让或由本集体赎回为主。此外，在对农民持有集体资产股份继承方面，一些改革试点地区制定了相应的办法，有待实质性地开展探索与实践。

三是盘活农村集体资产，增强了集体经济发展活力。在地方实践中，农村集体经济组织因地制宜，在盘活资源要素、发展经营型集体经济和服务型集体经济方面探索发展集体经济的有效途径，积累了有益经验，涌现了一批典型案例。在盘活资源要素方面，江苏宿迁市整合利用村庄整治后的新增耕地，发展重大农业项目，推动资源性资产在产权交易市场公开交易。山东淄博市依托“联村党委+联合社”的组织架构实施项目运作，积极盘活整合土地资源，组建土地股份合作社，推动股份合作社与农业龙头企业、农民专业合作社等新型经营主体合作与联合，带动全市村集体经济收入全部突破 10 万元。在发展经营型集体经济方面，浙江丽水市聚焦强村富民共富行动，巩固拓展“消除集体经济薄弱村”成果，壮大村级集体经济实力，以多层次、常态化的财政支持政策组建“强村公司”。全市各级财政向县乡级“强村公司”注入资本金，在支持组建和发展“强村公司”的同时，安排专项财政资金，扶持发展光伏、物业、飞地等市场风险较低的村级集体经济发展项目。在发展服务型集体经济方面，除了上述“直接经营型”和“委托经营型”两类发展模式，一些地区先行试点，开展集体经济组织承接政府公益类服务项目发展服务型集体经济，其做法值得关注。例如，安徽肥西县集体经济组织承接农村生活垃圾治理、公路日常管护、小型农田水利维修养护、“一事一议”民生工程建后管养、公共设施管护等各类政府公益类项目，增强了村庄自我发展、自我服务和自我管理的能力。此外，以贵州六盘水市“三变”改革为典型，一些地区综合利用集体资源、资金和资产“三资”，以项目投资、合股联营、股份合作、组合发展等方式发展集体经济，已成为深化农村改革的重要内容。

四是为农民持续增收创造了有利条件，在提高农民生活质量、促进农民农村共同富裕上发挥了积极作用。发展壮大农村集体经济、增加农民财产性收入是农村集体产权制度改革的出发点和落脚点。根据农业农村部统计，截至 2020 年底，全国 53.1 万个村已经完成经营性资产股份合作制改革，确认集体经济组织成员 8.8 亿人[①]。集体资产股份分红累计 4085 亿元，其中，集体经济组织成员分红达 3353 亿元，占比 82%。已有研究通过分析实践探索中农村集体所有制的多种实现形式以及集体产权制度改革成效，得出农村集体产权制度改革能够有效推动农村集体经济发展、促进农民农村共同富裕的结论。不过，总体上看，当前，落实集体资产股份收益分配的集体经济组织只占较低比例，人均分红在农民总收入中的占比也较低。2020 年，农村集体经济组织人均分红只有 91 元，占农民收入的比例不到 1%[②]。因此，可以说，虽然集体经济为农民持续增收创造了有利条件，但发展空间有待拓展。

---

① 数据来源：农业农村部政策与改革司《中国农村政策与改革统计年报（2020 年）》，中国农业出版社，2021。下文若无特别说明，各年数据均出自相应年份的统计年报。

② 数据来源：根据《中国农村政策与改革统计年报（2020 年）》的统计数据计算所得。

集体产权制度改革对农村居民收入的影响主要体现在对其收入结构的影响，即通过提升规模经营效益和促进农民非农就业等间接途径增加了农村家庭经营净收入和工资性收入，而对财产净收入的贡献并不如预期明显①。另外，农村集体经济在为农民提供公共服务、就业创业等方面发挥了积极作用。2020 年，全国村集体经济组织用于公益性基础设施建设和公共服务投入约 1200 亿元。公益性支出在改善农村人居环境、扶贫济困、提升村民福祉等方面发挥了重要作用②，体现出发展壮大农村集体经济的减贫效应和富民效应。此外，集体经济组织通过有效盘活集体"三资"，推动和支持村民参与发展乡村旅游、休闲农业、生态观光、农事体验、创意农业等乡村新产业新业态，在增加村集体经济收入的同时，实现了农村低收入群体、返乡入乡人员稳定就业。

二　发展新型农村集体经济面临的困境

发展壮大农村集体经济，需科学、准确把握农村集体经济的新变化和面临的新问题。客观地看，无论是经营型集体经济还是服务型集体经济，不同的发展路径都面临一些有待解决的问题。

（一）新型农村集体经济发展面临的普遍性问题

一是农村集体经济组织的法律地位制约了其有效参与市场竞争的可能。《民法典》将农村集体经济组织归入特别法人类别，而《市场主体登记管理条例》并未赋予农村集体经济组织市场主体地位。在实践中，农村集体经济组织大多依照部门规范性文件在县级农业农村部门完成登记赋码，这影响

① 江帆、李崇光、邢美华、郑甘甜：《中国农村集体产权制度改革促进了农民增收吗——基于多期 DID 模型的实证检验》，《世界农业》2021 年第 3 期。

② 陈锡文：《充分发挥农村集体经济组织在共同富裕中的作用》，《农业经济问题》2022 年第 5 期。

了其市场交易能力和参与市场竞争的能力[①]。在课题组的实地调研中，一些农村集体经济组织负责人反映了他们在集体资产管理、信贷担保与风险防范上遭遇的困惑。少数案例村庄采取迂回的方式，出资设立或参与设立公司、农民专业合作社等市场主体或对股份经济合作社进行公司化改造，但大多数村集体经济组织尚不具备这种变通能力。

二是农村集体经济组织治理机制未能实现其预期目标。多数地区借鉴现代企业法人治理结构，积极构建新型农村集体经济组织治理架构。但从实践效果看，改制后的农村集体经济组织与不同性质的村级组织权能关系仍然不清晰，管理和运行方式并未发生实质性变化。此外，集体经济组织成员参与治理意愿不高，获得感不强[②]。

三是新型农村集体经济组织缺乏有效的人力资源供给，集体经营性资产持续盈利能力和投资能力有限。由于缺少技术人员和专业知识，村集体获得政府支农资金和支农项目后，大多将项目转包，通过收取手续费、管理费或分成的形式取得收益，这有悖于开发集体经济项目的初衷。新型农村集体经济组织带头人市场竞争意识与风险承受能力有限，参与股份合作制改造的积极性不高。课题组的调研表明，一些地区虽然按照上级部署完成了集体产权制度改革任务，但很少开展生产经营活动，或多以“物业经济型”“委托经营型”的方式开展经营或提供服务。近年来，虽然集体经济投资收益产生的收入增速较快，但由于起点低，2020 年仅为 258.0 亿元[③]。由于缺少专业经营人才支撑，集体经营性资产持续盈利能力和投资能力非常有限[④]。此外，一些新型农村集体经济组织存在盲目投资的现象[⑤]。

---

① 陆雷、赵黎：《从特殊到一般：中国农村集体经济现代化的省思与前瞻》，《中国农村经济》2021 年第 12 期。

② 中国社会科学院农村发展研究所课题组：《全国农村集体产权制度改革试点成效评价综合分析报告》，2021 年 12 月。

③ 数据来源：根据《中国农村政策与改革统计年报（2020 年）》的统计数据计算所得。

④ 魏后凯、苑鹏、王术坤：《中国乡村振兴综合调查研究报告 2021》，中国社会科学出版社，2022。

⑤ 孔祥智、高强：《改革开放以来我国农村集体经济的变迁与当前亟需解决的问题》，《理论探索》2017 年第 1 期。

（二）发展经营型集体经济面临的困境

一是经营性资产占比不高，经营模式以物业租赁为主。尽管各地探索出多样化的集体经济发展业态，但村集体经营收益不构成村集体经济组织主要收益来源。2020 年，村集体经营收益只占本年收益的 44.0%，占当年可分配收益的 26.9%[①]。农村集体经济更多依赖政府奖补等财政支持和转移支付，大多以物业租赁为主。这种物业租赁经济在本质上是一种外延式发展模式，它主要依赖于大量外来资本的持续注入。“物业经济型”集体经济发展模式尚未成为长期稳定的经营收入来源。

二是缺乏优质经营项目，可持续发展面临挑战。村集体经营收益在村域之间分布极不均衡。根据课题组的初步测算，虽然村集体经营收益超过 100 万元的村只占汇总村数的 4%，但其经营收益却占全部汇总村集体经营收益总额的四成以上，村均超过 170 万元，约为汇总村平均经营收益规模的 10 倍[②]。这表明，当前少数依托经营型集体经济发展模式的强村贡献了全国村集体经营收益的很大比例，大多数地区缺乏优质经营项目。受经营项目的制约，农村集体经济“统”的部分的创收增长空间有限，且收入占比逐步下降，从 2016 年的 33.3%下降到 2020 年的 30.2%。在一些经济发达地区，发展新型农村集体经济受到规划、土地利用等方面的制约，新项目难引进，老项目难维持[③]。

三是混合所有制改革进展缓慢，很多地区的股份合作制改革流于形式。一些集体经济组织以分家底的方式改制，影响了改制后新型农村集体经济组织的持续经营能力。由于兑现比例过高，集体经济组织有时不惜举债分红，

---

① 根据统计口径，经营收益指村集体经济组织经营收入、发包和上交收入以及投资收益之和，减去经营支出和管理费用后的差额。

② 陆雷、赵黎：《共同富裕视阈下农村集体经济的分配问题》，《当代经济管理》2022 年第 10 期。

③ 孔祥智、高强：《改革开放以来我国农村集体经济的变迁与当前亟需解决的问题》，《理论探索》2017 年第 1 期。

导致收不抵支，债务高企[①]。村集体分红压力大，制约了集体经济的发展后劲，也弱化了村庄公共物品供给和基层治理能力[②]。

（三）发展服务型集体经济面临的困境

一是服务型集体经济的发展受到地理区位、资源禀赋等要素条件的限制。虽然集体经济组织以服务成员为宗旨，但其地域性及其成员的封闭性不利于股权的社会化和资本化，难以实现资本重组和资源优化配置，也与现代企业开放性成长和城乡融合发展的要求相矛盾。

二是村社合一发展集体经济的模式大多自上而下推动形成，农民自主选择空间有限。发展集体经济的实践忽视产业环境、资源禀赋等因素，容易催生出大量“空壳社”和“僵尸社”[③]，由此还产生大量的债务问题，增加政府和农民的负担。

三是服务型集体经济倾向于重服务功能而轻发展功能。一些集体经济组织通过引入市场主体或者承接政府公益性服务项目，形成“以集体政治调控为基础、以市场主体的服务供给为载体”的集体经营模式[④]。这一类服务型集体经济的经营逻辑是服务有效供给，而不是集体经济的发展壮大。此外，一些地区“委托经营型”集体经济在运作经营中，村集体面临被新型农业经营主体俘获的风险[⑤]，而再发包导致的高地租率也使真正专心务农的农业投资者和经营主体难以持续规划并长期投资[⑥]，这不利于农业经营的有序发展。

---

① 国务院发展研究中心农村经济研究部：《集体所有制下的产权重构》，中国发展出版社，2015。

② 桂华：《产权秩序与农村基层治理：类型与比较——农村集体产权制度改革的政治分析》，《开放时代》2019年第2期。

③ 于福波、张应良：《基层党组织领办型合作社运行机理与治理效应》，《西北农林科技大学学报》（社会科学版）2021年第5期。

④ 杜鹏：《乡村振兴战略下的集体经营机制：类型与比较——基于村庄治理能力的视角》，《南京农业大学学报》（社会科学版）2021年第1期。

⑤ 崔红志：《农村“三变”改革的影响因素及政策选择》，《中国发展观察》2017年第22期。

⑥ 党国英：《农村集体经济制度研究论纲》，《社会科学战线》2017年第12期。

三　促进新型农村集体经济高质量发展的对策建议

为更好地增进农民福祉、发展农村事业、补齐共同富裕“短板”，需要不断深化改革，充分彰显农村集体经济组织在实行农村基本经营制度中的主体地位，建构新型农村集体经济体制机制，增强农村集体经济市场竞争力。进一步完善集体经济组织治理机制，健全集体经济组织利益联结机制，建立集体经济可持续发展长效机制，探索集体经济发展新模式新路径，建立支持集体经济公平参与竞争的机制，可以拓展集体经济的发展空间，促进新型农村集体经济在更加公平、可持续的环境下实现高质量发展，为实现农民农村共同富裕提供内在动力。

（一）进一步完善集体经济组织治理机制，强化农民集体的主体地位

统筹推进集体经济组织治理结构转型，有助于推动集体经济高质量发展。实现政经分离，完善集体经济组织管理人员选任机制，激励农民集体成员主动参与发展集体经济，是不断完善农村集体经济组织治理结构的有效途径。

一是分类推进政经分离改革。村民自治组织公共事务与集体经济事务分离，有利于推动集体经济组织转型。具体而言，集体经济组织的管理和经营活动与承担公共服务、集体公益职能分开，在财务上分开核算，构建透明的成本核算和补偿机制。对此，可借鉴辽宁大连市等先行地区的实践经验，率先在集体资产量大、成员结构复杂的地区，全面推进集体经济组织和村民自治组织机构职能、人员选举、议事决策、财务核算、资产管理的分离，进一步规范村集体经营性收入统计，实现集体经济组织自主经营、自负盈亏。推动集体经济组织逐步退出公共物品供给，由其主要承担经济发展职能。在集体经济组织承担集体公益和综合服务等职能的情况下，对其成本给予公平、透明与适度的补偿。为保证补偿核算的公平、透明与适度，可探索集体经济组织分层分类的做法，将其分为公益类经营活动和市场类经营活动，并为集

体经济组织承担公益类经营活动建立以“政府购买服务”为核心的运营机制，明晰集体经济组织治理与村民自治组织治理的行为边界。

二是完善集体经济组织管理人员选任机制。成员事前对重大事项决策的参与、事中对决策过程的监督以及对管理或经营结果的问责，是组织治理的关键议题。客观地看，集体经济组织的管理和经营难以完全遵循现代企业治理模式的基本要求。在大量集体经济组织成员外出、无法参与日常管理的农村地区，“干部经济”或许是一种权宜之计和理性选择。为避免少数人控制可能造成的风险，应选拔工作能力强、群众信任的人员进入集体经济管理机构，强化内部少数人和社会资本控制、侵占集体资产的风险防范。从长远看，仍然要从明晰产权、拓展要素和建立高效的经济组织管理制度上下功夫。这是实现组织治理目标的根本之策。

三是充分发挥集体经济组织成员的主体作用。为保障集体经济组织成员合法权益，应推广数字化赋能农村集体资产管理的做法与经验，如建立微信工作群，以网络投票方式议事决策，在网络服务平台及时更新集体资产管理和运营情况，实现集体资产管理和经营的透明化，充分保障集体经济组织成员的知情权、参与权、表达权、决策权和监督权。

（二）健全集体经济组织利益联结机制，促进农民农村共同富裕

为推动改革发展成果更多更公平地惠及全体人民，应贯彻“把选择权交给农民”“让农民成为改革的参与者和受益者”的改革理念，充分保障农民集体成员的合法权益，建立农村集体经济由“共有”向“共富”“共享”的转化机制。

一方面，构建更加公平合理的集体经济收益分配机制，发挥农村集体经济在推动“共富”中的作用。应注重让生产要素在资源配置方面起到决定性作用，在推动农民农村共同富裕中发挥要素回报的作用。注重初次分配，推动参与管理与经营的利益相关方之间形成更为紧密的利益联结机制，建立资本所有者和劳动者利益共同体。

另一方面，推动农村集体经济实现由“共有”向“共享”的转化，以

收益共享实现村庄善治。实现村庄建设与公共服务村民共享是农村集体经济发展成果共享的重要体现。为此，应在收益分配实践中，形成村庄社会、经济、文化、生态等多元化发展目标的汇集，探索类型多样的收益分配方式，实现农村集体经济收益共享。

（三）建立集体经济可持续发展长效机制，增强集体经济市场竞争力

一是厘清政府支持与参与发展集体经济的边界。在当前的政策框架下，应把农村集体经济组织和农村集体经济组织参与兴办的公司法人相区分，建立集体资产管理与经营有效分离的新机制。借鉴国有企业从“管企业”向“管资本”转变的经验，向村集体经济组织下放集体资产经营管理权限。政府支持发展集体经济应主要从以下方面着手，包括建立健全激发广大群众和社会资本参与集体经济发展的激励机制，建立防止内部少数人和社会资本控制、侵占集体资产的风险防范机制，更新农村集体经济账目监督与亏损折算办法。为促进城乡统筹发展、要素自由流动，实现农村集体经济组织成立各类市场主体开展经营活动的规范化和有序化，探索建立集体资本投资运营公司的机制，开展股权投资实践，优化集体资本分布结构，提高集体资本运营质量与效益。

面向未来，应加快推动集体经济组织在市场经济体系中顺畅运行的配套政策的落地及调整工作。进一步完善市场交易规则，为集体经济组织公平参与市场竞争创造有利环境，实质性提升集体经济组织竞争能力，是深化改革、进一步推动农村集体经济发展壮大的重要内容。为此，应以保护产权、维护契约、统一市场、平等交换、公平竞争、有效监管为导向，为农村集体经济组织的经营活动提供公平、公正和稳定的发展环境，在要素获取、准入许可、经营运行、政府采购和招投标等方面为集体经济组织参与市场交易创造条件，以此提升集体经济发展效率和发展韧性。

二是大力培育集体经济发展带头人队伍。新型农村集体经济高质量发展具有创新性，需要强大的人力资本和创新能力加以保障，这对激发集体经济发展活力、提高农村集体经济组织内生发展动力具有十分重要的现实意义。

为进一步推动经营型集体经济发展，应适时制定集体资产经营管理人员的任职条件和标准，进一步吸引农村能人、种养大户、家庭农场经营者、农民合作社带头人、社会化服务组织负责人等群体参与集体经济的经营管理，鼓励本土大学生、退伍军人、外出务工人员等各类人才返乡创业就业，建立乡村精英与农村集体经济组织的合作机制，形成人才聚集效应。建立科学的绩效考核制度，改革包括村干部兼任在内的集体资产经营管理人员的薪酬制度。借鉴一些地区探索推行的对集体经济组织管理人员实行“基本报酬+绩效考核+集体经济发展创收奖励”的报酬补贴制度，激励集体经济发展带头人主体能动性与创新性，避免发展集体经济问责泛化。

三是积极探索市场化职业经理人或第三方专业管理团队运营集体经济的市场化模式。2022 年 8 月农业农村部等四部门印发的《关于做好农村集体产权制度改革成果巩固提升工作的通知》提出，加强集体经营管理人才的培养，完善激励机制，鼓励各地建立集体经营管理人员聘任管理制度。为实现集体经济高质量发展的目标，应进一步细化聘用职业经理人运营集体经济的相关制度，明确界定政府部门、集体经济组织及其成员、农村职业经理人各自职责与权益边界。探索以合同管理为核心、以岗位管理为基础的市场化选聘制度，完善聘任管理机制。在有条件的地区，积极探索职业经理人的持股方案，将激励与约束相结合，避免持股固化僵化，推动实现合理有序的持股转让机制。探索建立第三方专业管理团队参与农村集体经济组织运营管理的机制，搭建跨区域集体经济组织人才交流平台。

（四）创新集体经济发展新模式新路径，为乡村振兴注入新活力

应在总结和反思上一轮农村集体产权制度改革成果和既有实践模式的基础上，进一步丰富股份制、股份合作制的实践形式，创新集体资产的经营方式和组织形式，在巩固和拓展深化农村集体产权制度改革成果的同时，进一步探寻市场经济条件下发展新型农村集体经济的有效实现方式。

一是推动国有经济与集体经济合作发展。为更好地发挥公有制经济促进共同富裕的作用，推动公有制经济多类型、多领域的协同创新，探索国企参

与合作开发集体经济项目的方式和路径，建立国企参与开发集体经济项目的政策支持机制，鼓励投资主体多元化，为实现农民农村共同富裕提供新动能、注入新活力。

二是推动社会资本与集体经济合作发展。当前集体经济组织与其他市场主体、外来企业、社会资本等开展合作较多，但建立混合所有制产权结构实践滞后。鉴于此，应积极推动村集体经济组织与社会资本建立收益共享、风险共担的利益共同体。着眼于集体资产拓展性权能的政策落地与实践创新，探索拓展性权能开放运行的可行性，从集体资产的收益权和处置权而不仅仅是使用权方面赋予农民对集体资产更加完整的权能，发挥好产权激励作用。为实现农村集体经济组织“新型化”改造、推动集体经济更高质量发展，应进一步健全集体资本市场股权登记、托管、流转交易等服务体系。为解决村集体资产的封闭化处置影响外来企业和社会资本参与混合所有制改革的积极性问题，可适时推动相关法规政策的完善工作，探索农村集体资产跨村流转、处置的办法。借鉴建立统一的集体经济组织股权托管和流转交易平台的做法和经验，允许集体经济组织依托地区性农村产权交易机构，稳步推动集体资产跨社区、跨县（市、区）域流转，扩大集体资产处置范围，在发展乡村产业中推动混合所有制经济改革，形成既有利于集体经济拓展功能、保值增值，又有利于各种所有制经济取长补短、相互促进的发展格局。

三是推动联村发展集体经济，强化优势互补。立足于不同村庄、不同区域的资源禀赋，实现集体经济可持续发展。在明晰产权的前提下，通过资金整合、资源组合、异地置业联建等方式，鼓励有条件的地区探索开展跨村联合发展，克服单村发展面临的资源、资金、人才、经营能力等多种因素的制约，建立农村集体经济组织联合体，整合、盘活集体资产，发展产业项目。探索“强村带弱村”发展路径，支持和鼓励资源匮乏、发展基础薄弱村利用帮扶资金、闲置资源，与经济强村共建产业发展项目，实现收益共享。

G.12

农村土地增值收益分配现状及机制创新

李登旺*

摘　要： 随着农村土地制度改革的不断深化，我国农村土地增值收益分配机制不断完善、格局不断优化，农村土地征收范围显著缩小、征收补偿标准明显提高，集体经营性建设用地入市渐成规模、集体及其成员增值收益占比大幅提高，但兼顾国家、集体和农民的土地增值收益有效调节机制仍不完善。未来，应继续围绕国家与集体增值收益协调、集体内部增值收益共享、集体之间增值收益统筹、相关配套制度建设等重点内容开展创新探索。

关键词： 土地增值收益　分配机制　农村土地

党的二十大报告提出，“深化农村土地制度改革，赋予农民更加充分的财产权益”。2022 年中央农村工作会议进一步强调，“要稳慎推进农村宅基地制度改革试点，深化农村集体建设用地入市试点，完善土地增值收益分配机制”。2023 年中央一号文件对此作出专门部署。科学合理的农村土地增值收益分配机制对于让农民更多分享改革红利、促进农民持续增收、推进农民农村共同富裕意义重大。

随着经济社会的发展，人们对土地的需求与日俱增、对土地的投资不断增加，长期发展中土地价值必然呈现总体增长的趋势。改革开放以来，在我

---

* 李登旺，中国社会科学院农村发展研究所助理研究员，主要研究方向为农村土地制度。

国特殊的城乡二元土地制度安排下，国家既是集体土地的垄断买方又是国有建设用地的垄断卖方，集体土地与国有土地不同权、集体与政府地位不对等，农村集体经济组织及其成员难以合理分享经济社会快速发展带来的土地增值，表现为农村土地征收范围过宽、补偿标准较低，集体经营性建设用地使用权流转受限等。本报告深入分析了当前农村土地增值收益分配现状，指出了优化农村土地增值收益分配面临的难点问题，进一步提出了完善农村土地增值收益分配机制的思路和政策建议。

一　当前农村土地增值收益分配现状

党的十八大以来，国家对农村土地征收、集体经营性建设用地入市、宅基地制度改革作出重要部署并开展了农村土地制度改革三项试点，围绕保障农民公平分享土地增值收益开展了大量探索。2020 年修正实施的《土地管理法》在总结上述改革试点成功经验的基础上作出多项重大调整。总体上，我国农村土地增值收益分配机制不断完善，农村集体经济组织及其成员在增值收益分配中的地位不断强化，农村土地增值收益分配格局进一步优化。

（一）农村土地征收范围显著缩小，补偿标准明显提高，农民参与土地增值收益分配的方式更加多元

土地增值收益分配机制完善与农村土地征收制度改革关系密切。长期以来，在城乡二元土地制度安排下，土地征收是各项建设使用集体土地的唯一渠道，即任何单位和个人进行建设需要使用集体土地，必须先通过土地征收为国有，集体土地不能直接流转交易。因此，农村土地征收并未严格限定在“公共利益需要”范围内，而是拓展到经营性领域；加之土地征收补偿标准长期低于保障被征地农民生产生活需要和土地增值，地方政府成为分配土地增值收益的重要主体。近年来，我国农村土地征收制度不断改革完善，农村集体经济组织和农民在土地增值收益分配中的地位不断加强。

一是农村土地征收范围显著缩小。2020 年修正实施的《土地管理法》

明确界定了可以实施土地征收的公共利益范围，包括军事外交、政府组织实施的基础设施、公共事业、扶贫搬迁和保障性安居工程建设以及成片开发等六类情形。明确土地征收公共利益范围，改变了过去土地征收范围过宽的弊端，配合集体经营性建设用地入市制度壁垒的破除，农村集体经济组织和农民在土地增值收益分配格局中的地位明显加强。

二是农村土地征收补偿标准普遍提高。土地征收增值收益分配的核心在于补偿标准。《土地管理法》规定，征收土地应当依法及时足额支付土地补偿费、安置补助费、住宅等补偿费用以及被征地农民社会保障费用。在土地补偿费方面，我国长期实行被征收土地原用途的年产值倍数法，补偿标准较低，政府和土地使用者攫取了土地增值收益的主要部分。2020年修正实施的《土地管理法》明确要求，征收农用地以综合考虑地块区位条件、供求关系等因素的区片综合地价作为唯一补偿标准，不再实行年产值倍数法。采用区片综合地价标准，摆脱了年产值和倍数限制，显著提高了补偿标准，有利于被征地农民更好地分享土地增值收益。相关研究表明，在“三块地”改革试点，征地补偿安置标准比法定补偿标准普遍提高了30%~50%。

三是农村集体经济组织和农民分享土地增值收益的方式更加多元。在“三块地”改革试点中，部分地区采取留地、留物业等方式，让被征地农民更多分享土地增值收益。如河南省长垣县从每个区片平均增值收益中提取10%以现金形式返还村集体；海南省文昌市将征地安置留用地比例由原来不超过8%提高至10%；河北省定州市探索留用地和货币两种方式，对于一次性征收土地规模超过100亩的村集体，明确安置留用地比例为5%，或以等量货币形式进行补偿；福建省晋江市则采用货币补偿、产权调换以及二者结合的方式实行多元化补偿。

（二）集体经营性建设用地入市方面，出租出让规模快速扩大，但土地增值收益分配机制初步建立

近年来，农村土地制度改革效应不断显现，集体经营性建设用地入市制

度壁垒逐步破除，集体建设用地入市规模持续快速增加。2014~2021 年，农村集体经济组织本年度出租出让集体建设用地宗数从 18.91 万宗增加至 81.88 万宗，增长了约 3.3 倍；出租出让面积从 222.88 万亩增加至 479.46 万亩，增长了约 1.2 倍；出租出让收入从 257.01 亿元增长至 468.54 亿元，增长了 82.3%。在农村集体经营性建设用地入市制度下，政府在集体土地入市过程中收取一定比例的收益调节金和相关税费，而剩余的土地增值收益全部留归集体，集体和农民获得的土地增值收益比例大幅增加。集体经营性建设用地入市产生的增值收益分配，主要包括“政府与集体之间分配”、“集体和集体成员内部共享”以及“不同集体之间统筹”三个方面。

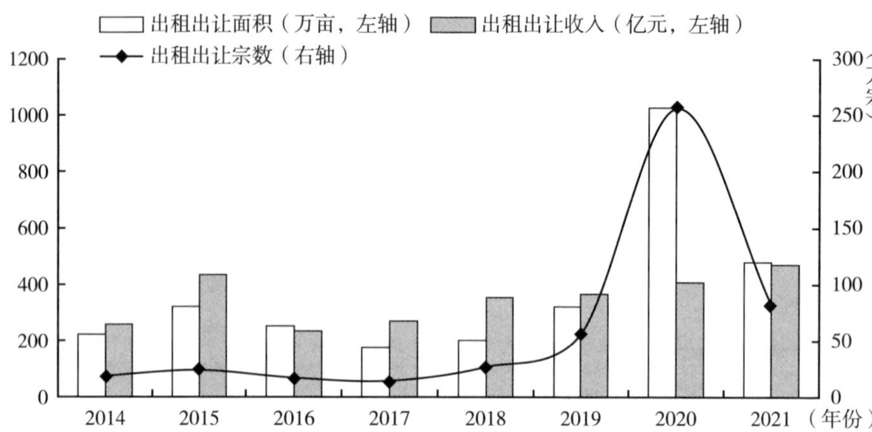

图 1　农村集体建设用地出租出让情况

注：指标解释：农村集体建设用地出租出让宗数，是指本年度发生的农村集体经济组织出租出让农村集体建设用地使用权的次数；出租出让面积是指本年度发生的农村集体经济组织出租出让农村集体建设用地使用权的土地面积；出租出让收入是指成交价总额，其中出租以报告期实际收入为准，出让以签订的合同额为准。

资料来源：历年《中国农村经营管理统计年报》。

一是集体经营性建设用地入市增值收益在国家与集体之间分配。主要涉及国家以何种方式参与分配、选择何种分配基数以及分配比例等关键问题。在国家参与收益分配方式方面，试点地区政府普遍以增值收益调节金和税费的方式参与分配。2016 年，财政部、原国土资源部联合印发的《农村集体经营性建设用地土地增值收益调节金征收使用管理暂行办法》（以下简称

《暂行办法》）明确要求，在集体经营性建设用地入市和再转让环节，政府应收取土地增值收益调节金；在此基础上，以调节金的名义征收契税，征收比例为成交价款的3%~5%。此外，部分试点地区如广东省南海区参照国有建设用地出让转让相关标准征收印花税、营业税、契税等税费。在土地增值收益分配基数方面，《暂行办法》要求以增值收益作为征收调节金的基数，但允许部分难以明确土地取得成本的地区以土地成交价款作为征收调节金的基数。因此，不同试点地区对增值收益调节金征收基数开展了差异化的探索。广东省南海区、四川省郫都区以入市成交价款作为征收调节金的基数；重庆市大足区以入市增值收益作为征收调节金的基数，并对不同区位、不同用途的地块设置了差异化的征收比例；部分地区如山西省泽州市按照不同环节采取不同的调节金征收基数，在集体经营性建设用地出让环节以成交价款为基数征收调节金，转让环节以增值收益为基数。总体来看，由于成交价款便于计算和操作，以此为调节金征收基数的地区也最多，以增值收益为基数征收调节金的地区较少。在土地增值收益分配比例方面，收益分配比例的确定直接关系政府在土地征收和集体经营性建设用地入市增值收益分配的平衡，合理的收益分配比例应确保两类增值收益分配的大致相当。理论上，在传统土地征收制度下，由于土地征收补偿以集体农用地原用途为补偿标准，被征收地块的区位差异难以体现，政府获得了土地增值收益的主要部分；而集体经营性建设用地入市制度下，入市地块的区位、入市用途差异产生的巨大增值收益流向集体，促使政府在土地征收和集体经营性建设用地入市两种制度安排下的增值收益分配的平衡。因此，按照入市区位条件、入市用途明确差异化的土地增值收益分配比例，从而实现增值收益分配的合理调节，是集体经营性建设用地入市改革探索的核心内容。实践中，各试点地区普遍以"增值越多、国家分配比例越高"的原则，分区位、分用途制定土地增值收益分配比例。以浙江省德清县为例，在县城规划区内、乡镇规划区内和乡镇规划区外，商服用途入市土地的增值收益调节金征收比例分别为成交价款的48%、40%、32%，工业用途入市土地分别为24%、20%、16%。

二是入市土地增值收益在集体内部分配。农村集体经济组织一般以计提公积金公益金的形式实现土地增值收益在集体内部的分配。公积金公益金主要用于村庄公共事务支出、集体经济发展，其余部分直接分配给集体经济组织成员。如四川省郫都区按照 2∶8 的比例在集体经济组织及其成员间分享增值收益，山西省泽州市则将这一比例设置为 3∶7。但江苏省武进区并不直接分配入市增值收益，而是将其列入集体经济组织公积金公益金管理；浙江省德清县根据入市土地所有权主体的不同采取差异化的分配方式，对于村集体所有的土地入市，增值收益以折股量化形式分配，对于村民小组所有的土地入市，采取现金形式直接分配给成员；河南省长垣县入市增值收益主要用于集体公益事业，如需分配，则以土地征收补偿标准作为成员收益分配上限。

三是入市土地增值收益在集体之间分配。实践中，农村集体经营性建设用地总体规模不大、布局分散，难以直接盘活，直接就地入市难以形成规模效应。一些试点地区探索开展了调整入市，即把零星、分散的存量集体建设用地复垦，将复垦形成的建设用地指标调整置换到县域范围内其他区域入市。在上述过程中，建设用地指标的供给主体和使用主体分属不同的集体经济组织，因而入市土地增值收益需要在不同集体之间分配。根据指标转移方式的差异，调整入市存在置换入市、合作入市、统筹入市、交易入市等模式，不同模式下增值收益分配方式也有所不同。对于置换入市，需要进行置换的地块所有权一般属于两个以上集体经济组织，在地块所有权置换后，集体经营性建设用地指标使用主体一般通过货币方式对指标供给主体提供一次性补偿，交易结束后指标提供主体不再享有后续收益。对于合作入市，集体经营性建设用地指标供给主体将地块复垦后，以建设用地指标与入市地块集体经济组织合作，二者以建设用地指标和入市地块土地使用权作为收益分配的依据。对于统筹入市，政府以土地储备机构或集体经营性建设用地入市平台为依托，通过收购、托管等方式整合区域内不同集体经济组织分散的存量集体经营性建设用地，实现多个农村集体经济组织经营性建设用地统一入市，各集体经济组织以“使用权共同入市、收益按份共享”方式进行收益分配。对于交易入市，指标提供方将集体建设用地复垦后，将建设用地指标转让给其他集体经济组织进行入市，一般由指标使用主体采用货币方式对指标提供主体予以补偿，交易结束后指标提供主体不再享有后续收益。以四川省泸县为例，集体建设用地复垦所形成的指标，可以在县域内不同乡镇和村组间有偿调剂；而在集体经营性建设用地入市后，国家征收土地增值收益调节金。

二　农村土地增值收益分配面临的难点问题

当前，国家与集体之间、不同集体之间、集体与其成员内部的增值收益分配机制，均存在一定的难点问题，主要表现为国家与集体增值收益分配机制不协调、集体之间经营性建设用地分配机制不健全、集体与其成员的增值收益分配有待规范等。

（一）国家与集体：增值收益分配机制不协调

在农村土地征收和集体土地入市两种不同的制度安排下，国家与集体的收益分配关系存在较大差异。在传统土地征收制度下，农地转用过程中仅给予集体及其成员少量的征地补偿，政府和土地使用者获取了土地增值收益的主要部分，增值收益分配明显以城市为主。集体经营性建设用地入市制度下，政府仅收取部分增值收益调节金和相关税费，土地增值收益的主要部分留归集体，集体和农民的增值收益分配比例大幅提高，而政府的土地增值收益分配比例明显降低。研究表明，相对于土地征收，集体经营性建设用地入市情况下集体收益显著提高，增幅最大可达 112.2%；而政府收益显著下降，降幅最高可达 50%。可见，在农村土地征收和集体经营性建设用地入市制度下，国家与集体在土地增值收益分配中差异较大，远未实现大体平衡。上述情况可能造成两方面问题。一方面，当前我国地方政府财政收入较大程度上依赖土地出让，缩小征地范围、实行集体经营性建设用地入市使得政府收益分配比例大幅降低，对地方财政收入造成消极影响，加剧了地方政府财政压力，难以充分调动地方政府推动农村集体经营性建设用地入市的积极性，并可能进一步影响入市区域农村基础设施建设和公共服务供给水平。另一方面，由于集体经济组织和农民在入市土地增值收益分配中的比例大幅提高，将诱使其更倾向于选择入市、抵触土地征收，不仅可能增加土地征收的困难、冲击征地制度，而且可能造成不同集体经济组织之间收益分配不公，引发新的社会矛盾。

（二）集体与集体：增值收益共享机制不健全

不同集体之间开展经营性建设用地调整入市，是对分散的、小规模存量集体经营性建设用地指标的合理化配置，使得建设用地指标直接转化为增值收益并在不同集体经济组织之间实现分配。随着土地征收制度的深化、“公共利益靠征地、非公益用地靠入市”格局的形成，未来非公益建设用地供给将在很大程度上依赖增量集体经营性建设用地入市；但增量集体建设用地的配置取决于土地用途管制，并体现在政府规划中。获得增量集体建设用地指标的农村集体经济组织才有资格享受农用地转用所产生的土地增值收益，反之，未获得增量建设用地指标的集体经济组织则难以分享；尤其是农用地转为经营性和公益性建设用地等不同用途带来的增值收益巨大差异，将导致不同集体之间土地增值收益分配的失衡，容易引发集体之间的利益纠纷，影响集体经营性建设用地入市政策的实施。

（三）集体与成员：增值收益分配机制不规范

一是农村集体经济组织产权主体虚位、产权行使主体能力不足。《民法典》《土地管理法》规定，集体土地所有权关系分为属农民集体所有、分属村内两个以上农民集体所有以及属乡镇农民集体所有三类，村民委员会、村民小组、乡镇集体经济组织分别代行土地所有权。但村民委员会作为村民自治社团组织，不具备市场法人资格；村民委员会与农村集体经济组织的成员也并不完全重合。在部分经济欠发达、集体民主决策机制有待加强的地区，农民在土地增值收益分配中处于劣势地位，造成集体内部无法形成可持续的增值收益分配机制。二是农村集体经济组织可享受土地增值收益的成员资格有待明确。从实践来看，各地普遍基于农村集体产权制度改革成果，以公平原则进行集体内部增值收益分配，但仍存在“外嫁女”“入赘男”等群体增值收益分配资格不明确、不统一等问题。三是多数农村集体经济组织愿意开展集体经营性建设用地入市，但实际执行过程中缺乏有效应对市场和协调村民的能力，过度依赖地方政府。

三　完善农村土地增值收益分配机制的思路和对策

（一）基本思路

农村土地制度改革是农村土地“权”与“利”在相关主体间的再调整，构建科学合理的土地增值收益分配机制是农村土地制度改革的关键所在。未来，应重点围绕平衡国家与集体、统筹不同集体之间、完善集体内部共享的增值收益分配机制以及健全相关配套制度等内容，探索建立兼顾国家、集体、农民利益的增值收益有效调节机制。为此，需要处理好以下关系。一是统筹城乡增值收益分配。尽管土地征收和集体经营性建设用地入市均能满足经济社会发展所需土地，均能带来社会总财富的增加，但不同制度安排下土地增值收益在城乡之间分配差异明显，土地征收偏重于城市而入市则将大部分增值收益留在农村。如何平衡土地征收和入市制度安排下城乡收益分配，是影响农村土地制度改革持续深化的重要问题。二是统筹不同集体经济组织增值收益分配。存量集体经营性建设用地是在不同历史阶段形成的，因区位条件、用途管制等带来明显的土地增值差异，需要合理地统筹平衡。三是明确政府定位，处理好其与市场的关系。长期以来，政府承担着建设用地产权主体、交易主体和市场管理主体等多种身份，同时也在土地增值收益分配中占据着有利地位。未来应逐步破除政府的多重身份，强化其服务功能、弱化其产权交易功能，打破其对建设用地市场的垄断，形成城乡统一的建设用地市场，发挥市场在土地资源配置中的决定性作用。

（二）具体政策建议

一是完善土地增值收益调节金管理办法。重点明确调节金征收主体、计提基准、使用规范等内容。其一，完善集体经营性建设用地入市税费体系，以国有土地交易税费设置为参照，按照出让、再次转让等不同环节分别设置税费名目，如在出让环节应缴纳调节金，再次转让环节征收土地增值税。此外，政府还可以根据提供的管理、服务等事项收取服务费和管理费，具体收取比例可由地方政府根据实际制定。对于增量集体经营性建设用地入市的情形，还需要参照国有建设用地相关规定征收新增建设用地有偿使用费、耕地占用税以及耕地开垦费等。其二，合理确定增值收益调节金及计征基数。集体经营性建设用地入市应以市场定价为主要依据、以成交价为基数计提增值收益调节金和税费；但交易价格低于城乡建设用地基准地价时政府享有优先购买权，并以基准地价为基数计提。其三，科学测定增值收益在不同主体间分配比例。税费征收可参照国有建设用地出让相关规定，在城乡建设用地税费征收并轨前，契税以调节金形式，按成交价格的一定比例征收。再次转让环节产生的增值收益，明确集体有权参与分配，具体的分配比例由集体和用地主体在出让时协商确定，并在土地出让合同中载明。

二是平衡不同集体之间增值收益分配。一方面，对于增量集体经营性建设用地，应建立指标公平分配机制和土地发展权有偿配置机制。增量建设用地指标分配是政府对社会财富的分配，应坚持公平原则，对于规划确定新增经营性建设用地的集体经济组织，可考虑征收增值收益平衡金，对规划限制不能新增经营性建设用地尤其是规划确定为公益性建设用地的集体经济组织进行补偿。另一方面，深化农村土地征收制度改革，参照不同用途经营性建设用地入市价格，确定公益性用地征收补偿标准，如按照不同用途平均价格进行补偿；补偿资金来源，则可利用对同区域集体经济组织土地增值收益平衡金补充，从而实现区域内部农用地转为公益性和经营性建设用地增值收益分配相当。

三是规范土地增值收益在集体经济组织内部分配。增值收益在集体经济组织内部分配的具体比例、方式和资金使用情况应由村集体自主决定。但对于部分所有权主体虚位、成员分配资格存在争议的集体经济组织，仍需解决好以下问题。一方面，针对部分村民小组等集体经济组织难以有效行使所有权的情形，村集体经济组织可以在预留部分收益的条件下统一管理分配。另一方面，加快推进“农村集体经济组织法”出台，明确集体成员资格的认定标准，因地制宜制定实施细则，合理保障“外嫁女”“入赘男”“服役人员”等群体的集体收益分配权。此外，应强化集体经济组织入市等相关政策培训，提高其经营管理水平，加强对集体经济组织尤其是干部在增值收益分配过程中的监管，推动形成保护农民集体和个人权益、会入市能入市的权益保护机制。

四是完善农村土地增值收益分配相关配套制度。其一，探索制定城乡统一的建设用地基准地价体系，基准地价体系应充分考虑入市土地用途、使用年限、开发强度等因素。加快建设集体经营性建设用地入市交易平台，完善入市土地价格评估、环境评估等服务功能。其二，合理界定不同类型主体角色及其关系。强化集体经济组织经济发展职能，转变政府职能，淡化其在集体经营性建设用地入市中的“参与人”角色，强化监管主体，服务主体角色。其三，加强农村土地增值收益分配全过程监管。以农村“三资”（即资金、资源、资产）平台为基础，完善平台查询、监管功能，提高农村集体土地出租出让、收益分配、资金使用的透明度，保障集体经济组织成员对农村土地使用、收益和分配的知情权、决策权、管理权、监督权。

参考文献

周诚：《土地经济学原理》，商务印书馆，2003。

朱道林：《土地增值收益分配悖论：理论、实践与改革》，科学出版社，2017。

马翠萍：《农村集体经营性建设用地入市收益分配的实践探索与制度优化》，《改革》2022 年第 10 期。

岳永兵、刘向敏：《集体经营性建设用地开发商品住宅试验考察与推进建议——以广西北流、河南长垣、山西泽州的试点改革为例》，《西部论坛》2022 年第 3 期。

周小平、冯宇晴、余述琼：《集体经营性建设用地入市收益分配优化研究——以广西北流市的改革试点为例》，《南京农业大学学报》（社会科学版）2021 年第 2 期。

李怀：《农村集体经营性建设用地入市收益分配改革：模式、困境与突破》，《东岳论丛》2020 年第 7 期。

张军、郑循刚：《基于使用权的农村土地增值收益分配改革思路》，《中国农业资源与区划》2020 年第 1 期。

欧阳君君：《城市规划实施中的征地与集体经营性建设用地入市之关系协调》，《西南民族大学学报》（人文社科版）2019 年第 7 期。

刘洪华：《论农村土地增值收益分配制度的重构》，《中国不动产法研究》2018 年第 2 期。

岳永兵：《集体经营性建设用地调整入市模式对比分析》，《中国国土资源经济》2018 年第 6 期。

岳永兵、刘向敏：《集体经营性建设用地入市增值收益分配探讨——以农村土地制度改革试点为例》，《当代经济管理》2018 年第 3 期。

G.13

粮食主产区利益补偿状况、效果及机制创新

胡凌啸　刘　余*

摘　要：　粮食安全关乎国运民生，主产区切实扛起政治责任，为保障国家粮食安全作出了巨大贡献。目前，中国主要对粮食主产区实施了三类利益补偿政策，包括粮食产业发展支持、产粮大县补贴支持以及财政和公共服务支持。从补偿情况看，主产区享受的支持资金总规模更大，但单位耕地面积粮食产量或单位耕地面积享受的支持强度普遍低于非主产区；同时，两类地区在财政和公共服务支持政策方面的差距持续缩小，但在粮食产业发展支持政策方面的差距则不断扩大。在现行主产区利益补偿政策下，主产区粮食生产能力和生产效率实现了同步提升，粮食产业企业数量和规模均大于非主产区，农村居民人均可支配收入增速和地方财政一般预算收入增速快于非主产区，但绝对差距仍呈扩大之势。现行主产区利益补偿政策存在补偿资金规模有限、激励效果不佳、补偿方式单一的问题，可以从三个方面进行机制创新：一是进一步扩大财政转移支付规模，二是补齐非粮食主产区责任分担机制，三是引导金融和社会资本参与发展主产区的粮食产业。

关键词：　粮食主产区　利益补偿　粮食产业

---

* 胡凌啸，管理学博士，中国社会科学院农村发展研究所助理研究员，研究方向为农业经济理论与政策；刘余，经济学博士，南京财经大学经济学院讲师，研究方向为农村土地制度与农村发展。

进入21世纪后的20多年，随着中国工业化城镇化的推进，长三角、珠三角地区等土地肥沃之地从传统的粮食主产区逐渐蜕变成现代工业城，粮食生产重心向东北地区和中西部地区集中。2022年，东北三省和内蒙古自治区的粮食产量占全国粮食总产量的比例已高达26.6%①；同时，中国粮食净调出也愈发集中于内蒙古、黑龙江、吉林、河南、安徽5个省区，由此形成了“北粮南运”的格局。尽管粮食主产区②为保障国家粮食安全作出了巨大贡献，然而粮食商品价值偏低，对财政贡献有限，保障粮食供给与提高地区经济效益一直是摆在粮食主产区面前的两难选择。如黑龙江省是中国最大的产粮省，2021年粮食产量占全国粮食总产量的11.3%，但经济总量却只占全国的1.3%，一般公共预算收入占地方一般公共预算总收入的比例不足1.2%③。为破解粮食主产区“粮财倒挂”“高产穷县”困境，国家对粮食主产区实行以财政转移支付为主的纵向补偿机制，不断加大对主产区财政转移支付力度，加大产粮大县奖励资金投入。当前这种对粮食主产区的利益补偿机制一定程度上缓解了粮食主产区的财政压力，但总体激励作用依然有限。粮食安全是关系中国国民经济发展、社会稳定和国家自立的全局性重大战略问题，始终是中国治国理政的头等大事，如果不能妥善处理好粮食主产区的经济发展问题，势必会影响这些地区更好地扛稳粮食安全重任的能力。因此，进一步优化粮食主产区利益补偿机制十分必要。本报告将论证优化粮食主产区利益补偿机制的紧要性，梳理现行利益补偿政策的实施状况和效果，分析现行利益补偿政策存在的问题，并提出创新主产区利益补偿机制的思路，以期为推动区域均衡发展，从而更好地保障中国粮食安全目标提供政策参考。

---

① 数据来源：根据“国家统计局关于2022年粮食产量数据的公告”中数据测算得出，http://www.stats.gov.cn/tjsj./zxfb/202212/t20221209_1890914.html。

② 中国粮食主产区包括辽宁、河北、山东、吉林、内蒙古、江西、湖南、四川、河南、湖北、江苏、安徽、黑龙江等13个省（区、市）。

③ 数据来源：根据《中国统计年鉴2022》计算得出。

一 进一步优化粮食主产区利益补偿机制的紧要性

现阶段，中国实施的国家粮食安全战略尤为突出“以我为主、立足国内、确保产能”。粮食主产区没有以牺牲粮食和耕地为代价去大规模推进工业化和城镇化，为承担国家战略功能和保障国家粮食安全作出了重大贡献和牺牲。虽然中国已经为这些因丧失开发权而造成利益损失的地区提供了一定补偿，但近年来粮食主产区出现的新变化，无疑提升了对当前利益补偿机制进行再优化的紧要性。

（一）粮食主产区在保障国家粮食安全中的地位急剧提升

2022 年，中国粮食总产量达 13731 亿斤，连续 8 年稳定在 1.3 万亿斤以上，实现“十九连丰”。2003~2022 年，中国粮食增产 5116.67 亿斤，黑龙江、河南、内蒙古、山东、安徽、吉林、河北、江苏 8 个粮食主产省的贡献度均超过 5%，其中黑龙江和河南的贡献度更是分别达到 20.52%和 12.59%。近十年间，主要粮食增产省份越发集中，内蒙古、河南、黑龙江、山东和安徽 5 个粮食主产省分别贡献了近十年粮食总产增幅的 14.81%、13.66%、12.63%、11.78%、9.98%[①]。粮食主产区已成为中国保障粮食安全实现“以我为主、立足国内、确保产能”最大的底气，但这份底气是牺牲本地区的经济发展换来的。地区的发展进步是农产品生产保持稳定性的重要依附，当前全球农产品贸易形势日趋复杂，如果粮食主产省在发展中掉队落后，国家粮食安全和重要农产品供给将受到巨大挑战。

（二）粮食主产区和非主产区的经济社会发展差距在拉大

粮食产业属于弱质产业，收益相对较低，对粮食主产区经济社会发展

① 若无特别说明，本文的数据均来源于国家统计局《中国统计年鉴》历年数据。

贡献很小。伴随着中国粮食生产不断向主产区集中，主产区和非主产区之间的经济社会差距不断拉大。从居民人均可支配收入看，2021 年中国主产区 13 个省份全体居民人均可支配收入为 32704 元，分别比全国平均水平和非主产区省份低 2899. 9 元和 4994. 3 元；近十年间，非主产区省份与主产区省份居民人均可支配收入比值由 2012 年的 1. 13 ∶ 1 扩大为 2021 年的 1. 16 ∶ 1。从地方财政一般预算收入看，按常住人口计算，2021 年中国主产区 13 个省份人均地方财政一般预算收入为 6341. 5 元，较全国平均水平低 2080. 9 元，较非主产区省份低 3583. 8 元；近十年间，非主产区省份与主产区省份人均地方财政一般预算收入比值由 2012 年的 1. 45 ∶ 1 扩大为 2021 年的 1. 57 ∶ 1。

（三）种粮收益持续走低对农民种粮积极性造成极大冲击

无论是从跨部门角度与进城务工的收入相比，还是从农业内部与经济作物收益相比，种粮收益均明显偏低。2004～2020 年，中国稻谷、小麦和玉米三种粮食亩均净利润由 196. 5 元下降至 47. 1 元，利润率由 49. 7%下降至 4. 2%，其中 2016～2019 年利润率甚至为负①。受土地流转下地租显性化、劳动力投入种粮机会成本提高、农资价格上涨等一系列因素影响，粮食生产成本呈现明显上升趋势，并预期会进一步提高，种粮收益空间被不断挤压，农民种粮积极性受到极大打击。对于不少粮食主产区省份而言，来自农业的经营净收入仍是农民家庭收入的重要来源。吉林省和内蒙古自治区农村居民来自第一产业的经营净收入分别占其可支配收入的 51. 2%和 46. 4%，建立对主产区和种粮农民利益保护的长效机制是调动主产区和种粮农民的积极性的关键。2023 年中央一号文件提出的“健全农民种粮挣钱得利的机制保障”，很显然在粮食主产区更为紧迫。

---

① 数据来源：根据《全国农产品成本收益资料汇编》数据计算所得。

二　粮食主产区利益补偿政策的现行状况

从20世纪90年代在粮食主产区建设国家商品粮基地开始，中国出台了一系列涉及粮食主产区的补贴支持政策。早期实施的补偿措施以“输血式”的“外生性”补偿政策为主，补偿对象集中于以农户为主的微观主体，而后政策逐步开始关注到粮食主产区的区域性整体补偿。现阶段，粮食主产区利益补偿政策更加注重弥补地方财政收支缺口，提高公共服务和可持续发展能力，增强粮食主产区经济增长活力和“内生性”可持续发展动力。具体而言，对粮食主产区的利益补偿政策主要包括三种类型：一是倾斜性的粮食产业发展支持政策，二是区域性的产粮大县补贴支持政策，三是倾斜性的财政和公共服务支持政策①。

（一）粮食产业发展支持政策

中国粮食生产补贴政策经过数次转型，目前普惠性的粮食产业发展支持政策主要包括以农田水利建设为主的农业基础设施建设补贴，以种粮大户补贴、农业支持保护补贴（耕地地力补贴）、实际种粮农民一次性补贴、农机购置补贴等为主的农业投入品补贴，中央财政会在补贴资金的安排上向粮食主产区倾斜②。

在粮食产业发展支持政策享受方面，粮食主产区省份平均享受的扶持资

① 根据数据可获得性，本文借助财政部中央对地方转移支付管理平台上的数据对上述三类利益补偿政策进行粗略分析。其中，粮食产业发展支持政策相关的一般/专项转移支付主要包括农业发展基金、农田建设补助资金、水利发展基金和重点生态功能区转移支付4项；产粮大县补贴支持政策相关的一般/专项转移支付主要包括产粮大县奖励资金和粮食风险基金2项；财政和公共服务支持政策相关的一般/专项转移支付主要包括县级基本财力保障机制奖补资金、城乡义务教育补助经费、公共卫生服务补助资金和基本养老金转移支付4项。数据来源：http：//www. mof. gov. cn/zhuantihuigu/cczqzyzfglbf/。

② 《农田建设补助资金管理办法》明确指出农田建设补助资金优先扶持粮食生产功能区和重要农产品生产保护区。《中央财政水利发展资金使用管理办法》规定水利发展资金支持范围包括农田水利建设，并优先用于粮食生产功能区农田及牧区饲草料地灌排工程设施建设及配套机耕道、农业灌排电力设施、灌溉计量设施建设。

金规模远大于非主产区省份，但是从单位粮食产量看来，非主产区省份扶持力度大于主产区省份，且两者之间的差距有扩大趋势。总体而言，全国各省份享受的粮食产业发展支持资金规模稳步上升，其中，农业发展基金和水利发展基金总体保持稳定，农田建设补助资金和重点生态功能区转移支付逐年增长。同时，除 2019~2021 年重点生态功能区转移支付外，主产区省份各类粮食产业发展支持资金规模均高于非主产区省份（见图 1）。主产区在获得更大资金总量的同时，往往也承担了更重的粮食生产任务。为科学评价主产区是否获得了倾斜支持，本文进一步将扶持资金折合到每吨粮食上，以比较单位粮食产量获得的扶持资金水平。结果发现，近年来，主产区省份每吨粮食获得的粮食产业发展支持资金基本稳定，但明显低于非主产区。2021 年，主产区省份每吨粮食获得的农业发展基金、农田建设补助资金和水利发展基金分别为 252.03 元/吨、99.11 元/吨和 63.19 元/吨，明显低于非主产区省份享受的 497.14 元/吨、217.88 元/吨和 331.98 元/吨，且两者间比值呈现扩大趋势，其中，农业发展基金由 2017 年的 1.59 扩大到 2021 年的 1.97，水利发展基金由 2017 年的 4.75 扩大到 2021 年的 5.25，农田建设补助资金方面比值有所缩小，由 2019 年的 2.64 缩小到 2021 年的 2.20。

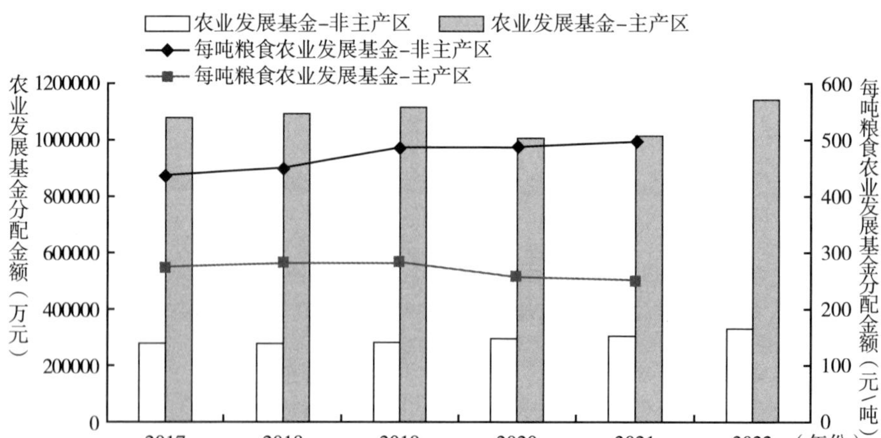

图1-1　农业发展基金分配情况

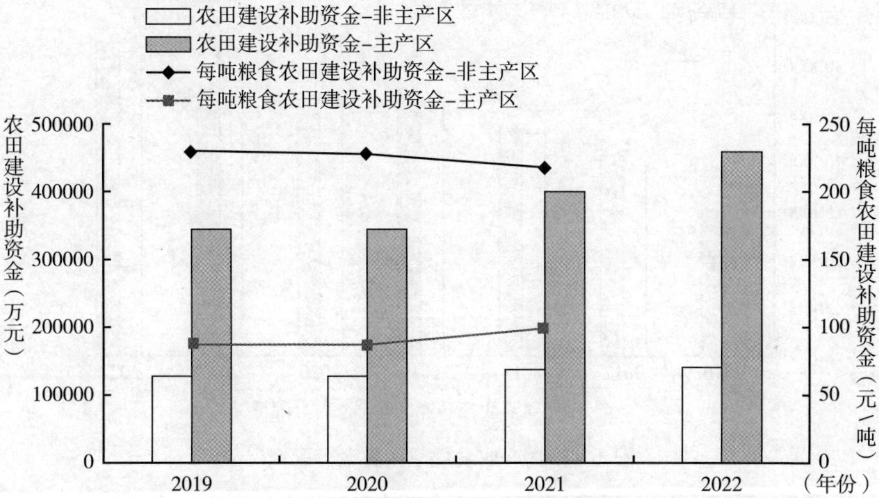

图1-2　农田建设补助资金分配情况

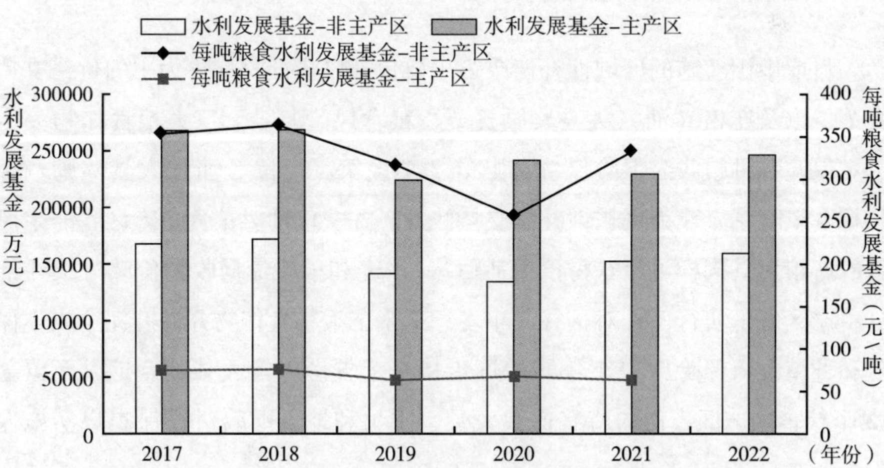

图1-3　水利发展基金分配情况

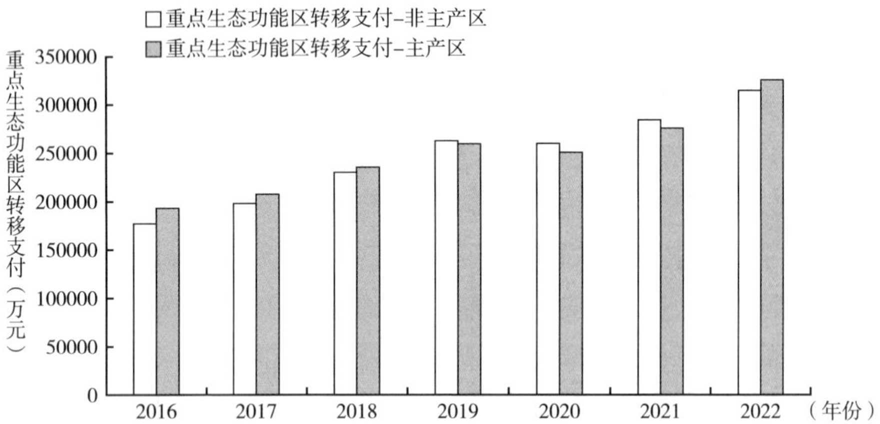

图1-4　重点生态功能区转移支付分配情况

图 1　粮食产业发展政策资金分配情况

资料来源：中华人民共和国财政部中央对地方转移支付管理平台，http：//www.mof.gov.cn/zhuantihuigu/cczqzyzfglbf/。

（二）产粮大县补贴支持政策

目前中国实施的区域性补偿政策主要包括以最低收购价为主的价格支持政策，以及产粮（油）大县奖励资金、粮食风险基金、三大粮食作物完全成本保险和种植收入保险保费补贴等 3 项政策。产粮（油）大县奖励资金和粮食风险基金作为区域性补贴支持政策，并非仅针对粮食主产区，非主产区的产粮大县同样可以获得该项补贴①。小麦和稻谷最低收购价政策仅在部分主产区省份实行。针对稻谷、小麦、玉米三大粮食作物开展的完全成本保险和种植收入保险，2021 年开始逐步从 6 个省份产粮大县试点扩大至覆盖 13 个粮食主产区省份的所有产粮大县，中央和地方财政对投保农户实施保

① 根据财政部印发的《产粮（油）大县奖励资金管理暂行办法》，共包含产粮大县奖励、产油大县奖励、商品粮大省奖励、制种大县奖励、“优质粮食工程”奖励五类，只有商品粮大省奖励是针对 13 个粮食主产区的专项奖励。

费补贴[①]。因此，严格来说，仅最低收购价政策、三大粮食作物完全成本保险和种植收入保险保费补贴政策为主产区特有的区域性政策，且后者仅针对主产区省份的产粮大县。

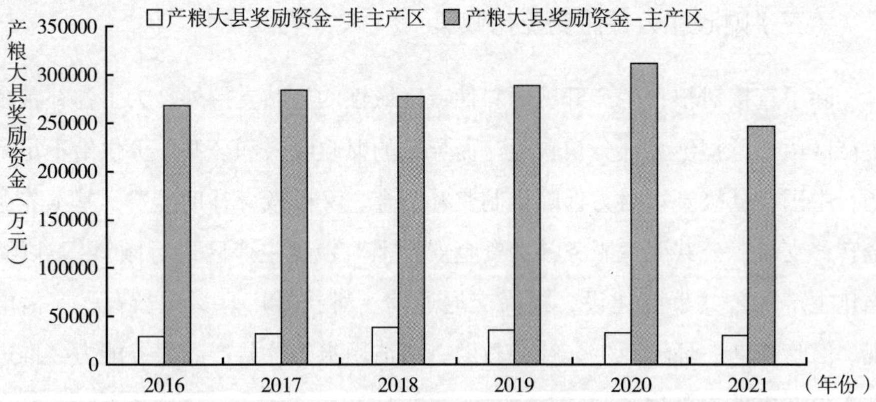

图 2　产粮大县奖励资金分配情况

资料来源：中华人民共和国财政部中央对地方转移支付管理平台，http://www.mof.gov.cn/zhuantihuigu/cczqzyzfglbf/。

在产粮大县补贴支持政策享受方面，粮食主产区省份平均每省享受的扶持资金规模远大于非主产区省份，产粮大县奖励资金总体保持增长，粮食风险基金规模维持不变。2016~2020 年，中国粮食主产区省份平均每省获得产粮大县奖励资金 28.57 亿元，资金规模由 26.82 亿元上升至 31.18 亿元，总体保持上升趋势。2016~2019 年，主产区与非主产区产粮大县奖励资金规模比值从 9.13：1 下降至 7.97：1，2020 年迅速扩大至 9.44：1。粮食风险基金作为平抑粮食市场价格的专项资金，自 2008 年中央一号文件要求“逐步取消主产区粮食风险基金配套”后，已于 2011 年全面取消地方配套资金，均由中央拨付补助款。自 2016 年

① 根据财政部印发的《关于扩大三大粮食作物完全成本保险和种植收入保险实施范围的通知》，2021 年覆盖粮食主产区省份大约 60%的产粮大县（500 个），2022 年覆盖到 13 个粮食主产区省份里面的全部产粮大县，所有农户都可以投保。

以来，粮食风险基金中央补助款安排未在省级层面进行过调整，主产区省份平均每省可获得补助款 11.76 亿元，是非主产区省份平均水平的 7.84 倍。

（三）财政和公共服务支持政策

除了直接对粮食生产开展倾斜性或区域性的补贴支持外，为了弥补粮食主产区由于承担绝大部分粮食生产而导致的财政收入和公共服务供给不足问题，中国在县级基本财力保障机制奖补资金、义务教育补助经费、基本养老金转移支付、公共卫生服务补助资金安排上对粮食主产区进行倾斜①，以此强化主产区公共事业建设，提高交通通信、科技推广、文化教育、广播电视、医疗养老、环境卫生、社会救助、清洁用水等公共产品服务能力，推进基本公共服务均等化。

在财政和公共服务支持政策享受方面，粮食主产区省份均享受的扶持资金规模高于非主产区省份，折算到相应人均水平上来看，主产区省份扶持力度呈加大趋势。粮食主产区在承担主要粮食生产任务的同时，财政收入增长受到较大限制，地方公共服务保障水平较非主产区省份更弱。为补足短板，中央在财政和公共服务支持资金上对主产区省份加以倾斜，自 2016 年以来，主产区省份享受的县级基本财力保障机制奖补资金、城乡义务教育补助经费、城乡居民养老保险中央财政补助资金和公共卫生服务补助资金，平均是非主产区省份的 1.69 倍、1.63 倍、2.52 倍和 1.74 倍。按照常住人口数量进行折算，2021 年主产区省份每人获得的县级基本财力保障机制奖补资金和公共卫生服务补助资金分别为 204.67 元和 8.73 元；按义务教育阶段在校生数量进行折算，2021 年主产区省份每人获得的城乡义务教育补助经费为 1064.42 元（见图 3）。尽管绝对水平均低于

① 《中央财政县级基本财力保障机制奖补资金管理办法》《城乡义务教育补助经费管理办法》《基本公共卫生服务补助资金管理办法》均明确要向地方财政收入不足的地区倾斜。以县级基本财力保障机制奖补资金为例，分配对象包括农业人口占辖区内总人口比重超过 50% 的县区，且引导地方各级财政将财力向基层、困难地区倾斜。

非主产区省份，但是两者之间的差距在不断缩小，并且相比于非主产区省份人均补助金额的下降趋势，主产区省份人均补助金额总体不断增长，甚至从 2020 年开始，主产区省份人均公共卫生服务补助资金超过非主产区省份。

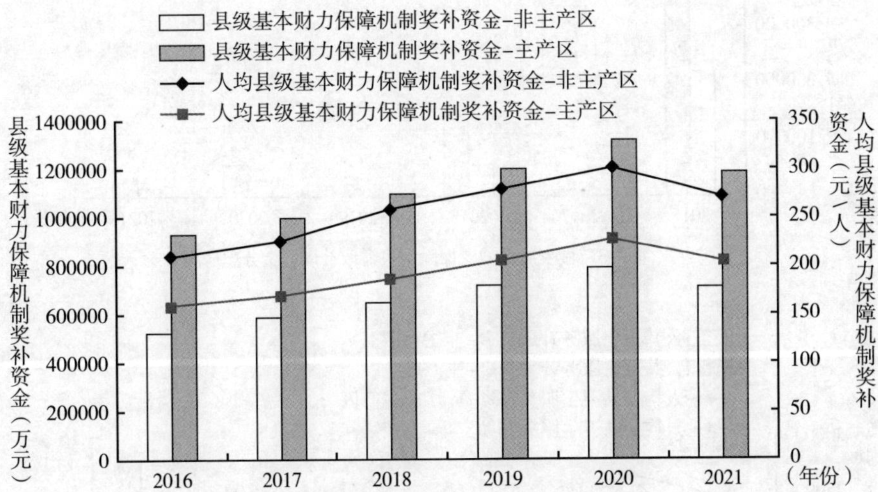

图3-1　县级基本财力保障机制奖补资金分配情况

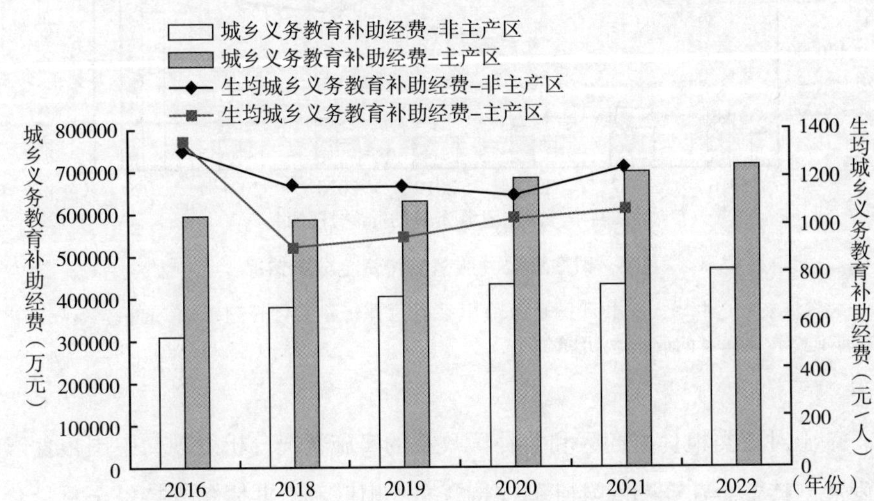

图3-2　城乡义务教育补助经费分配情况

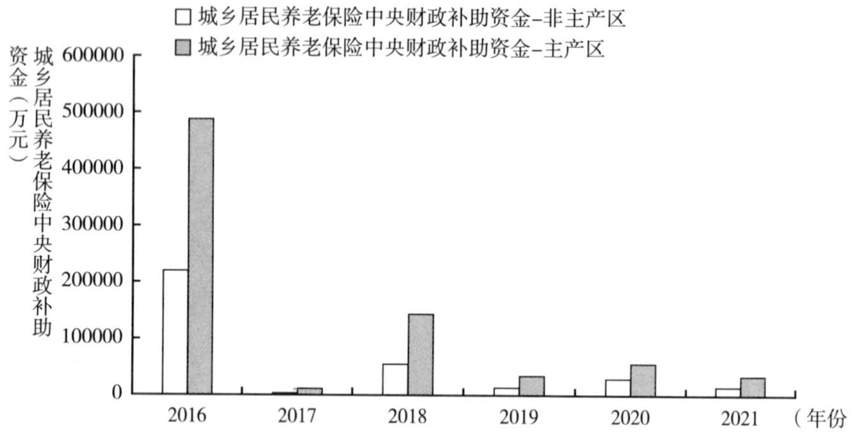

图3-3　城乡居民养老保险中央财政补助资金分配情况

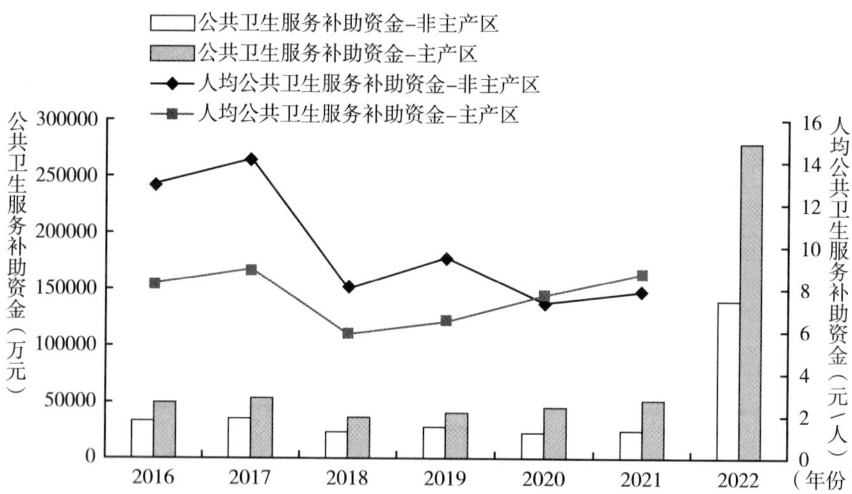

图3-4　公共卫生服务补助资金分配情况

图 3　财政和公共服务支持资金分配情况

资料来源：中华人民共和国财政部中央对地方转移支付管理平台，http：//www.mof.gov.cn/zhuantihuigu/cczqzyzfglbf/。

基于对三类粮食主产区利益补偿政策的实施状况分析发现，中国粮食产业发展支持资金、产粮大县补贴支持资金、财政和公共服务支持资金总量总体保持稳定或呈上升趋势，其中，对粮食生产的直接补偿资金总体保持稳定，对农业基础设施建设、公共服务支持资金总体呈上升趋势。主产区省份享受的补偿/补助/奖励资金总量均要高于非主产区省份，但按照粮食总产量、常住人口数量、义务教育阶段在校生数量进行折算后，主产区省份享受的单位产量/人口扶持力度绝大部分均低于非主产区省份。从对主产区和非主产区扶持力度的变化趋势来看，两者享受的粮食产业发展和产粮大县补贴支持资金扶持力度差距总体保持稳定，部分有扩大趋势，财政和公共服务支持资金扶持力度差距缩小趋势明显。

三　现行粮食主产区利益补偿政策的实施效果

在现行粮食主产区利益补偿政策下，主产区扛起了保障粮食安全的重大政治责任，粮食生产效率稳步提高，粮食作物播种面积占比逐年上升，为中国实现粮食安全目标提供了坚实保障。但是在粮食产业发展、农民增收、区域经济发展等方面，主产区与非主产区之间的差距仍在不断扩大[①]。

（一）粮食生产效率和种植结构

通过实施利益补偿政策，主产区粮食生产能力和生产效率实现了同步提升。从粮食单位面积产量看，2003~2021年，主产区省份粮食单位面积产量由4626.73公斤/公顷提高至6162.90公斤/公顷，平均产量为5499.27公斤/公顷，较非主产区省份高出615.80公斤/公顷（见图4）。同时期内，主产区省份粮食单位面积产量年均增长1.61%，较非主产区省份高出0.3个百分点。从粮食作物播种面积在农作物总播种面积中的占比来看，主产区省份粮食作物播种面积比重上升趋势明显，非主产区省份恰恰相反。2003~2021

① 财政部印发的《产粮（油）大县奖励资金管理暂行办法》对奖励资金用途做了明确规定，除产粮大县奖励中的常规产粮大县奖励资金作为一般性转移支付，由县级人民政府统筹安排使用外，其他奖励资金均被要求用于粮油产业发展。本文选取粮食生产效率和种植结构、粮食产业发展、农民收入、经济发展四个方面进行效果评价，主要是着眼于利益补偿政策的目标。通过比较粮食主产区和非主产区在上述四个方面的差距和变化趋势，简要说明当前利益补偿政策的效果。

年，主产区省份粮食作物播种面积占比由 66.98%提高至 75.15%，而非主产区省份由 60.43%下降至 57.12%。上述时期内，主产区省份粮食作物播种面积平均占比为 73.55%，高于非主产区省份 13.09 个百分点。产粮大县奖励政策对县域粮食生产的促进作用得到了一些研究的证实。

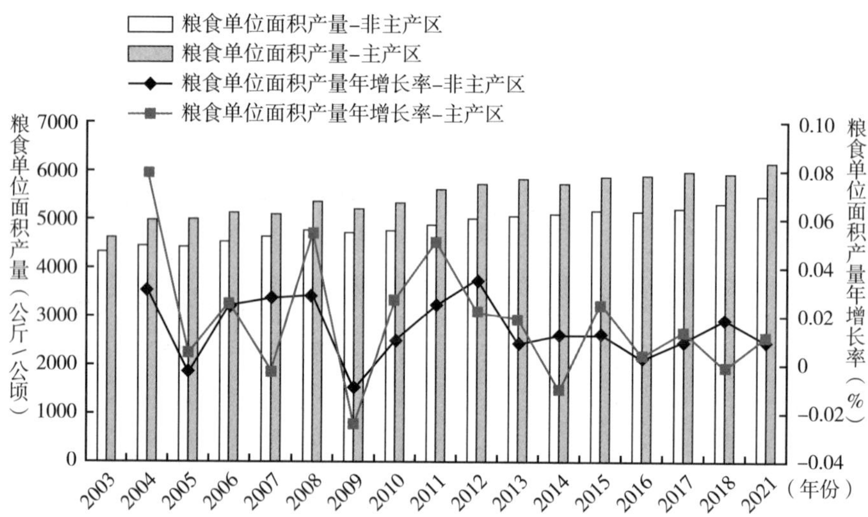

图4-1 粮食单位面积产量变化趋势

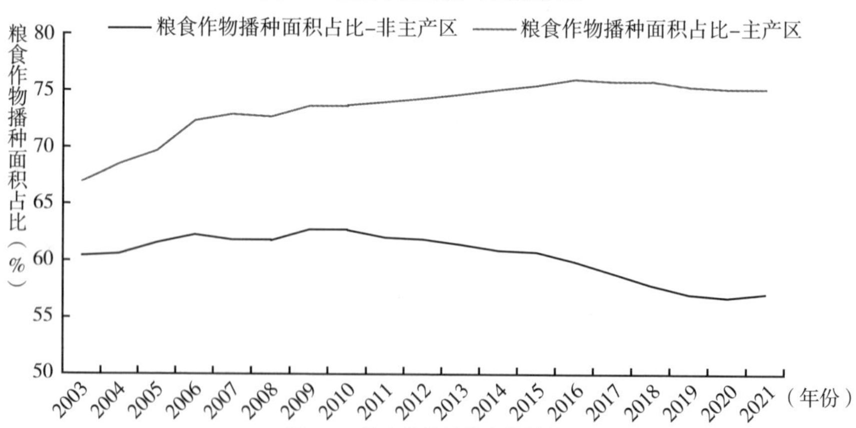

图4-2 粮食种植结构变化趋势

图 4 粮食单位面积产量和粮食种植结构变化趋势

资料来源：国家统计局。

（二）粮食产业发展

主产区粮食产业企业数量、规模大于非主产区，但存在利益流失风险。国家粮食和物资储备局统计资料数据显示[①]，2017~2020 年，主产区省份粮食产业平均工业总产值由 1626.14 亿元提高至 1746.12 亿元，年均增长 2.40%；利润总额平均从 75.49 亿元提高至 116.02 亿元，年均增长 15.4%。但从与非主产区省份的比较来看，尽管主产区省份粮食产业企业数量更多，粮食工业总产值和利润总额均有所增长，但粮食产业发展产生的利润更多地被非主产区省份享受。2020 年，主产区省份粮食产业平均利润总额仅相当于同期非主产区省份均值的 54.73%，主产区省份平均利润率[②]（6.64%）较非主产区省份低了 3.20 个百分点。在加工环节，主产区省份粮食产业企业数量明显高于非主产区省份，其中，成品粮油加工企业、饲料企业、养殖企业数量差距有所下降，食品及副食酿造企业、粮食深加工企业、粮油机械制造企业数量差距仍在不断扩大。在流通环节，中国粮食流通方向发生逆转，“北粮南运”取代“南粮北调”，且粮食输出省份更为集中。2003 年全国有 13 个粮食调出省，2008 年减少到 8 个，2022 年仅剩黑龙江、河南、内蒙古、吉林、安徽 5 个省区。其中，黑龙江粮食调出量最大，约占全国的 1/3；河南每年向省外调出原粮及制成品 600 多亿斤，同时是全国第一小麦调出大省；内蒙古粮食净调出量从 2015 年的 30 亿斤增至 2019 年约 200 亿斤，增长了 5.67 倍；安徽作为南方唯一粮食净调出省，每年调出粮食 200 亿斤左右[③]。主产区往往以较低价格向粮食需求区销售，而主销区却可以通过粮食精深加工和流通赚取更高的利润，粮食主产区和主销区之间存在利益倒挂。

---

① 国家粮食和物资储备局主编，2017 年、2018 年、2021 年《中国粮食和物资储备年鉴》，人民出版社，2018 年、2019 年、2022 年。

② 利润率=利润总额/工业总产值。

③ 资料来源于河南省农业农村厅一项调研报告，详见于《瞭望》2019 年发表的《五大净调出省区观粮情》一文，https://baijiahao.baidu.com/s?id=1652853267946844721&wfr=spider&for=pc。

表 1 主产区和非主产区省均粮食产业企业数量

单位：家

粮食产业企业		非主产区			主产区		
		2017 年	2018 年	2020 年	2017 年	2018 年	2020 年
成品粮油加工企业	小麦粉加工企业	39.11	35.00	36.00	166.23	150.77	147.54
	大米加工企业	114.50	104.81	107.19	651.92	626.92	627.08
	食用植物油加工企业	28.83	26.33	26.89	86.85	85.92	88.69
饲料企业		56.78	56.22	56.83	214.54	205.38	206.69
养殖企业		10.59	9.75	9.06	25.23	20.92	20.31
食品及副食酿造企业		39.82	40.88	45.18	90.54	98.08	137.92
粮食深加工企业	制酒企业	15.63	15.44	15.69	30.00	30.00	35.31
	酒精企业	1.78	2.13	2.00	7.09	6.55	6.50
	淀粉企业	4.80	4.44	4.25	15.23	15.23	13.92
粮油机械制造企业		3.29	4.33	5.00	13.33	14.89	18.89

资料来源：国家粮食和物资储备局主编，2017 年、2018 年、2021 年《中国粮食和物资储备年鉴》，人民出版社，2018 年、2019 年、2022 年。

（三）农村居民收入

粮食主产区农村居民人均可支配收入增速快于非主产区，但是两者间绝对差距仍在不断扩大。2003~2021 年，粮食主产区省份农村居民人均可支配收入由 2696.77 元提高至 19043.62 元，年均增长 11.47%，较非主产区省份高出 0.31 个百分点（见图 5）；与此同时，两者间比值不断下降，非主产区省份农村居民人均可支配收入与主产区省份间比值由 1.11∶1 下降至 1.06∶1。但不可忽视，两者间绝对值差距仍在不断扩大，2003 年两者差距为 306.45 元，到 2021 年迅速扩大到 1127.88 元，差距年均增长 7.51%。主产区省份农村居民作为粮食生产的重要主体，保障其收入稳步提高并不断缩小群体间收入差距，仍是下一步开展主产区利益补偿的核心目标之一。

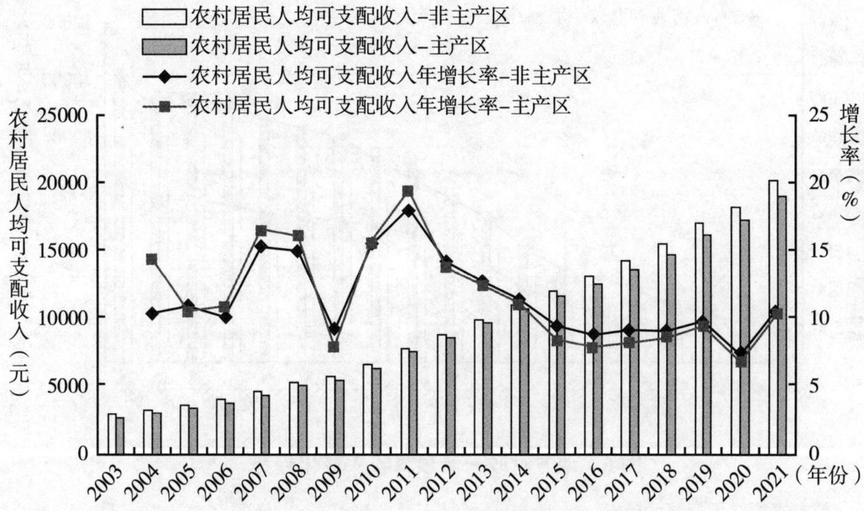

图5　农村居民人均可支配收入变化趋势

资料来源：国家统计局。

（四）经济社会发展

与农村居民收入的情况相似，主产区地方财政一般预算收入增速快于非主产区，但是两者间绝对差距仍在不断扩大。2003~2021年，主产区省份地方财政一般预算收入由340.64亿元提高至3922.98亿元，年均增长14.54%，较非主产区省份增速高出0.24个百分点（见图6）；同时期内，主产区省份地方财政一般预算收入均值为2109.48亿元，较非主产区省份高385.60亿元。但按照常住人口数量折算出人均地方财政一般预算收入后分析结果截然相反。2003~2021年，主产区省份人均地方财政一般预算收入均值为3500.19元，较非主产区省份低2049.45元。非主产区省份人均地方财政一般预算收入与主产区省份间比值由1.97∶1下降至1.57∶1。尽管比值不断下降，但不可忽视，两者间绝对值差距仍在不断扩大。2003年，两者差距为566.13元/人，到2021年扩大到3583.82元/人。

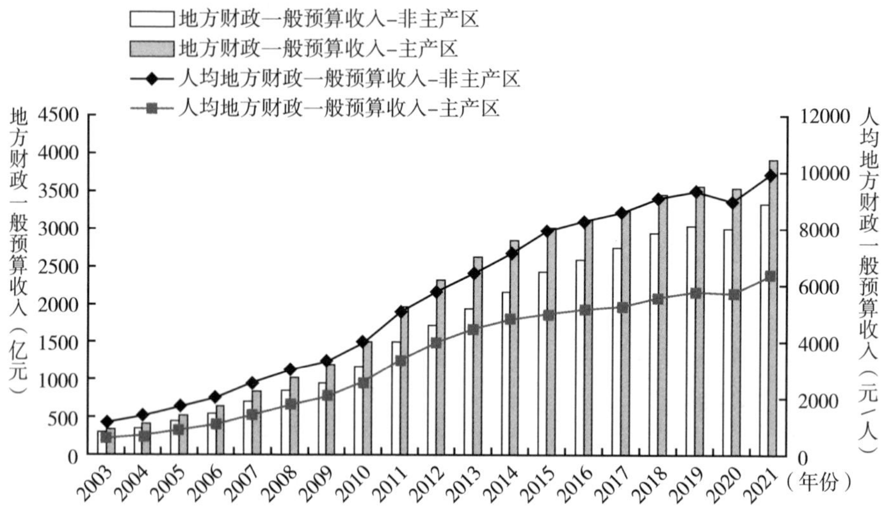

图 6　地方财政一般预算收入变化趋势

资料来源：国家统计局。

四　现行粮食主产区利益补偿政策存在的问题

中国当前的粮食主产区利益补偿政策是一种以财政转移支付为主的纵向补偿机制，从对粮食主产区进行利益补偿的根本出发点来看，现行机制存在以下几个方面的问题。

（一）补偿资金规模不足以调动粮食主产区“保粮”主动性

粮食主产区特别是粮食调出大省长期面临财政困难，其人均一般公共预算收入和农村居民人均可支配收入大多低于全国平均水平。如产粮大省黑龙江、河南和吉林的粮食产量分别排在全国第一位、第二位和第五位，人均财力却排在全国倒数第三位、第四位和第六位。中央从 2005 年起启动实施产粮大县奖励政策，以缓解产粮大县财政困难，到 2021 年财政奖补资金规模已达到482亿元，覆盖全部产粮大县①。虽然中央财政不断加大产粮大县奖励力度，但对财政缺口的弥补效果仍然有限。从涉农支出占一般公共预算支出的比重来看，2016~2021年，主产区涉农支出②平均占比12.46%，较非主产区占比（12.09%）略高。而主产区获得的产粮大县奖励资金仅相当于同期涉农支出的3.26%，相当于同期地方财政一般预算收入的1.21%。有研究发现，产粮大县的经济发展并未从产粮大县奖励政策中获益。“多产粮”的奖励和“多产粮”的投入并不相称，不仅影响粮食主产区“保粮”积极性，更制约粮食综合生产能力的提升③。

（二）补偿资金使用并没有有效转化为农民种粮积极性

农民是种粮主体，随着种粮机会成本的提高，面向主产区的利益补偿不仅要考虑政府因“保粮”而产生的财政损失，也要考虑农民种粮的高机会成本。而且，政府“保粮”的关键亦是农民种粮，如果农民种粮收益不能得到保障，无人种粮也将会演化为难以“保粮”。当前的三类粮食主产区补偿政策中，有不少资金是用于夯实粮食生产基础、推进粮食产业发展的，但都未能有效转化为农民的种粮收益，自然也无法提高农民的种粮积极性。一方面，补贴资金带来的收入效应在下降。农民种粮获得的补贴资金规模本身不大。以粮食主产省江苏为例，2022年耕地地力保护补贴亩均120元，由于江苏省人多地少，户均耕地面积1亩左右，有的不到0.5亩，最后落实到每个农户的补贴额不到100元，少的甚至只有20多元，而持续上涨的农业生产成本则进一步抵消了种粮补贴的收入效应。另一方面，用于粮食主产区粮食产业发展的资金尚未形成优质优价的益农格局，农民在产业发展中的获益偏少。

① 资料来源于农业农村部对十三届全国人大四次会议第8256号建议的答复，详见于http://www.moa.gov.cn/govpublic/FZJHS/202107/t20210713_6371690.htm。

② 涉农支出=地方财政农林水事务支出+地方财政粮油物资储备管理等事务支出。

③ 当前，确保粮食安全的政治责任是地方政府“保粮”最重要的决定因素。

（三）完全依靠纵向补偿无法解决粮食主产区的发展问题

单纯依靠增加纵向补偿的资金规模解决粮食主产区面临的问题需要有充足的中央财政支持，长远看很难持续。在纵向补偿之外，是否还存在其他低成本、可持续的补偿方式，目前看还缺乏探索。一是中国尚未构建起粮食主销区对主产区的横向补偿机制。确保国家粮食安全，粮食主产区和非主产区都应该扛起各自责任，但前者如今付出了更大的代价。在当前的粮食产业链条中，主产区主要发挥生产功能，通过原粮销售获得较低收益，而粮食加工、流通和产品销售更多的是在主销区完成，主销区也因此获得了粮食产业链上的大部分利润。从保障国家粮食安全的整体布局出发，让主产区共享粮食产业链延长和粮食附加值提升带来的效益是极为必要的，因此需要探索对主产区的横向补偿机制。二是引导金融和社会资本参与主产区粮食产业发展的市场化利益补偿机制基本缺位。当前对粮食主产区的三类利益补偿政策都是利用财政资金进行“输血”，如果能够引入金融和社会资本培育出“造血”机制将会是更有效的利益补偿方式。撬动金融和社会资本投资粮食产业需要出台具有引导作用的优惠政策。

五　创新粮食主产区利益补偿机制的思路

按照 2023 年中央一号文件的要求，中国将会很快启动实施新一轮千亿斤粮食产能提升行动，健全主产区利益补偿机制势在必行。为此，本报告提出“扩大、补齐、引导”的机制创新思路。

（一）扩大财政转移支付规模

粮食主产区是保障国家粮食安全的主导力量，但多年来“背着包袱抓粮食，抓了粮食背包袱”的困境始终难以改变。面对动荡的国际局势，保障国家粮食安全的战略意义进一步提升，扩大对粮食主产区的财政转移支付规模，提高粮食主产区的“保粮”主动性已然成为确保“把饭碗牢牢端在自己手中”的必然要求。同时，要更加突出提升粮食综合生产能力的资金使用导向。包括加强主产区中低产田改造和集中连片、旱涝保收的高标准农田建设、优良品种繁育和农技推广等粮食生产配套设施建设；鼓励实施大型商品粮基地建设、优质粮食产业工程，推广粮食绿色高质高效技术模式，提高主产区粮食产业发展水平，补齐主产区粮食产业发展短板；减少耕地过度开发，将保护与利用相结合，通过加大对土壤深松、秸秆还田、休耕轮作等综合措施的补贴保护土壤耕层和有机质。

（二）补齐非粮食主产区责任分担机制

补齐非粮食主产区责任分担机制，既有利于减轻粮食主产区的发展压力，也是2023年中央一号文件提出“地方抓粮担责尽义”的应有之义。一是强化非粮食主产区的粮食生产责任，确保粮食播种面积不下降、产量不降低、质量有提升。二是尽快探索建立粮食产销区横向利益补偿机制。由中央统筹规划，以各省（区、市）的粮食调入调出情况为主要依据，综合考虑地区自然资源禀赋、粮食生产稳定性、生态发展规划等现实情况差异，科学合理确定补偿主体、补偿标准、考核目标、奖惩措施等，同时加强绩效管理，强化硬约束作用。三是构建粮食产业发展共同体。鼓励主产区和产销区共建粮食生产基地、仓储设施、加工园区和营销网络，从简单的粮食产销关系转变为产业链合作关系，逐步形成多元化、规模化、现代化的粮食产销合作新格局，共享粮食产业发展效益。

（三）引导金融和社会资本参与发展主产区的粮食产业

引入金融和社会资本是激活粮食主产区内生发展动力的关键，要通过政策引导，为主产区的粮食产业发展注入更多市场力量。一是通过税收优惠政策鼓励企业到主产区投资，发展粮食精深加工业，参与优质粮食工程建设，培育粮油品牌，改变粮食主产区面临的粮食生产与粮食加工转化分离的状态，把粮食产业的更多收益留在产地。二是引导政策性、开发性金融机构对粮食主产区发展粮食产业所需要的基础设施进行投资，撬动更多中长期信贷资金高效率、低成本倾斜流入粮食主产区，同时鼓励各类金融机构在风险可控、商业可持续的前提下，创设适用于粮食主产区产业发展的专属金融产品，以粮食产业高质量发展助推粮食主产省整体发展。

参考文献

程名望、黄甜甜、刘雅娟：《农村劳动力外流对粮食生产的影响：来自中国的证据》，《中国农村观察》2015 年第 6 期。

崔宁波、董晋：《主产区粮食生产安全：地位、挑战与保障路径》，《农业经济问题》2021 年第 7 期。

韩杨、胡凌啸：《在构建新发展格局中以农业现代化助推农村现代化——东北粮食主产区在建设农业强国中的战略定位与路径优化》，《中国发展观察》2022 年第 11 期。

黄季焜：《对近期与中长期中国粮食安全的再认识》，《农业经济问题》2021 年第 1 期。

姜长云、李俊茹、王一杰等：《近年来我国农民收入增长的特点、问题与未来选择》，《南京农业大学学报》（社会科学版）2021 年第 3 期。

李国祥：《新时代国家粮食安全的目标任务及根本要求——学习习近平关于国家粮食安全论述及十九届六中全会相关精神的体会》，《中国农村经济》2022 年第 3 期。

刘慧：《健全粮食主产区利益补偿机制》，《经济日报》2022 年 11 月 17 日。

罗万纯：《中国粮食安全治理：发展趋势、挑战及改进》，《中国农村经济》2020 年第 12 期。

王济民、张灵静、欧阳儒彬：《改革开放四十年我国粮食安全：成就、问题及建议》，《农业经济问题》2018 年第 12 期。

辛翔飞、王济民：《须高度重视我国粮食净调出省份过度集中》，《宏观经济管理》2016 年第 10 期。

魏后凯、王业强：《中央支持粮食主产区发展的理论基础与政策导向》，《经济学动态》2012 年第 11 期。

伍骏骞、张星民：《粮食生产激励能促进农民增收和县域经济发展吗？——基于产粮大县奖励政策的准自然实验》，《财经研究》2023 年第 1 期。

武舜臣、赵策、胡凌啸：《转变中的粮食安全观：理论期待与新粮食安全观的构建》，《农业经济问题》2022 年第 3 期。

张红宇：《主产区和种粮农民积极性稳定增长机制研究》，《农村经济》2005 年第 3 期。

赵和楠、侯石安：《产粮大县奖励政策促进了县域粮食生产吗？——来自河南县域面板数据的证据》，《地方财政研究》2021 年第 11 期。

朱晶、臧星月、李天祥：《新发展格局下中国粮食安全风险及其防范》，《中国农村经济》2021 年第 9 期。

G.14
中国耕地撂荒现状、原因及治理策略

李婷婷　刘长全*

摘　要： 耕地撂荒不仅造成土地资源的极大浪费，且对中国粮食安全构成一定威胁。研究发现，21世纪以来中国耕地撂荒现象普遍，撂荒率在5.86%左右波动。当耕地越细碎、坡度大于15°时撂荒现象最严重。但是，中国耕地撂荒还由高海拔向低海拔地区转移。此外，中国耕地撂荒的空间转移和区域差异带来几个突出问题。中国耕地撂荒重心向南转移与南多北少的水资源空间分布形成错位将加剧水-土失衡；平衡区和主销区的耕地撂荒现象更严重，增加了中国粮食自给战略实现的压力；补充耕地撂荒率始终高于原有耕地，影响耕地占补平衡政策的实施效果。中国耕地撂荒的诱因主要包括农业比较效益低、土地流转机制不畅和占优补劣的补充耕地策略。建议多举措提高农业比较收益、破解农业人力资本短缺问题；打破耕地流转中的高租金、难转出和土地制度约束等障碍；完善耕地保护和粮食安全“党政同责”监督机制。

关键词： 耕地撂荒　土地资源　粮食安全

随着全球气候变化、人口不断增长和城市化迅速发展，粮食安全问题和

* 李婷婷，理学博士，中国社会科学院农村发展研究所助理研究员，主要研究领域包括农业区划及资源配置、土地利用转型；刘长全，经济学博士，中国社会科学院农村发展研究所研究员，研究方向为粮食安全、奶业经济。

政策一直是国际社会关注的热点。中国利用全球9%的耕地养活约18%的人口，人多地少突出的基本国情，决定了粮食安全是中国长治久安的重要基础。伴随快速城镇化和工业化过程，大量农业劳动力脱离农业进入非农产业，耕地撂荒普遍发生，不仅造成耕地资源的极大浪费，对中国粮食安全也构成一定威胁，而且撂荒的耕地容易引起水土流失和沙化等生态问题。相比耕地数量减少和质量退化，耕地撂荒具有隐蔽性，实际撂荒耕地信息的提取难度较高。综观中国耕地撂荒特征的研究，就研究尺度和手段而言，大多数是针对县、乡（镇）尺度的研究，一般通过实地调查揭示耕地撂荒的时空特征。这类调查主要集中于地形比较复杂、农业生产条件较差的山区，且多以村庄为调查对象。对国家尺度撂荒耕地的空间分布及其演变特征的认识非常有限，从而对国家层面与耕地撂荒相关的决策支持相对较弱。本文利用土地覆被数据和归一化植被指数等遥感数据，借鉴复种指数研究方法来提取全国范围内的耕地和补充耕地撂荒的时空变化特征，提供了一个新途径去认识全国耕地撂荒情况。耕地撂荒识别精度受到遥感数据质量、时空分辨率、参数设置等影响，意味着测算结果是对真实情况的一个近似，但总体趋势是可接受的。

一　识别方法、数据处理和来源

（一）识别方法与认定标准

首先基于土地覆被数据识别耕地，再基于归一化植被指数（Normalized Difference Vegetation Index，NDVI）识别每块耕地的复种指数，进而判断耕地利用情况以及是否抛荒。耕地某年的复种指数为0则意味着当年耕地被完全闲置撂荒。耕地复种指数下降但仍在种植，比如从种植两季降为种植一季，则是存在季节性撂荒。本文重点关注完全撂荒的情况。另外，由于《中华人民共和国土地管理法》明确规定“农村土地闲置超过两年以上，将会被村集体组织收回”，本文进一步将撂荒限定为连续两年及以上复种指数为0的情况。

（二）数据处理

复种指数的识别是基于 NDVI 波峰波谷的变化完成的。一个完整的“波谷—波峰—波谷”变化被认定为一季种植。其中，“波谷”是连续三个月的 NDVI 值出现先降后升变化的中间时点，“波峰”则是连续三个月的 NDVI 值出现先升后降变化的中间时点。但是，由于遥感图像在成像过程中极易受到云的干扰，NDVI 存在波动，导致小幅变化的“伪波谷”“伪波峰”的存在。为消除这些干扰因素的影响，本文首先利用 Savitzky-Golay 滤波方法对 NDVI 指数进行平滑，再设定波峰时 NDVI 值的最低阈值、波峰与波谷 NDVI 值落差的最低阈值，剔除“伪波谷”“伪波峰”，进而识别“真实波峰”“真实波谷”并计算复种指数。剔除“伪波谷”“伪波峰”的具体判定标准：①为消除 NDVI 值的波动构成的干扰“峰”，设置波峰的 NDVI 数值阈值≥40%，该值为参考相关研究与试验后的经验值；②为消除生长季之外的“峰”以及越冬作物的冬前峰的影响，峰值出现时间限定在 3~10 月；③波谷与其前后波峰同时小于 12 个月 NDVI 的最大值和最小值之差的 20%时，则界定为“伪波谷”，将其剔除；④波峰与其前后波谷的 NDVI 差值不能同时小于该栅格 12 个月 NDVI 的最大值和最小值之差的 20%，否则界定为“伪波峰”，并将其剔除。

（三）数据来源

归一化植被指数是单位像元[①]内的植被类型、覆盖形态、生长状况等的综合反映，其大小取决于植被覆盖度和叶面积指数等要素。本文所使用的归一化植被指数是基于连续时间序列的 MODIS/Terra 遥感数据，采用最大值合

① 单位像元：像元是栅格数据的最小单位，也是反映遥感影像特征的重要标志。栅格数据：就是将空间分割成有规律的网格，每一个网格称为一个单元，并在各单元上赋予相应的属性值来表示实体的一种数据形式。叶面积指数：指单位土地面积上植物叶片总面积占土地面积的倍数。时相：环境条件中温、湿度等都具有明显的周期性，如日周期、月周期和年周期。随着环境条件的周期性变化，群落中各种生物的生长发育都相应有规律地进行，使群落表现出不同的时相。

成法（MVC）生成的2001~2020年逐月植被指数数据，空间分辨率为1km×1km。一年内农作物播种、出苗、抽穗、成熟及收获等物理生长过程，反映在NDVI时间曲线上呈现波动变化，其波峰所对应的是农作物群体生物量最大的时相。

土地覆被数据为2001~2020年的栅格数据，空间分辨率为30m×30m，数据为武汉大学杨杰和黄昕教授团队基于Landsat影像，结合随机森林分类器得到分类结果，并提出一种包含时空滤波和逻辑推理的后处理方法，进一步提高土地覆被数据集的时空一致性。最后，基于5463个目视解译样本，判断土地覆被数据集的总体精度达80%。

高程①和坡度数据为空间分辨率为500m×500m的栅格数据，由中国科学院地理科学与资源研究所资源环境科学与数据中心提供。

二 中国耕地撂荒的总体特征和突出问题

（一）中国耕地撂荒的总体特征

1. 21世纪以来中国耕地撂荒现象普遍，撂荒率在5.86%左右波动

耕地撂荒是农户基于收益最大化原则，对人力资本与耕地资源结合与否的理性行为选择，受到多重宏微观因素综合影响。研究结果显示（见图1），21世纪以来中国耕地撂荒现象普遍，撂荒率在5.86%左右波动。2002~2004年耕地撂荒率由6.26%降到3.96%，年均减少1.15个百分点。2004年耕地撂荒面积为0.73亿亩，在研究期内耕地撂荒面积最小。2004~2009年耕地撂荒快速增加，撂荒率增加了3.43个百分点，2009年耕地撂荒率达到研究期内的最高值，为7.39%，耕地撂荒面积也高达1.50亿亩，在研究期内撂荒面积最大。2009~2013年耕地撂荒有所缓解，同期中国政府不断提高了粮食收购价格，一定程度增加了粮食收益，到2013

① 高程是地面上某点到某一水平面的垂直距离。

年耕地撂荒率降为 4. 92%，年均减少 0. 62 个百分点。此后粮食价格支持政策红利逐渐被削弱，耕地撂荒再次缓慢加剧，到 2019 年耕地撂荒率达到 6. 83%。2019 年 19. 18 亿亩耕地中有 1. 31 亿亩撂荒。年均 1 亿多亩的耕地撂荒面积一方面导致粮食总产量减少，影响国家的粮食安全，与中国耕地资源稀缺、大量农产品依赖进口的现象相矛盾。另一方面，大量撂荒耕地意味着中国粮食增产和调结构运作空间潜力大。值得注意的是，2020 年耕地撂荒现象快速减少，耕地撂荒率降到 4. 87%，较上年大幅下降了 1. 95 个百分点，是 2002 年以来最大年均降幅。2020 年耕地撂荒面积降为 0. 93 亿亩，净复垦耕地 3800 万亩。在缺乏失业保险等社会保障的情况下，滞留家乡的外出务工人员通过复垦撂荒耕地增加收入来源，使得 2020 年耕地撂荒率大幅降低，充分发挥耕地提供稳定就业和持续增收的社会承载功能。

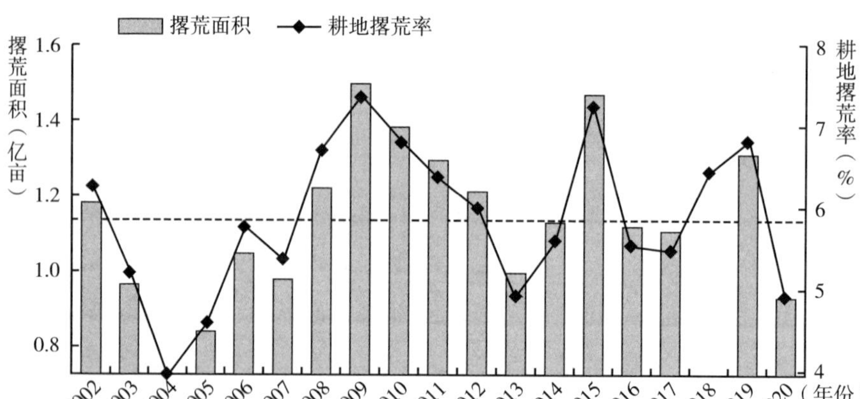

图 1　2002~2020 年中国耕地撂荒面积和撂荒率

资料来源：撂荒面积由国家公布耕地面积和耕地撂荒率相乘得到。2002~2017 年耕地面积数据来自《中国国土资源统计年鉴》；2019~2020 年耕地面积数据来自中华人民共和国自然资源部网站公布，2018 年耕地面积缺失。2009 年开始耕地面积统计口径发生变化，与 2008 年及以前耕地面积不可比。

2. 土地细碎化导致耕地撂荒现象愈加严重

耕地撂荒还受到土地细碎化程度的影响，本文基于两个视角对其进行分析。首先，构建耕地撂荒概率和撂荒率指标。顾名思义，耕地撂荒概率测度撂荒耕地地块数占耕地总地块数的比重，而耕地撂荒率测度撂荒耕地面积占耕地总面积的比重。2002～2020 年中国耕地撂荒概率始终高于耕地撂荒率，平均高出 4.32 个百分点，这是因为小规模、细碎化的耕地更容易被撂荒，耕地规模化能有效抑制耕地撂荒，而细碎化会导致耕地撂荒现象愈发严重。为进一步验证该结论，对比了不同耕地规模的耕地撂荒率。耕地面积在单元格内的占比一定程度上可表征耕地的规模化和细碎化程度。占比越高，耕地规模化程度越高，相反，占比越低，耕地细碎化程度越严重。结果如表 1 所示，当耕地占比为 50%～60%时，耕地撂荒率最高，2002～2020 年平均撂荒率高达 11.36%，2009 年撂荒率甚至高达 13.20%。随着耕地占比的提升，耕地撂荒率相应降低。当耕地占比为 60%～70%时，2002～2020 年耕地撂荒率平均为 9.06%，比前者降低 2.30 个百分点。耕地占比为 90%～100%时，耕地平均撂荒率最低，只有 2.80%，2004 年撂荒率只有 1.85%。

究其原因，耕地细碎化主要通过三条路径导致撂荒。一是耕地细碎化带来资源配置效率低下和规模经济损失，农户基于家庭收益最大化选择弃耕。二是耕地细碎化还将阻碍农业机械化。当前农业人口的非农转移和农业劳动力的弱质化导致农业劳动力数量减少、质量降低，亟须增加农业机械投入有效替代劳动力。但是耕地细碎化不利于机械大规模使用，无法实现对劳动力的替代而导致撂荒。三是耕地细碎化阻碍其流转。相比集中连片的耕地，细碎化耕地在流转时面临高昂的协调成本，使得闲置耕地无法有效流转。

表 1　关键节点年份不同耕地规模区间内耕地撂荒率

单位：%

耕地占比	2002 年	2004 年	2009 年	2013 年	2019 年	2020 年	2002~2020 年年均
50%～60%	11.40	8.09	13.20	10.50	12.90	9.20	11.36
60%～70%	9.18	6.15	11.00	8.10	10.40	7.27	9.06
70%～80%	7.07	4.52	8.41	5.82	7.77	5.35	6.74
80%～90%	5.33	3.24	6.16	3.77	5.54	3.63	4.70
90%～100%	3.88	1.85	4.22	1.89	3.17	2.06	2.80

3. 耕地撂荒现象的发生逐年由高海拔的西部向低海拔的东部转移

中国地势西高东低，撂荒耕地的海拔变化可反映其在东西向的区位转移。从图 2 可知，2010 年后撂荒耕地持续由高海拔的西部向低海拔的东部转移。2010 年撂荒耕地的平均海拔约为 1081 米，2019 年降为 912 米，年均下降约 19 米。虽然 2020 年出现了对撂荒耕地大量复垦的逆趋势，但撂荒耕地的平均海拔出现了持续降低的正趋势，同比降低了 77 米。由此说明，2020 年大量滞留家乡的外出务工人员复垦大量海拔高于 912 米的撂荒耕地，此类耕地大多数位于中国中西部的第二阶梯。

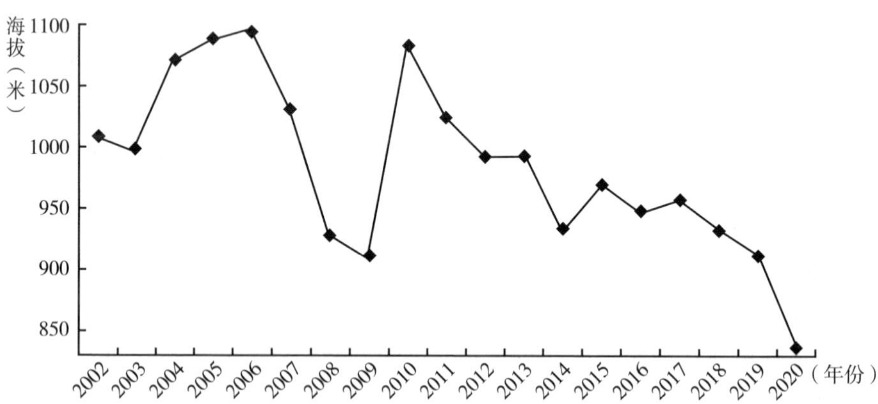

图 2　2002~2020 年中国撂荒耕地的平均海拔

4. 坡耕地和陡坡地的撂荒程度最高，对农户依然能提供就业和增收等保障功能

耕地资源基础环境是人类对耕地利用方式选择的依据。坡度作为耕地最重要的资源禀赋，通过影响耕地保水、保肥和耕作便利等直接决定产出，是农户对耕地进行经济效益权衡的基础。[①] 图 3 表示，坡度低于等于 2°的耕地具有较好的保水、保肥功能和便利的耕作条件，长期保持着最低的撂荒率，

① 《土地利用现状调查技术规程》对耕地坡度分为五级，即≤2°、2°~6°、6°~15°、15°~25°、>25°（区间为上含下不含），坡度≤2°的视为平地，6°~25°的耕地称为坡耕地，25°以上的耕地属于陡坡耕地。

年均撂荒水平为4.81%，比全国平均水平低1.06个百分点。坡度为2°~6°的耕地年均撂荒率为6.98%，略高于全国1.12个百分点。坡度6°~15°的耕地已属坡耕地，水土流失等弊端开始显现，2010年撂荒率甚至达到15.91%，年均撂荒率也比全国高6.08个百分点。15°以上的坡耕地和陡坡耕地水土流失率几乎为100%，严重制约作物产量的大幅度提高。无论是基于农业低收益将人力资本与耕地进行剥离的主动退出策略，还是在退耕还林还草等外部力量推动下被动完成的退出行为，此类耕地撂荒程度最高，年均撂荒率分别为17.43%和12.74%，且经历了长期的增长趋势。值得注意的是，2020年5个等级坡度内的耕地撂荒率均有所下降，即使是生产条件差的坡耕地和陡坡耕地在对冲外部危机时依然为农户提供了就业和增收等保障功能。

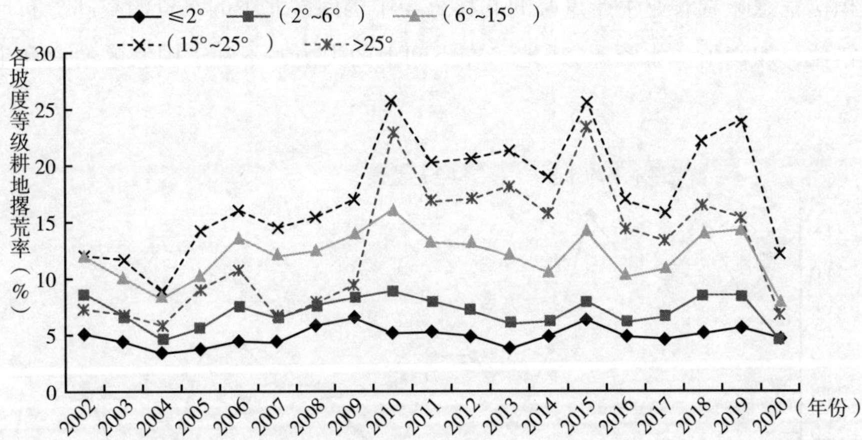

图3　2002~2020年中国不同坡度范围内耕地撂荒率

（二）中国耕地撂荒面临的突出问题

1. 中国耕地撂荒重心向南转移与南多北少的水资源空间分布形成错位

中国耕地撂荒地块的平均纬度反映了耕地撂荒现象在南北方向的空间转移规律。平均纬度越高意味着北方耕地撂荒现象越严重，农业生产重心南移。反之，平均纬度越低意味着南方耕地撂荒现象越严重，农业生产重心北移。从图4可知，2002~2020年中国撂荒耕地的平均纬度逐步南移，即农业生产重心北移。2002 年撂荒耕地的平均纬度为 34.39°，2002~2007 年撂荒耕地的平均纬度一直在秦岭-淮河线的北界南北波动①。2008 年开始撂荒耕地的平均纬度向南大幅转移，并沿着秦岭-淮河线的南界上下波动。2019 年撂荒耕地的平均纬度最低，为 31.42°，比秦岭-淮河线南界还低 0.66°，意味着低纬度的南方地区有更多耕地撂荒，同时农业生产重心大幅北移。究其原因，南方地区以山地、丘陵地形为主，不利于农业的机械化和农地流转。中国区域经济总体上呈现增长速度“南快北慢”和总量占比“南升北降”的格局，全国经济重心向南移动。南方省份农民获得非农就业机会和报酬增加，进一步加剧城乡收入失衡问题。上述地形和经济因素均导致南方省份耕地撂荒现象愈演愈烈。值得注意的是，南方地区普遍水量充沛，该区耕地大面积撂荒意味着农业生产重心的北移，与中国南多北少的水资源空间分布形成错位，加剧了“水资源-耕地”在空间上的失衡，不利于国家的粮食和生态安全。

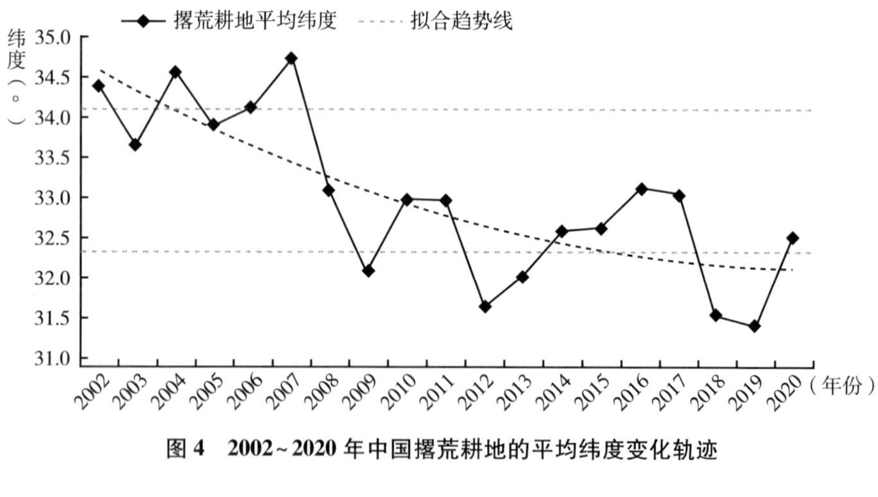

图 4　2002~2020 年中国撂荒耕地的平均纬度变化轨迹

① 秦岭-淮河一线，就是人们常说的中国南方和北方的地理分界线。秦岭-淮河纬度位置在北纬 32°18′到北纬 34°5′之间。秦岭-淮河一线是中国 800mm 等降水量线、水田旱地分布分界线、1 月 0℃等温线、水稻小麦种植分界线、亚热带与暖温带的分界线、湿润与半湿润的分界线、亚热带季风气候与温带季风气候的分界线，以及河流结冰与不结冰的分界线。

2. 平衡区和主销区较高的耕地撂荒率增加了国家粮食自给战略实现的压力

自2003年划定确定了粮食主产区、产销平衡区和主销区以来，中国粮食生产空间格局发生了剧烈变化。其中，各区的耕地“非粮化”受到较大关注。作为“非粮化”的极端现象，耕地撂荒在主产区、产销平衡区和主销区普遍存在，但区间差异显著（见图5）。粮食主产区、产销平衡区和主销区的定位不同，粮食自给底线设定有差异。主产区因其承担了国家的粮食生产功能，不仅需满足区内自给，还有向产销平衡区和主销区输送粮食的任务，耕地撂荒率也最低，常年在2.89%左右波动。主产区东北三省因其肥沃土壤、平坦地势等优势便于大规模种植，耕地撂荒率极低，不到0.70%。产销平衡区应至少满足常住人口稻麦口粮用途的消费自给，粮食自给压力有所减缓，耕地撂荒率在12.58%左右波动，年均撂荒率比主产区高了9.68个百分点。平衡区内多地区稻麦生产已无法满足常住人口的消费需求，事实上已经转变为主销区。主销区应至少满足农村常住人口稻麦口粮用途的消费自给，面临的粮食自给率压力最小，耕地撂荒也最为严重，平均撂荒率达到14.07%，比主产区和平衡区分别高11.17个和1.49个百分点，其中南方省份耕地撂荒更严重。由此可见，平衡区和主销区较高的耕地撂荒率增加了中国粮食自给战略实现的压力。

3. 补充耕地的年均撂荒率始终高出原有耕地

补充耕地是相对原有耕地提出的。原有耕地是指连续年份间耕地利用属性未发生变化的地块，或者未转型为其他地类的地块。补充耕地是指相邻年份由其他土地利用类型转为耕地的地块，主要是在执行耕地占补平衡政策或城乡建设用地增减挂钩（以下简称“增减挂”）项目时为了满足耕地数量不减少、质量不降低的硬性要求对其他地类整理复垦形成的耕地①。然而，耕地占补平衡制度实施以来对补充耕地的质量重视程度不够，补充耕地多处

① 补充耕地不同于新增耕地。新增耕地是相邻年份耕地面积的差值。补充耕地代表土地变更数据，是当年耕地面积-上年耕地面积+退出耕地面积。补充耕地一般情况会高于新增耕地。补充耕地的撂荒率，是指补充耕地中次年经历撂荒的面积占当年补充耕地面积的比重。

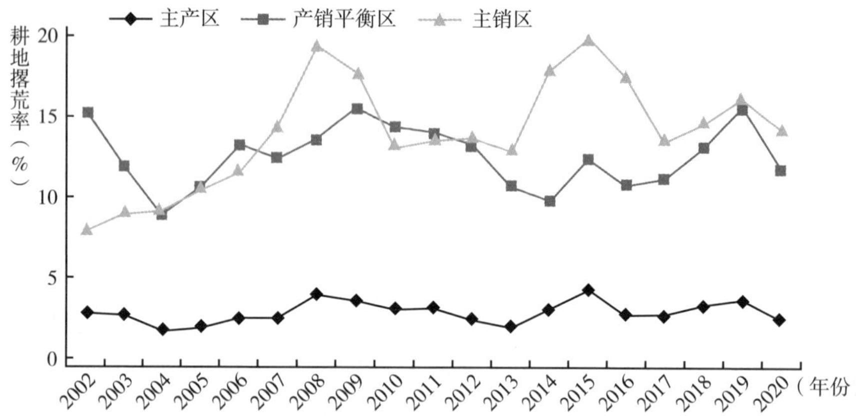

图 5　2002~2020 年中国粮食主产区、平衡区和主销区耕地平均撂荒率

于低洼易涝、土壤退化、水热失衡、地形陡峭等地区，区位和耕种条件较差导致这部分土地容易被撂荒。如中国东部经济发达地区和南方丘陵山区补充的耕地主要分布在边远山区，通常以小规模、分散性、碎片化的耕地补充为主，耕作不方便直接导致弃耕和撂荒。

本文研究结果显示（见图 6），补充耕地的年均撂荒率为 13.84%，高出全国平均水平 7.92 个百分点，高出原有耕地 8.09 个百分点。2017 年补充耕地的撂荒率为 12.26%，意味着 399.30 万亩的补充耕地中撂荒了 48.95 万亩。[①] 此外，从补充耕地的拟合趋势线来看，总体经历了先增加后减小的过程，这与中国耕地保护政策经历的从耕地数量保护到耕地数量和质量保护并重的演变过程相一致。21 世纪伊始，耕地数量保护政策得到较好执行，但耕地质量保护政策因重视程度不够、监测手段缺乏等未被严格执行，直接表现为质量较差，并引起大面积撂荒。随着对耕地质量保护意识增强，质量亦有所提升，并直观表现为撂荒率的降低。总而言之，大范围撂荒无疑是对资本和土地的巨大浪费，同时引起粮食产量损失以及生态安全风险等隐患。

① 2017 年新增补充耕地数据缺失，故缺失 2018~2019 年新增补充耕地撂荒面积。

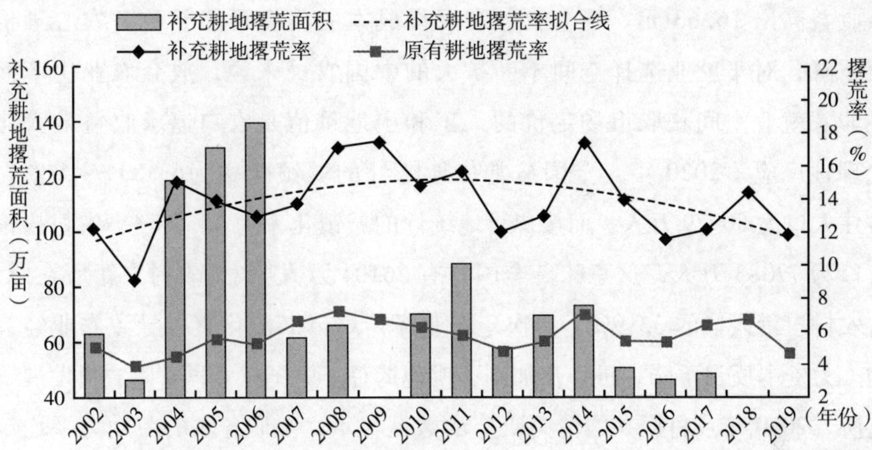

图 6　2002~2020 年中国补充耕地和原有耕地的撂荒率和变化趋势

三　中国耕地撂荒的诱因分析

耕地撂荒是社会经济发展到一定阶段多重驱动力综合作用的结果。研究耕地撂荒形成和加剧的机理，对遏制耕地撂荒增量、盘活存量具有现实意义。因此本文从农业比较效益、土地流转和补充耕地策略三个重要方面对耕地撂荒诱因加以分析。

（一）农业比较效益低导致投入降低

中国城镇化和工业化的快速发展，导致农村劳动力在经济利益驱使下流出收益较低的农业部门，使得农业部门面临人力资本投入乏力的问题。人力资本投入乏力既表现为劳动力数量不足，也表现为劳动力质量降低。首先，农业生产现金收益难以支付人工和土地要素务农的沉没成本，促使农户策略性地离农。以小麦为例，2020 年小麦生产的亩均现金收益为 493.82 元，但是每亩隐含的人工和土地成本（人工成本包含家庭用工折价和雇工费用，土地成本包含自营地折租和流转地租金，意味着土地和劳动力要素投入农业生产带来的沉没成本）合计 510.45 元，比现金收益高出 16. 63 元。现金收益和沉没成本的失衡可能导致务农心理价值下降，对于就业选择空间不断扩大的中国农民来说，放弃农业生产而在非农就业空间获取市场定价的人工和土地价值是农户追求收益最大化的理性反应。2020 年，全国按常住地统计的城镇化率为63. 89%[①]，农村常住人口为 50979 万人，而按户籍地统计的城镇化率为 45. 4%[②]，农村户籍人口为 77083 万人，这意味着全国约有 26104 万人[③]离开农村户籍所在地，占农村户籍人口的 33. 9%。其次，农业经营主体老龄化直接导致农业经营的人力资本质量下降，进一步加剧了耕地撂荒。中国社会科学院农村发展研究所“2020 年乡村振兴国情调研”的数据显示，全职务农的劳动力平均年龄超过 50 岁。根据生命周期理论，人的劳动能力与年龄呈倒“U”形关系。老龄劳动力位于生命周期后半程的尾部，劳动能力和承受的劳动强度持续下降，会调整劳动投入数量或方向，进而影响农地等要素配置，如抛荒。

（二）土地流转机制不畅阻碍撂荒耕地的有效配置

与农业比较收益低这一内因相比，土地流转机制不畅通过影响外在流转环节，阻碍对耕地再利用而导致撂荒。首先，土地流转高租金稀释了农业经营利润，阻碍土地的有效流转。土地流转意味着土地成本显化。有研究表明中国土地流转租金的实际水平已经大幅超过粮食生产所能承担的合理水平，甚至也超过经济作物生产所能承担的合理水平。显化了的高额的流转租金使得农业的低利润进一步被侵蚀，进而逼退了土地流转需求市场的发育。其次，土地流转存在需求市场和供给市场的错配。需求市场偏好耕作条件好、区位优、集中连片的耕地。而撂荒耕地尤其是补充耕地形成的撂荒地普遍存在耕作条件差、区位偏、细碎化等特点，供给市场的撂荒地和需求市场偏好的优良耕地不匹配。最后，中国的土

---

① 此数据为第七次人口普查数据。

② 此数据由公安部提供。

③ 考虑到有的村庄可能既有外出人口，也有外来人口的情况（如城郊村庄），户籍人口与常住人口之差为人口净流动数。此处的 26104 万人为人口净流动数。

地制度制约耕地流转。家庭联产承包责任制的“均包”制虽然维护农民的地权公平性，但也加剧了土地的细碎化，阻碍了耕地规模经营，从而导致大规模的耕地撂荒。土地承包权固化在客观上增加了交易成本，也在一定程度上限制了土地流转市场的发展。尤其在当前农村社会保障制度不完善的情况下，为抵御外部冲击可能带来的不确定性，农民不愿将自家撂荒地流转出去。

（三）占优补劣的策略导致补充耕地质量下降

耕地占补平衡和城乡建设用地增减挂钩是补充新增耕地的主要手段。以“占一补一、占优补优、占水田补水田”为基本原则，通过土地整治、复垦和开发等项目实施有效补充新增耕地。数据显示，土地整治、复垦和开发补充的耕地在新增耕地中的占比逐年增加，2000~2008 年该比例由 48.21%增加到 88.75%，在 2017 年更是高达94.98%[①]。但是，此类耕地保护制度对质量提升的重视程度不足，耕地质量以次充好现象比较普遍。部分地区在落实耕地占补平衡时用劣地、坡地、生地滥等充数，最终账面上是平衡了，耕地质量却下降了。占优补劣策略导致补充耕地存在耕作半径增大、交通不便、生产潜力不足、坡度陡峭等问题。具体来说，“增减挂”项目通常带来农民的集中居住，补充耕地往往位于偏离居民聚集点、交通不便利等区域，耕作半径随之增大。从成本收益角度看，耕作半径增大带来生产成本增加以及对利润的侵蚀。当耕作半径大于“零利润距离”后将引致抛荒。以次充好地补充耕地意味着生产潜力不足，使得本就利润较薄的农业更加无利可图，抛荒成为农民的理性选择。补充耕地还出现“上山”现象，耕地坡度增加，不利于灌溉和机械化操作，暴露了农业人力资本不足的弊端，进一步加剧耕地撂荒。

---

① 数据来自《中国国土资源统计年鉴》。

四　耕地撂荒的治理策略

（一）多举措提高农业比较收益、破解农业人力资本短缺问题

农业比较收益偏低最直接的结果是推动农业劳动力向比较收益较高的非农产业转移，由此带来大量耕地撂荒。为有效遏制耕地撂荒，一是鉴于中国在2008年后大幅提高粮食收购价格扭转了持续上涨的耕地撂荒现象，应继续发挥农产品价格支持政策对提高农业净收益的重要作用。实施中应尽力避免补贴向农资传导引起对农业利润的侵蚀，探索采取渐进方式逐步推进最低收购价政策向目标价格政策转变。二是提高农业各环节的机械化水平，通过对劳动力尤其是季节性劳动力的替代降低生产成本。受限于小而分散的生产经营规模和较低的组织化水平，灌溉和施肥药等环节的机械水平较低，依靠无人机和大型水肥一体化灌溉等设施可以提高灌溉和施肥药环节的机械化水平。此外，在加强农机购置补贴的基础上，可重点推动农业机械的社会化服务，缓解农业劳动力的缺乏困难以及降低农业生产成本。三是应结合当地特色调整种植结构，着力发展土地密集或资本密集的非劳动密集型农业。

（二）打破耕地流转中的高租金、难转出和土地制度约束等障碍

针对土地流转高租金造成过度资本化的客观事实，应着力减少土地成本显化对农业收益的侵蚀。建议加强补贴针对性，按照“谁种粮、谁受益”的原则，加大对土地转入户的种粮补贴。此外，改变农地流转补贴中补贴规模由各地方流转补贴总金额和规模户数判定的实操办法，并依据规模报酬递减规律制定更科学的流转规模补贴范围，以避免诱使经营主体为骗取流转补贴盲目扩大经营规模带来的耕地撂荒。针对耕地流转市场供需错配问题，建议通过高标准农田建设改善撂荒耕地的灌溉、交通和立地条件，通过田块整治实现耕地集中连片。针对中国土地制度对流转的制约，建议弱化农户对耕

地的经营权能，探索经营权的确权确股不确地，使得撂荒地盘活更灵活，更容易集中连片，村集体更便于行使对耕地的所有权，通过整村土地集中流转模式既可以增加流转规模，又可以置换整村流转形成的增地指标来增加村集体收入，为村民分红。

（三）完善耕地保护和粮食安全“党政同责”监督机制

首先要克服土地管理部门在耕地补充项目中兼具“运动员”和“裁判员”双重身份造成的补充耕地质量差的弊端。加强监管补充耕地的选址、核定，通过公开补充耕地项目与地块信息接受社会监督，确保补充耕地数量质量真实可靠。把补充耕地利用连续性列入补充耕地质量验收条款，具体做法是以包含承包人、耕地等级、保护耕地的经济补偿标准等信息的承办经营合同作为验收依据。其次，结合当前国家要求的产销平衡区和主销区要保持应有的自给率的要求，通过设定自给率激发产销平衡区和主销区遏制耕地撂荒的内生动力。实现在不与经济发展抢占土地资源的前提下提高粮食产销平衡区和主销区的粮食自给能力，共同承担起维护国家粮食安全的责任。

参考文献

丁明军、陈倩、辛良杰、李兰晖、李秀彬：《1999-2013 年中国耕地复种指数的时空演变格局》，《地理学报》2015 年第 7 期。

罗必良、万燕兰、洪炜杰、钟文晶：《土地细碎化、服务外包与农地撂荒——基于 9 省区 2704 份农户问卷的实证分析》，《经济纵横》2019 年第 7 期。

苑鹏：《推动小农户与现代农业有机衔接》，《红旗文稿》2021 年第 2 期。

蒋浩东：《人口老龄化会增加农地抛荒吗?》，贵州大学硕士学位论文，2022。

全世文、胡历芳、曾寅初、朱勇：《论中国农村土地的过度资本化》，《中国农村经济》2018 年第 7 期。

卢昱嘉、韩一军、陈秧分：《中国小麦生产机械投入效率及影响因素分析——基于 15 个小麦主产省的实证》，《中国农学通报》2019 年第 35 期。

栾健、韩一军：《农地规模经营能否实现农业增效与农民增收的趋同?》，《中国土地科学》2020 年第 9 期。

Boschetti M. , Stroppiana D. , Brivio P. A. , et al. , "Multi-year Monitoring of Rice Crop Phenology Through Time Series Analysis of MODIS Images", *International Journal of Remote Sensing*, 2009, 30 (18): 4643-4662.

Ying Zhang, Xiubin Li, Wei Song, Liang Zhai, "Land Abandonment Under Rural Restructuring in China Explained from a Cost-benefit Perspective", *Journal of Rural Studies*, 2016.

G.15
建设宜居宜业和美乡村的目标、任务与途径

芦千文*

摘　要： 宜居宜业和美乡村是农村现代化推进到农村居民从全面小康向共同富裕过渡时期，中共中央对乡村建设提出的新要求。其内涵由宜居、宜业、和美三个关键词构成，是一体推进农业现代化和农村现代化，实现乡村由表及里、形神兼备的全面提升。建设宜居宜业和美乡村到2035年的阶段性目标是使农村基本具备现代生活条件，主要内容是统筹乡村基础设施和公共服务布局，提高乡村基础设施完备度、公共服务便利度、人居环境舒适度，提升乡村产业富民作用、乡村治理效率效能，让农民就地过上现代文明生活。建设宜居宜业和美乡村的路径就是以“和”和“美”为基本要求，组织实施乡村建设行动，加快完善乡村公共服务设施，持续推进乡村治理现代化，推动乡村全产业链条升级，构建城乡融合发展体制机制，在县域率先打破城乡二元结构、实现城乡融合发展。

关键词： 农村现代化　宜居宜业　和美乡村　城乡融合　乡村建设

党的二十大报告就全面推进乡村振兴，提出“建设宜居宜业和美乡

---

* 芦千文，管理学博士，中国社会科学院农村发展研究所助理研究员，主要研究农村组织与制度、农业生产性服务业、农业经济史。

村”。这是着眼于全面建成社会主义现代化强国，锚定建设农业强国目标，促进农民农村共同富裕，对全面推进乡村振兴提出的全新要求和战略谋划。宜居宜业和美乡村（以下简称“和美乡村”）是未来乡村的美好图景，是农民农村共同富裕的生动呈现。准确把握和美乡村的内涵、目标、任务等，对于科学谋划和美乡村建设具有重大意义。

一 和美乡村提出的过程和背景

和美乡村由宜居、宜业、和美三个关键词组成。其中，宜居、宜业是在乡村振兴战略行动中对乡村建设行动提出的明确要求。和美乡村是在党的十九大报告提出实施乡村振兴战略五年后、乡村振兴取得明显进展并进入全面推进乡村振兴阶段的关键时期提出来的，是对过去推进农村现代化实践探索的总结提升和推进乡村振兴要求的全面升级。准确把握和美乡村内涵，需要结合农村现代化进程审视其提出的历史背景。

（一）和美乡村提出的过程

和美乡村是一以贯之推进农村现代化、提高乡村建设水平、推动乡村发展进入新阶段后对乡村建设提出的新要求、新目标。农村现代化的主要内容是由基础设施、公共服务、人居环境等构成的农村生活条件现代化。很长一个时期，国家现代化建设在农业农村方面只强调农业现代化，忽视了农村现代化建设，这加剧了城乡发展差距，使农村建设短板成为制约城乡发展的关键因素。进入 21 世纪，中国共产党把“三农”工作作为重中之重，确立对“三农”多予、少取、放活的方针，逐步调整城乡关系，建立以工促农、以城带乡机制，实行工业反哺农业、城市支持农村。在这一转型过程中，农村建设逐步得到重视，农村现代化不断凸显，农村建设目标从农业现代化目标中独立出来。

一是建设社会主义新农村。党的十六届五中全会提出“建设社会主义新农村”，作为“现代化进程中的重大历史任务”，并首次明确农村建设的目标要求，即“生产发展、生活宽裕、乡风文明、村容整洁、管理民主”。就社会主义新农村建设实践，各地积极探索推进模式、创新建设机制。2008年2月，浙江省安吉县委、县政府出台《建设“中国美丽乡村”行动纲要》，提出实施“中国美丽乡村”计划[①]，率先开启了美丽乡村建设探索，并引发全国关注，经验迅速得到推广。浙江省在2010年制定了《浙江省美丽乡村建设行动计划（2011—2015）》[②]，广东省在2011年、海南省在2012年启动了美丽乡村建设。

二是建设美丽乡村。地方探索的迅速推进，使美丽乡村建设成为国家战略。2013年中央一号文件就“推进农村生态文明建设”提出“加强农村生态建设、环境保护和综合整治，努力建设美丽乡村”。这是中央一号文件首次提出“美丽乡村”。随后，相关部门部署实施美丽乡村创建工作，不断细化美丽乡村建设内容和要求。2017年10月18日，党的十九大报告作出实施乡村振兴战略的决策部署，并明确“产业兴旺、生态宜居、乡风文明、治理有效、生活富裕”的总要求。乡村振兴是乡村全面振兴，对农村建设的要求逐步在美丽乡村的基础上融入新的要求，以与乡村振兴总要求相对应。

三是建设宜居宜业美丽乡村。2018年中央一号文件提出，让农村成为安居乐业的美丽家园，把美丽宜居乡村建设扎实推进、美丽宜居乡村基本实现分别作为实施乡村振兴战略2020年、2035年的阶段性目标。同时，强调提高农村民生保障水平，塑造美丽乡村新风貌，把乡村建设成为幸福美丽新家园，持续推进宜居宜业的美丽乡村建设。中共中央、国务院印发的《乡村振兴战略规划（2018-2022年）》进一步提出“建设生活环境整洁优美、生态系统稳定健康、人与自然和谐共生的生态宜居美丽乡村”。2021年中央一号文件提出促进“乡村宜居宜业”。2022年5月，中共中央办公厅、国务

---

① 安吉县提出建设“村村优美、家家创业、处处和谐、人人幸福”的新农村，打造全国生态环境最优美、村容村貌最整洁、产业特色最鲜明、社区服务最健全、乡土文化最繁荣、农民生活最幸福的地区之一。

② 提出建设科学规划布局美、村容整洁环境美、创业增收生活美、乡风文明身心美，宜居、宜业、宜游的“四美、三宜”的美丽乡村。

院办公厅印发了《乡村建设行动实施方案》，强调加强农村基础设施和公共服务体系建设，努力让农村具备更好生活条件，明确提出“建设宜居宜业美丽乡村”，该提法与党的二十大报告提出的“宜居宜业和美乡村”只是“美丽”与“和美”的区别。

（二）和美乡村提出的背景

作为农村现代化的目标，提法的演变体现了农村现代化的战略定位、建设进展、内容结构的变化，是适应农村居民建设美丽家园、城乡居民实现美好生活愿景的迭代升级。

从战略定位来看，乡村建设作为推动农村现代化的核心内容，在国家现代化建设中的地位日益凸显，其间不断有地方实践探索上升为国家战略，使农村现代化成为国家现代化的重要组成部分。目前，已经把乡村建设摆在社会主义现代化建设的重要位置，作为国家现代化建设的重要内容，明确农村现代化是建设农业强国的内在要求和必要条件。

从建设进展来看，经过社会主义新农村建设和实施乡村振兴战略时期，农村基础设施、公共服务、人居环境、生态环境等领域的建设成效显著，薄弱领域和短板瓶颈明显减少，部分领域已经基本实现城乡一体化，部分领域城乡统筹取得积极进展。乡村面貌已经发生了历史性变化，为农村居民全面小康生活提供了有效支撑。

从内容结构来看，乡村建设从急需紧要的领域入手，以改善基础设施和公共服务为起点和重心，逐步加入生态环境、人居环境等内容，已经成为深入和细化到乡村发展、乡村建设、乡村治理各个领域的基础性、支撑性工作，为乡村全面振兴奠定了基础。如随着实践探索的推进，美丽乡村建设从聚焦生态环境，逐步把宜居、宜业等丰富进去，拓展出安居乐业、美丽家园、幸福家园、美丽庭院、特色村镇等新内涵。基础设施、公共服务、人居环境、精神文明、文化传承等都已成为美丽乡村的建设内容。

总体上看，乡村建设已经基本具备了从乡村振兴重点领域补短板向全面推进乡村振兴转型的基础条件。全面建成小康社会目标如期完成后，农村现代化进入从全面小康向共同富裕过渡的新阶段。2022 年 10 月 16 日召开的中国共产党第二十次全国代表大会标志着以中国式现代化全面推进中华民族伟大复兴新征程的开启。在新的发展阶段，实施乡村振兴战略，推进农业农村现代化，需要新的目标和方向。党的二十大报告提出加快建设农业强国，建设宜居宜业和美乡村，正是对全面推进乡村振兴、加快农业农村现代化提出的新要求。其中，建设宜居宜业和美乡村是从全面小康向共同富裕过渡初期对农村现代化的新要求。

二 和美乡村的内涵要义

在开启全面建成社会主义现代化强国、实现第二个百年奋斗目标的新时代新征程时，党的二十大报告提出建设宜居宜业和美乡村是对建设宜居宜业美丽乡村的迭代升级。准确理解和美乡村的内涵，需要结合全面建成社会主义现代化强国的战略安排和阶段性目标。党的二十大报告就全面建成社会主义现代化强国，作出了到 2035 年基本实现社会主义现代化，到本世纪中叶建成社会主义现代化强国的“两步走”战略安排。到 2035 年的总体发展目标中与农村现代化直接相关的是“农村基本具备现代生活条件”。这要求基本实现农业现代化、治理体系和治理能力现代化，实现基本公共服务均等化，共同富裕取得更为明显的实质性进展，广泛形成绿色生产生活方式。对照这些要求，建设和美乡村对应的农村现代化的核心是使农村基本具备现代生活条件，让农民就地过上现代文明生活。

理解和美乡村内涵的关键在“和美”与“美丽”概念变迁表征的乡村建设由表及里、形神兼备的全面提升。和美乡村的内涵由宜居、宜业、和美三个关键词组成。其中，宜居、宜业与在宜居宜业美丽乡村中的词义基本一致，区别主要是由“和美”和“美丽”呈现的宜居宜业的质量和层次。

宜居是指对适宜居住程度的综合评价，内容包括房屋条件、基础设施、公共服务、消费选择、生活环境等。农村宜居可以分为农村居民和城市居民的评价，农村居民主要是对长期居住生活舒适度的评价；城市居民主要是对到农村就业休闲康养的短期性、流动性住宿环境的评价。

宜业的“业”有产业发展、创业、就业等多重指向。产业兴旺是乡村产业振兴的目标，要求乡村具有产业发展的良好环境，包括基础设施、产业体系、产业融合等。产业发展的微观基础是创业就业。农村的宜业需要具备良好的创业就业环境，对创业而言，核心是营商环境，对就业而言，核心是适应人口动态变化的就业吸纳能力和就业结构，根本目的是通过发展壮大乡村产业满足农村居民创业就业需求并为农村居民持续增收提供有效支撑。因此，农村的宜业就是对产业发展环境和就业创业环境的综合评价。

“和美”是乡村建设的“灵魂”所在，对应的是“和谐美丽”①，是在“美丽”基础上进一步增加了“和谐”的要求。这体现了一以贯之推进乡村建设的规律要求，是在宜居宜业美丽乡村基础上的进一步升级。从词义上理解，“美丽”是对外在表象的综合评价，是外部人或局外人对外在表象的感观评价。这种评价更多的是视觉上的感受，可以落实到具体的“物”和景观上。因此，以往推进美丽乡村建设，更多强调的是生态环境、村庄风貌、人文古迹、基础设施、习俗表演等展示外在形象的内容建设，而对农村居民生产生活的实际需求及硬件设施的适用性强调不足。“和谐”词义上是指配合适当、和睦协调，是主观上对人与物的关系、人与人的关系舒适度的评价，具体到乡村建设主要是对在农村居住生活、就业创业舒适度的主观感知。这种主观感知受到传统文化，也就是中国“和”文化的影响。在美丽基础上强调乡村建设的“和谐”，是从强调乡村建设的外在表象向内涵质量转变，既强调基础设施、村庄风貌、生态环境对农村居民生产生活的适用性，凸显对农村居民生产生活质量的改善作用，也强调公共服务、生活服务、乡村文化、乡村治理等对农村居民现代生活方式的塑造作用。

“和美乡村”是乡村建设外在表象与内含质量的统一，随着农村现代化水平的提升，内涵质量逐步成为乡村建设的主要方面和主导力量。和美乡村

① 党的二十大报告把“人与自然和谐共生”作为中国式现代化的本质要求之一，明确以中国式现代化全面推进中华民族伟大复兴的目标是到本世纪中叶把我国建成富强民主文明和谐美丽的社会主义现代化强国。因此，“和美”对应的应是“和谐美丽”。

建设更加注重为农民而建，为农民实现共同富裕生活而建，已经是推进乡村建设的重要理念。2021 年中央一号文件强调“乡村建设是为农民而建，要因地制宜、稳扎稳打，不刮风搞运动”；2022 年中央一号文件强调，落实乡村建设为农民而建的要求，坚持自下而上、村民自治、农民参与，因地制宜、有力有序推进，把握乡村建设的时度效。全面推进乡村振兴，建设宜居宜业和美乡村，就是顺应城乡居民对美好生活的期望，把为农民而建的乡村建设理念落到实处，把农民农村共同富裕落实到具体的行动上。

三　建设和美乡村的目标和基础

“农村基本具备现代生活条件”是 2035 年基本实现农村现代化的目标，也是建设和美乡村的阶段性目标。2022 年中央农村工作会议强调，建设宜居宜业和美乡村是农业强国的应有之义，要瞄准农村基本具备现代生活条件，“提高乡村基础设施完备度、公共服务便利度、人居环境舒适度，让农民就地过上现代文明生活”。《国家乡村振兴局关于落实党中央国务院 2023 年全面推进乡村振兴重点工作部署的实施意见》明确“逐步把乡村建设成为基础设施基本完备、基本公共服务普惠可及、人居环境优美宜人、社会治理和谐有序、精神富有文化繁盛的乡村”。从实现城乡融合和共同富裕出发，基本实现农村现代化的和美乡村涉及乡村发展、乡村建设、乡村治理的方方面面。

推进和美乡村建设，需要客观把握农民实际需求，基于各地实践探索和全国总体水平，分领域明确和美乡村建设的短板和瓶颈，以为科学谋划和美乡村的推进路径、重点任务和体制保障提供依据。一些地方较早开展了乡村建设探索，走在了全国前列，获得了一些前瞻性、引领性的经验，如浙江省 2003 年开始实施“千村示范、万村整治”工程[①]，践行“绿水青山就是金山银山”理念，不断提升乡村建设水平，推进“千村精品、万村美丽”，使

① 提出打造生态经济发达、生态环境优美、生态家园和谐、生态文化繁荣，经济社会与资源环境相适应、人与自然和谐共生的农村新社区。

美丽乡村处处可见，基本形成全域美丽“大花园”格局。在此基础上，浙江省探索“未来乡村”建设，并在党的二十大报告提出和美乡村后，率先提出“千村未来、万村共富、全域和美”，开启了乡村建设新阶段，持续推动资源要素、人口产业、公共服务向镇村有序集聚，初步呈现了和美乡村的未来图景。但就全国总体情况而言，农村现代化明显滞后于农业现代化，农村现代化是国家现代化建设短板中的短板，集中表现在乡村建设各领域与基本实现农村现代化的目标差距上。

（一）基础设施

基础设施是产业兴旺和现代生活的根本支撑。和美乡村需要完备的基础设施，特别是使农村具备现代生活条件需要实现乡村基础设施实用有效、城乡基础设施互联互通。基础设施建设始终是补齐农村现代化短板的重心。自明确建设社会主义新农村以来，特别是实施乡村振兴战略以来，国家投入巨大的财力、物力建设农村基础设施，使农村基础设施完备程度加快提升，为乡村全面振兴注入了强劲动能。产业基础设施方面，烘干、仓储、冷链等建设取得明显进展，截至2022年底累计建设高标准农田10亿亩，占永久基本农田面积的比例为64.5%。生活基础设施方面，道路、水电、能源、物流、数字、医疗、文化、体育、人居环境等不断完善。到2021年底，村内硬化道路比重达到87.5%，完成电网升级改造村庄比重超过90%，直接使用自来水农户比重超过85%，村级综合性文化服务中心覆盖率达到96%，光纤网络、移动通信网络、有线电视网络基本实现行政村全覆盖。

但与和美乡村的目标要求相比，农村基础设施还存在很多薄弱领域和短板瓶颈。目前，农村的产业基础设施以农业生产环节的农田设施为主，为农业生产提供服务和农业产业链的相关设施较为缺乏，非农产业领域的设施更为缺乏，如烘干仓储、冷链物流、园区配套等。即便农田设施建设取得明显进展，但层次低、质量低、功能弱等突出问题明显存在，仍有35.5%的永久基本农田未建成高标准农田，非永久基本农田建设尚未提上日程。农村的生活基础设施基本满足了农村居民的衣食住行等基本生活需要，但相比城市生活基础设施，差距仍较大。一是薄弱区域和薄弱领域明显存在。如据对全国固定观察点村调查，超过5%的丘陵地区和山区村庄存在缺水状况，超过10%的村内道路没有硬化，近三成的农户没有用上卫生厕所，近六成的生活污水尚未得到有效处理。农村的养老、医疗、数字、文化等基础设施十分薄弱，难以满足农村居民迫切需要。二是城乡生活设施联通性不足。如数字城市与数字乡村建设没有统筹起来，造成城乡数字鸿沟；养老、医疗、文化等基础设施以城市为“绝对中心”，在农村的延伸性和覆盖面明显不足，不利于城市公共服务向乡村延伸。三是基础设施建设的普惠共享明显不足。农村的产业和生活基础设施建设都存在向重点村、示范村过度集中的情形，导致多数村庄无法获得正常的基础设施建设投入，造成少数重点村和示范村重复建设、过度建设而多数村庄基础设施无法建设的现象。一些地方盲目推动农村基础设施建设，甚至超过发展需求过度建设，加大了基层政府和村集体债务负担。农村基础设施建设一直没有形成适合农村发展特点的投入和管理机制，导致财政投入和社会筹资“浪费”在项目申报、招投标等流程成本上，以及层层转包的中介费用上，实际投入设施建设的资金大打折扣，当地的市场主体和农村居民不仅参与机会少，获得的劳务收入也有限，限制了基础设施建设投资对农民增收和城乡内需的促进作用。

（二）生活服务

现代生活方式要靠现代生活服务支撑。发展现代生活服务是使农村基本具备现代生活条件的主要内容。建设和美乡村要求城乡具备和而不同、等值同效的生活条件，让生活在乡村和城市只是个人选择的不同并无质量上的落差。生活服务包括医疗、养老、文化、社保等公共服务和衣食住行等生活性服务。农村公共服务一直是推进农村现代化补短板的重要内容。国家不断加大对农村公共服务的投入和保障力度，在硬件和体系建设上取得了明显进展，推动农村基本公共服务水平不断提升，基本实现了基本公共服务的全覆盖。如截至2021年底已建成基层医疗卫生机构98万个，每个村至少拥有1个卫生室，乡村医疗机构和人员“空白点”基本消除。随着乡村产业体系的日益完善，生活服务业迅速发展，服务内容迅速拓展，为农村居家提供了丰富的消费选择。但生活服务的城乡差距十分明显，二元结构明显存在，城乡居民选择在城市和农村生活的“落差”较大。

一是农村公共服务供给水平较低。与农村居民美好生活需求相比，教育、医疗、养老等农村公共服务供给质量明显不足，与城市公共服务供给质量差距明显。如目前，60 岁以上农村居民获得的基本养老金平均仅约 180 元/月，城镇退休人员基本养老金已达平均 3326 元/月。农村医疗体系的服务功能明显不足，尚不能满足农村居民的就医需求。

二是农村公共服务供给方式偏差。城乡公共服务统筹协调涉及城市公共服务向乡村延伸覆盖，部分领域和一些地区存在沿用城市公共服务供给模式忽视农村居民需求特点的情形。典型的是农村养老服务供给，目前政策支持方式是以床位数量为财政补助依据支持集中养老设施和服务模式，但实际上绝大多数农村老人需要居家养老服务，造成农村在养老设施和服务覆盖面明显不足的情况下，出现了盲目建设集中养老设施并出现闲置的情形。

三是生活性服务业城乡差异。面向城乡居民的生活性服务业是乡村产业振兴的重要内容，也是农村居民富裕生活的重要载体。目前，农村生活性服务业发展迅速，但城乡不统一、不同标的问题突出。农村生活性服务业层次低、监管强度弱，产品和服务质量难以保障，城乡同品不同标现象十分普遍。国家大力推动城市产品和服务下乡，但下乡的产品和服务质量明显低于城市产品和服务。农村生活性服务主体散弱小，不少游离在监管体系之外，产品和服务质量均不高，给农村居民生活质量提升造成了负面影响，也不利于改善农村特色产品和服务对城市居民的吸引力。

（三）人居环境

人居环境是田园美好生活的重要呈现，是打造乡村独特宜居魅力的关键抓手。把“美”作为乡村建设的基本要求，就是注重人居环境呈现的美丽乡村图景。和美乡村要求农村具有干净整洁、乡土风味、人文气息的村容村貌，具有人与自然和谐共生的生态环境。社会主义新农村建设、美丽乡村建设都把生态环境、村容村貌作为重要内容。自实施乡村振兴战略以来，国家在农村大力推进人居环境整治，开展了厕所革命、村庄清洁行动等，同时贯彻落实“绿水青山就是金山银山”理念，坚定推动农村绿色发展、建设农村生态环境，使农村人居环境发生明显改观。截至2021年底，农村生活垃圾、生活污水集中处理和卫生户厕普及率分别达96.3%、47.6%和77.5%，超过95%的村庄开展了清洁行动，5万个村建有乡村旅游和休闲农业设施。不少地方的农村人居环境已经初步彰显出独特魅力，如四川成都的相当一部分农村周末和节假日吸引了城市居民前往。

但就全国整体情况来看，农村人居环境的不平衡矛盾较为突出，人居环境较好的村庄主要集中在大中城市郊区、重要交通道路沿线以及各地集中打造的重点村、示范村，且存在明显的为对外展示而建、与农村居民需求脱节的问题。其他区域的普通村庄的人居环境仍然存在不少薄弱领域和盲区漏点。

一是普通村庄人居环境建设短板亟待补齐。卫生厕所、生活垃圾和污水处理、村庄清洁等基本的人居环境建设基本以普惠的方式推进，但居民房屋修缮、村庄绿化美化、文娱设施建设等村庄风貌提升主要集中在重点村、示范村和景观带，普通村庄不仅人居环境建设保持较低水平，且后续的设施管护、运营等投入机制不健全，存在明显的不可持续性。

二是农村人居环境设施适用性不足。与城市空间和人口集中不同，农村人口和空间分散，人居环境设施不能沿用城市建设模式，否则面临不适用、不能用、运维成本高等难题。农村住户普遍修建了卫生厕所，配套了粪污处理设备和体系，但由于建设质量不高，处理成本和运维成本高，与农民生活习惯和农村气候条件不适应，相当比例的卫生厕所并未使用，农民仍在使用“旱厕”。为提高卫生厕所使用率，建立农村生活污水处理网络，不少地方盲目推动城市污水管网向乡村延伸，投入大量财政资金但并未起到实际作用。所以，还需要继续探索适合农村特点、适应农民需求的人居环境建设路径。

三是农村人居环境建设后续投入亟待优化。垃圾收集处理、生活污水处理、厕所粪污处理以及人居环境设施的维护都需要大量的人力和财力投入。目前，这些投入主要由地方财政和村集体经济负担，造成了地方财政压力和村集体负债，一些地方因为缺乏运维资金，人居环境设施面临管护和使用难题，服务体系陷入停摆。如果不解决资金来源问题，更多区域的人居环境设施和服务体系会出现财务不可持续问题。

（四）发展环境

发展环境是宜业的外在呈现形态，包括就业创业服务和营商环境，是在实质上起到吸引人才下乡就业创业作用的硬件和软件耦合的统称。把“和”作为乡村建设的基本要求，不能只注重农村的生活条件，更应把创业就业环境作为乡村建设由表及里全面提升的重要方面。发展环境更多的是返乡下乡人才对乡村建设质量的评价，以及各类人才留在乡村的决定性因素，是推进乡村人才振兴、为乡村全面振兴提供人才支撑的关键着力点。和美乡村要求乡村具有城乡居民愿意干事创业、农村居民想就业能就业的良好发展环境，具备城乡基本一致的创业就业服务支撑体系。自实施乡村振兴战略以来，国家着力推动乡村产业振兴，促进了一二三产业全面发展，为返乡下乡在乡创业就业群体提供了产业载体。为吸引人才下乡和农民持续增收，国家推动农村创业就业服务体系建设，逐步完善农村创业就业环境。截至 2022 年底，全国返乡入乡创业人员数量累计达 1220 万人，建设农村创新创业园区和孵化实训基地 2000 多个。但相比城市创业就业环境，农村创业就业环境仍处于十分薄弱的境地，明显制约了各类人才留乡和农民拓展收入来源。

一是农村就业创业服务支撑明显滞后。就业创业服务支撑体系是经济活力的重要“激发器”，但主要集中在城市并形成了相对独立的服务产业。目前，农村的就业创业服务尚以初级简单的劳务中介、技能培训和平台建设为主，孵化型、能力提升型、保障型的就业创业服务供给尚没有充分发展。这导致农村人力资本和劳动力要素市场仍以推动农村劳动力外流为主，对人力资源和优质劳动力的集聚作用无法发挥。城市创业就业服务体系向乡村延伸是改善农村创业就业服务的有效途径，尚集中在经济发达地区和大城市周边，县域创业就业服务体系的城乡一体化尚在探索中。

二是农村就业创业供给与农村居民动态需求不匹配。农村居民城乡“两栖”的居住和就业结构演变到老年群体渐进回乡、年轻群体持续外出、部分群体返乡下乡创业的新阶段。在农村的就近就地就业需求迅速增长的同时，年轻群体的正式就业机会和老年群体、留守妇女的灵活就业需求都呈现迅速增长态势，特别是灵活就业需求未来逐步成为农村居民就业需求的主流形态。目前，农村就近就地的就业供给，仍以农业领域的非正式就业机会为主，非农产业领域和政府机构、基层组织的就业供给总量不足，受限于县域富民产业和乡村非农产业发展滞后的灵活就业机会供给明显不足。这不能满足留守群体和老年群体的就业需求，不利于构建农村居民的持续增收机制。

三是农村营商环境建设亟待重视。营商环境是创业及创业主体顺利发展的基础。目前，营商环境建设的关注点主要在城市，农村的营商环境尚未引起关注。农村营商环境薄弱已经成为制约人才留乡、创业孵化和主体发展的关键因素。农村营商环境薄弱表现在县域政府部门服务功能发挥不足、村级组织和农村居民尊重创业意识不足、农村商业服务和监管体系建设滞后、创业主体和企业家权益保障机制不健全等。农村存在普遍的以行政干预替代服务和监管，以优惠政策和项目扶持要求企业承担非经营任务等现象。一些地方存在多部门重复审批、过度审批等问题，不少农村企业陷入迎评送检、“跑腿”业务等事项，造成非经营成本支出巨大。近年来，受地方财政紧张影响，农村市场主体承担的政府购买服务、财政支农项目等的资金兑付不到位，加大了资金压力，一些主体甚至因此陷入经营困境。

（五）乡村治理

乡村治理是乡村建设“塑魂”的核心，是决定城乡居民在农村创业就业生活娱乐康养的主观感知舒适度的关键。把“和”作为乡村建设的基本要求，推动乡村形神兼备的全面提升，主要是通过乡村治理现代化提高乡村善治水平，推动农村精神文明建设，提升农民科学文化素养，营造积极向上、充满活力、和谐有序、安定祥和的乡村社会环境，使农民就地过上现代文明生活。乡村治理在乡村振兴战略中具有重要位置，与乡村发展、乡村建设并列。2019 年 6 月，中共中央办公厅、国务院办公厅发布了《关于加强和改进乡村治理的指导意见》，部署推动基层治理机制和组织建设、培育和践行社会主义核心价值观、培育乡风文明、弘扬乡村优秀传统文化、建设法治乡村和平安乡村等工作。各地积极探索乡村治理组织和机制创新，推广积分制、网格化、数字化、志愿服务等治理方式，使农村精神风貌、社会风尚明显改观，逐步焕发乡村文明新气象。

但整体来看，乡村治理组织和机制创新发挥实效尚集中在部分发展基础好的村庄，多数村庄的乡村治理尚流于形式化，党建引领、移风易俗、文化传承、科普教育等与农村居民生产生活方式贴合不够紧密，形成了乡村建设、乡村治理“农民看”的现象。

村庄规划方面，县域或乡镇的空间发展规划涉及村庄土地利用、产业发展等方面的内容，大多不履行村民参与程序，造成村民不仅对本村的规划建设不知情，还对村民利用村庄土地等资源发展产业形成限制。各地普遍要求行政村制订村庄发展规划。绝大多数村庄不具备制订规划的能力，只能付费购买规划服务，不少规划服务只是简单复制粘贴，导致村庄规划流于形式，并未发挥实际作用。

村庄文化建设方面，主要推动农村发展传统文化活动，忽视村民文化生活的引导。只有少部分村庄组织起对外展示的习俗、技艺等传统文化活动，而对农村居民生活中普遍存在文娱活动缺乏引导和监督，尤其是缺乏对移动网络上文娱活动的管理，导致低俗内容、网络谣言、诈骗信息、虚假广告、误导言论等传播较多。

移风易俗方面，各地主要靠村规民约，而多数村庄的村规民约从制定到履行都流于形式，多数村庄的村民并不知道村规民约内容，也就谈不上履行。调研中发现，村规民约发挥作用主要靠村级组织的“硬”约束并坚持不懈，一些地方通过积分制量化执行村规民约取得了显著成效，但有赖于以集体经济、财政投入或社会捐助为支撑的激励机制。

党建引领方面，受限于基层党组织人员老化、经费缺乏，不少村的党建活动组织任务化、格式化、流程化，自主开展的党建活动较少，与村民生产生活明显脱节，特别是在“急难愁盼”的养老、托幼、救助、纠纷、创业、科普等领域党建活动中党员作用发挥不够，弱化了党组织的凝聚力、向心力，不利于铲除非法宗教活动弱势群体侵害等发生的土壤。

四　建设和美乡村的主要任务和推进思路

到 2035 年的未来一个时期，推进和美乡村建设，就是以农村基本具备现代生活条件为目标，以组织实施乡村建设行动和率先在县域内破除城乡二元结构为抓手，以基础设施、公共服务为重点，提高乡村基础设施完备度、公共服务便利度、人居环境舒适度，建立富民增收的产业体系、和谐有序的治理机制，让农民就地过上现代文明生活。

（一）提高乡村基础设施完备度

以完备有效、适度可用为原则，补齐农村基础设施短板，推动已有基础设施改造升级，加快薄弱地区和领域基础设施建设，尽快实现县域城乡基础设施互联互通。加强农村公路养护和安全管理，推动与沿线配套设施、产业园区、旅游景区、乡村旅游重点村一体化建设。推进农村规模化供水工程建设和小型供水工程标准化改造，开展水质提升专项行动。推进农村电网巩固提升，发展农村可再生能源。支持农村危房改造和抗震改造，基本完成农房安全隐患排查整治，建立全过程监管制度。开展现代宜居农房建设示范。深入实施数字乡村发展行动，推动数字化应用场景研发推广。加快农业农村大数据应用，推进智慧农业发展。落实村庄公共基础设施管护责任。加强农村应急管理基础能力建设，深入开展乡村交通、消防、经营性自建房等重点领域风险隐患治理攻坚。①

① 《中共中央、国务院关于做好 2023 年全面推进乡村振兴重点工作的意见》，农业农村部网站，2023 年 2 月 14 日，http://www.moa.gov.cn/ztzl/2023yhwj/zxgz_29323/202302/t20230214_6420463.htm。

（二）提高乡村公共服务便利度

以普惠可及、优质高效为原则，推动基本公共服务资源下沉乡村，根据农民需求和农村特点，建立城乡衔接、相对独立的农村公共服务体系。发挥县域内城乡融合发展支撑作用，推动县城资源、服务重心向乡村下沉，提升农村居民享受公共服务的可及性、便利性。推进县域内义务教育优质均衡发展，提升农村学校办学水平。落实乡村教师生活补助政策。推进医疗卫生资源县域统筹，加强乡村两级医疗卫生、医疗保障服务能力建设。统筹解决乡村医生薪酬分配和待遇保障问题，推进乡村医生队伍专业化规范化。提高农村传染病防控和应急处置能力。优化低保审核确认流程，确保符合条件的困难群众“应保尽保”。深化农村社会工作服务。加快乡镇区域养老服务中心建设，推广日间照料、互助养老、探访关爱、老年食堂等养老服务。加快推进城乡公共服务一体化，积极探索构建城乡教育共同体、医疗卫生共同体、文化共同体等。

（三）提高乡村人居环境舒适度

坚持生活导向、循序渐进，持续推动村庄风貌提升，打造优美宜人、富有魅力的乡村人居环境。持续开展村庄清洁行动，推进乡村绿化美化，改善村庄公共环境。分区域、分步骤、分阶段地开展农村人居环境整治提升行动。统筹县、乡、村三级生活垃圾收运处置体系，推进垃圾分类减量与利用。大力推进村庄整治和庭院整治，优化村庄生产生活生态空间。明确农村人居环境基础设施产权归属，建立有制度、有标准、有队伍、有经费、有监督的村庄人居环境长效管护机制。引导村集体经济组织、农民合作社、村民、企业和社会组织等在调动社会资源和整合社会力量方面发挥积极作用，让农民成为人居环境整治的主体，激发农民参与积极性，深化探索社会动员机制。

（四）提高乡村产业体系富民作用

坚持联农带农、富民增效，推动乡村全产业升级发展，满足农村居民多元化就近就地就业创业需求，支撑农村居民收入持续增长。促进农村一二三产业融合发展。依托农业农村资源，发展乡村二三产业，延长产业链，提升价值链，推动乡村产业发展向深度和广度进军，提高质量效益和市场竞争力。树立带动农民就业、促进农民增收的发展导向。立足整个县域统筹规划产业发展，充分发挥各类产业园区带动作用，科学布局生产、加工、销售、消费等环节，把产业增值环节更多留在农村、增值收益更多留给农民。完善联农带农机制。正确把握工商资本在发展乡村产业中的作用定位，加强全过程监管，引导工商资本发挥自身优势，形成与农户产业链上优势互补、分工合作的格局，带动农民致富增收。鼓励能够聚集更多的人口和产业的集聚提升类村庄发挥自身比较优势，强化主导产业支撑，进一步做优做强特色优势产业，带动区域发展。

（五）加快推动乡村治理现代化

坚持农民主导、农民参与，建强基层组织，健全参与机制，丰富治理功能，培育文明乡风，让农村既充满活力又稳定有序，激发农民群众建设和美家园的内生动力。加强农村基层党组织建设，全面提升组织力、凝聚力、战斗力。健全县、乡、村三级治理体系功能，常态化整顿软弱涣散村党组织。推广应用积分制、清单制、数字化等治理方式，推行乡村网格化管理、数字化赋能、精细化服务。尊重村民的风俗习惯和文化传统，加强农耕文化、传统村落保护利用传承，把文化惠民项目与农民群众文化需求更好地对接起来，推进乡村文化礼堂、文化广场、乡村戏台、非遗传习场所等公共文化设施建设。深化新时代文明实践中心建设，建强基层宣传文化队伍，发挥村规民约、家庭家教家风作用，健全道德评议会、红白理事会，持续推进农村移风易俗，开展高价彩礼、人情攀比、大操大办、厚葬薄养等专项治理。

参考文献

《中共中央关于制定国民经济和社会发展第十四个五年规划和二〇三五年远景目标

的建议》,《人民日报》2020 年 11 月 4 日。

《中办国办印发〈乡村建设行动实施方案〉》,《人民日报》2022 年 5 月 24 日。

《习近平在中央农村工作会议上强调　锚定建设农业强国目标　切实抓好农业农村工作　李克强主持　李强王沪宁韩正蔡奇丁薛祥出席》,《农村工作通讯》2023 年第1 期。

郭云、周鸿:《久久为功建设和美乡村——浙江省美丽宜居乡村建设调研》,《农村工作通讯》2023 年第 1 期。

杨春华:《扎实推进宜居宜业和美乡村建设》,《红旗文稿》2023 年第 3 期。

彭超、温啸宇:《扎实推进宜居宜业和美乡村建设》,《中国发展观察》2022 年第12 期。

胡春华:《建设宜居宜业和美乡村》,《人民日报》2022 年 11 月 15 日。

金文成:《贯彻落实党的二十大精神 建设宜居宜业和美乡村》,《农业发展与金融》2023 年第 1 期。

张永江、周鸿、刘韵秋、张爱民、郭云:《宜居宜业和美乡村的科学内涵与建设策略》,《环境保护》2022 年第 24 期。

G.16

健全农村金融服务体系的难点及优化对策

田雅群*

摘　要： 健全农村金融服务体系是增强高质量农村金融供给的重要内容，对强化乡村振兴金融服务具有重要意义。中国基本建成了多层次、广覆盖的农村金融组织体系、产品体系和金融基础设施体系。但随着经济发展，中国农村金融需求发生较大变化，现有农村金融服务体系仍存在一些不完善之处，导致难以高水平地匹配农村经济社会发展的金融需求。在推进乡村振兴的背景下，需要进一步均衡发展农村金融组织体系，有针对性地创新农村金融产品体系，健全完善金融基础设施体系，以提升金融服务乡村振兴能力。

关键词： 农村金融服务体系　金融需求　乡村振兴

金融是现代经济的核心。全面推进乡村振兴、实现农业农村现代化，离不开金融的支持。党的十九届五中全会提出“健全农村金融服务体系”，要求把更多金融资源配置到农村重点领域和薄弱环节，以更好地满足乡村振兴多样化、多层次的金融需求，推动城乡融合发展。党的二十大再次强调要“健全农村金融服务体系”。农村金融服务体系主要包括农村金融组织体系、农村金融产品体系和农村金融基础设施体系。自 2006 年中国开

* 田雅群，经济学博士，中国社会科学院农村发展研究所助理研究员，研究方向为农村金融。

启增量式农村金融改革后，多层次、广覆盖的农村金融组织体系基本建成，农村金融产品持续创新，农村金融基础设施体系不断完善。但在新发展阶段，由于中国农村金融需求发生了较大变化，农村金融服务体系难以匹配乡村振兴战略下农村经济社会高质量发展的金融需求。基于此，本报告总结农村金融服务体系发展现状，提炼农村金融服务需求变化，剖析现有农村金融服务体系存在的问题，据此提出优化健全农村金融服务体系的对策，以期助力乡村振兴。

一　农村金融服务体系发展现状

自 2006 年开启增量式农村金融改革后，中国农村金融服务体系加快完善，逐步形成了多层次、广覆盖的农村金融组织体系和基本完善的农村金融基础设施体系，农村金融产品体系也持续创新，服务“三农”客户的能力大幅提升。

（一）多层次广覆盖的农村金融组织体系基本形成

经过多年发展，中国已经基本形成了以银行业金融机构为主体、非银行业金融机构等多元主体参与的多层次、广覆盖的农村金融组织体系。

1. 银行业法人机构实现对农村地区的全覆盖

银行业金融机构是中国农村金融体系的主力军，中国农村地区的银行业金融机构主要由农村商业银行（以下简称“农商行”）、农村信用合作社（以下简称“农信社”）、农村合作银行（以下简称“农合行”）和村镇银行构成。截至 2021 年末，全国改制组建农商行 1569 家、农信社 577 家、农合行 23 家、村镇银行 1653 家①。数量庞大的银行业金融机构已基本实现对农村地区的全覆盖，有效提升了农村居民的金融可得性。截至 2021 年末，

① 中国银行保险监督管理委员会：《银行业金融机构法人名单》（截至 2021 年 12 月 31 日），2022 年 3 月 23 日，https：//www.cbirc.gov.cn/cn/view/pages/governmentDetail.html？docId = 1043881。

全国乡镇银行业金融机构覆盖率为98.17%，平均每万人拥有银行网点1.55个[①]；全国助农取款服务点共计81.1万个，以银行卡助农取款服务为主体的基础支付服务行政村覆盖率达99.6%[②]。

2. 非银行业金融机构支撑作用不断增强

保险公司、融资担保机构、小额贷款公司等非银行业金融机构是中国农村金融组织体系的重要组成部分，对于促进农业农村发展起到了重要的支撑作用。截至2021年末，全国共有29家保险机构具备农业保险经营条件，包括综合性保险公司、专业性农业保险公司等，全国乡镇已基本实现保险服务全覆盖。融资担保机构则依托本地资源，因地制宜地推出各项产品服务，例如广西“番茄保”“茶叶保”等产品，充分发挥助贷、增信双功能，推进乡村振兴战略实施。截至2021年末，全国融资担保行业共有法人机构4838家，全行业实收资本1.26万亿元，融资担保直保余额为4.2万亿元，其中涉农业务占比为13.3%[③]。小额贷款公司是正规金融机构的有效补充，在支持县域经济发展、提高基层金融服务供给等方面发挥了积极作用。

（二）农村金融产品持续创新

为精准匹配农村金融需求的多元化发展趋势，农村金融机构不断加大农村金融供给力度，持续推动金融产品创新。

1. 创新融资产品，供需匹配度显著提升

一是个性化、特色化的贷款产品不断涌现。银行业金融机构针对农村经营主体多元化的融资需求，创新各种类型的贷款产品。例如中国银行针对陕西种植业经营主体创新推出“果商贷”等产品。邮储银行积极推广高标准

---

① 刘峰：《推动普惠金融高质量发展 加强信用信息共享优化融资信息服务》，《证券时报》2022年11月17日。

② 中国人民银行金融消费权益保护局：《中国普惠金融指标分析报告（2021）》，2022年9月30日，http：//www.pbc.gov.cn/goutongjiaoliu/113456/113469/4671788/index.html。

③ 殷有祥：《融资担保：“担”起银企之间的桥梁》，中国金融新闻网，2022年8月15日，http：//www.bjdbxh.org.cn/frontend/mtgz/meitiguanzhu/2022-08-15/3685.html。

农田、土地综合治理等项目贷款。截至2021年末，全国农业生产经营贷款余额6.84万亿元，同比增长14.1%，增速较上年末提高2.6个百分点。此外，农户信用贷款比例为31.4%，较上年末提高2.4个百分点①，农户贷款难问题得到一定改善。

二是农村抵质押物范围不断拓展，农村资源资产利用程度逐渐提升。部分地区的农村金融机构因地制宜，积极推广农村承包土地经营权、林权抵质押贷款等业务，创新开展厂房和大型农机具抵押、圈舍和活体禽畜抵押、仓单和营收账款质押等信贷业务。

三是不断畅通并拓宽涉农直接融资渠道，充分发挥资本市场对扩大农村有效投资的支持作用。支持符合条件的农村企业通过上市和发放债券等方式募集资金，解决企业资金短缺问题。

2. 农业保险供给不断丰富，风险保障力度持续加大

党的十八大以来，中国农业保险持续“扩面、增品、提标”，实现平稳较快发展。一是主要农产品保险覆盖率持续提升。截至2021年末，稻谷、小麦、玉米三大主粮保险覆盖率已超过70%。二是险种体系进一步完善。全国农业保险承包农作物品种超过280种，基本覆盖农林牧渔等全部领域。三是保险保费规模持续提升，保障力度不断加大。截至2022年末，中国农业保险保费规模达1192亿元，其中中央财政拨付农业保险保费补贴434.53亿元，同比增长23%，农业保险共为1.67亿户次农户提供风险保障5.46万亿元②。

3. 农产品期货产品种类丰富，交易规模波动提升

一是农产品期货种类丰富。在交易品种上，中国共上市农产品期货品种27个，实现了对粮食、饲料、油料、禽畜、纺织、糖料、林木、果蔬等多个农产品细分领域的覆盖（见表1）。在品种结构上，白糖、棉花、豆粕、

---

① 中国人民银行金融消费权益保护局：《中国普惠金融指标分析报告（2021）》，2022年9月30日，http://www.pbc.gov.cn/goutongjiaoliu/113456/113469/4671788/index.html。

② 中国人民共和国财政部金融司：《农业保险提供风险保障逾5万亿元》，2023年2月7日，http://jrs.mof.gov.cn/gongzuodongtai/202302/t20230207_3865368.htm。

玉米和菜籽粕等期权品种的上市为产业客户提供了新的套期保值工具，进一步丰富了农产品风险管理工具类别。

表 1　截至 2022 年末中国农产品期货上市品种概览

类别	上市品种	所属交易所
粮食类	普麦、强麦、早籼稻、晚籼稻、粳稻、花生	郑州商品交易所
	黄大豆 1 号、玉米、玉米淀粉、粳米	大连商品交易所
油料类	油菜籽	郑州商品交易所
	豆油、棕榈油、黄大豆 2 号	大连商品交易所
饲料类	菜籽粕	郑州商品交易所
	豆粕	大连商品交易所
禽畜类	鸡蛋、生猪	大连商品交易所
纺织类	棉花、棉纱	郑州商品交易所
糖料类	白糖	郑州商品交易所
林木类	纤维板、胶合板、天然橡胶	大连商品交易所 上海商品交易所
果蔬类	苹果、红枣	郑州商品交易所

资料来源：郑州商品交易所、大连商品交易所和上海商品交易所网站产品介绍。

二是农产品期货市场规模波动提升。农产品期货成交额从 2018 年的 10.81 万亿元波动上涨至 2022 年的 16.59 万亿元，增长幅度为 53.47%，其中，农产品期货成交额从 2018 年的 10.81 万亿元增长至 2021 年的 17.87 万亿元（见图 1），增长幅度为 65.31%；2021~2022 年，农产品期货交易额呈现下降趋势。受经济形势影响，农产品期货市场成交规模与国内期货市场总成交规模走势相符。

4. 金融科技应用逐渐深入，助推城乡金融服务均等化

随着数字经济的快速发展，金融机构加快推动金融科技在农村金融市场中的应用。例如，商业银行依托金融科技创新涉农主体的信用评价模式，通过推出线上贷款产品等，有效增加农村地区的信贷供给规模。此外，移动互联技术广泛使用也有效改善了农村支付环境。统计数据显示，2021 年，银

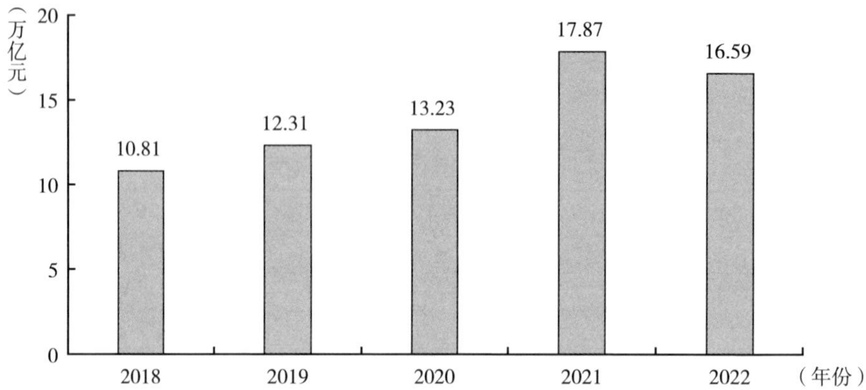

图 1　2018~2022 年中国农产品期货成交额

资料来源：中国期货业协会。

行业金融机构共处理农村地区网上支付业务 111.3 亿笔，移动支付业务 137.7 亿笔；非银行支付机构共处理农村地区网络支付业务 5765.6 亿笔，其中绝大部分通过移动电话完成①。2021 年仅 17 家全国性银行科技总投入就达到 1685 亿元，占到营业收入的 3.65%，有效改善了地区间、城乡间数字普惠金融发展差异②。

（三）农村金融基础设施不断完善

1. 农村信用信息体系建设持续完善

近年来，央行协调其他单位共同推进农村信用体系建设，以信用信息服务助力脱贫攻坚和乡村振兴战略的实施。一是农户信用评定数量持续扩大。近年来，央行积极推动开展农户信用评级工作，不断拓展农户信用信息采集覆盖面，逐步纳入新型农业经营主体信息，并推动农村信用信息多方面共享。截至 2021 年末，累计为近 2 亿农户建立信用档案，其中累计为全国

① 中国人民银行金融消费权益保护局：《中国普惠金融指标分析报告（2021）》，2022 年 9 月 30 日，http：//www.pbc.gov.cn/goutongjiaoliu/113456/113469/4671788/index.html。

② 《刘峰：建议中小银行从五大方面深化数字化转型》，腾讯网，2022 年 6 月 30 日，https：//new.qq.com/rain/a/20220630A0BGGF00。

1.56 亿农户开展信用评定，同比增长 18.2%；收录新型农业经营主体 162.81 万个。二是大力推进三级信用信息体系建设。为带动更多农村经济主体主动守信，营造诚实守信的良好信用环境，中国人民银行积极推进“信用户”“信用村”“信用镇（乡）”的评定和创建。截至 2021 年末，评定信用户 1.07 亿个、信用村 24.5 万个、信用乡（镇）1.29 万个。同时，积极强化信用评价结果应用，对于信用评价良好的农村经济主体，在授信额度、贷款利率、贷款手续等方面给予政策倾斜，充分发挥示范效应。

2. 政策性农业信贷担保体系基本建成

一是政策性农业信贷担保体系基本实现全国范围的全覆盖。中国政策性农业担保体系自 2015 年底启动建设以来，截至 2021 年末，除西藏、上海、深圳外，在各省、自治区、直辖市、计划单列市设立了 33 家省级农业融资担保公司 1677 家分支机构。二是担保业务规模不断扩大，担保力度持续增大。年度当期融资担保贷款余额从 2016 年的 175.84 亿元增长到 2021 年的 2773.14 亿元。2022 年上半年，当期融资担保贷款余额已超过 1500 亿元；年度新增担保贷款项目数也从 2016 年的 4.10 万个增长到 2021 年的 83.56 万个；期末在保余额从 2016 年的 203.56 亿元增长到 2022 年 6 月的 3532.28 亿元；在保项目数量从 2016 年的 4.75 万个增长到 2022 年 6 月的 109.77 万个。随着担保贷款业务规模的增长，全国政策性农业担保体系的放大倍数稳步提高，从 2016 年的 0.59 倍提高到 2022 年 6 月的 5.54 倍（见表 2）。

表 2　全国政策性农业担保机构业务情况

时间	当期融资担保贷款余额（亿元）	当期新增担保贷款项目（万个）	期末在保余额（亿元）	在保项目（万个）	放大倍数（在保余额/资本金，倍）
2016 年	175.84	4.10	203.56	4.75	0.59
2017 年	290.92	7.73	304.01	8.08	0.63
2018 年	640.56	19.19	684.66	20.51	1.28
2019 年	1058.85	33.09	1190.36	38.82	2.01

续表

时间	当期融资担保贷款余额（亿元）	当期新增担保贷款项目（万个）	期末在保余额（亿元）	在保项目（万个）	放大倍数（在保余额/资本金，倍）
2020 年	1919.90	68.84	2117.98	74.90	3.29
2021 年	2773.14	83.56	3214.84	104.15	4.90
2022 年 6 月	1529.68	39.86	3532.28	109.77	5.54

资料来源：国家农业信贷担保联盟有限责任公司每年末发布的《关于全国农担体系业务数据统计情况》。

二　农村金融服务体系存在的主要问题

在推进乡村振兴的背景下，明确农村金融需求的新变化和新特点是分析金融供给存在问题的前提。由于农村、农业、农民是中国乡村振兴战略实施的三大核心对象，三者活动所产生的农村建设金融需求、农业发展金融需求、农民生活金融需求构成农村金融需求的三大板块。随着乡村振兴战略的深入推进，中国新农村建设速度不断加快、现代农业发展水平持续提高、农民生活质量进一步提高，推动农村金融需求格局产生新变化，主要表现在两个方面。一是农村金融需求主体的多样化。由于传统的农业生产以家庭为单位，相应地，农村金融需求主体是个体农户。而随着现代农业发展水平的提升和经营模式的不断丰富、拓展，以家庭农场、专业大户、农民专业合作社和农业产业化龙头企业为代表的新型农业经营主体成为现代农业主力军。因此，农业金融需求主体呈现以新型农业经营主体为主、小农户为辅的多元化发展态势。二是农村金融需求在规模大幅增长的同时呈现需求类型综合化和多元化的特点。传统农村金融需求具有额度小、周期短、主体分散等特点，但随着农村基础设施建设速度的加快和现代农业发展水平的提升，农村地区对资金的需求大幅上升，并呈现长周期、集中化的特点。同时，农业生产的规模化、集约化、信息化发展，加上农民生活水平的提升，农村金融需求从传统的以信贷为主的存、贷、汇等“老三样”服务，向包括融资担保、农业保险、理财等在内的多元化、综合化服务需求转型。虽然经过多年努力，中国农村金融服务体系建设取得了重大成果，但从金融需求角度来说，农村金融服务体系在供给体系的完整性和服务可持续性方面仍然存在一些不足。

（一）农村金融组织体系存在的主要问题

在中国农村金融组织体系中，商业性金融机构占据了主体地位，但农村商业性金融机构经营压力大、风控能力不强。同时，受制于经营不规范、立法缺失等因素，合作金融的发展始终受限，一定程度上抑制了农村金融体系的供给能力。

1. 大行业务下沉和自身风控较弱抑制了农村商业性金融机构的服务能力

一是激烈的市场竞争加剧优质客户流失，削弱了农村商业性金融机构的发展基础。由于经济下行时期金融市场规模收窄，叠加监管部门“三个不低于”硬性考核要求，大中型商业银行加速下沉农村金融市场，利用自身规模、品牌、资金、技术优势“掐尖”农商行优质客户，造成其利润空间收窄，削弱了农村商业性金融机构的生存发展基础，进而降低了农村商业性金融机构服务弱势群体的能力。二是农村商业性金融机构的风险防控能力较弱，降低其服务涉农小微客户的意愿。银监会数据显示，与其他商业银行相比，农商行的不良贷款率最高，但拨备覆盖率和资本充足率最低（见表3），表明农商行的经营风险最高、风控能力最弱。同时，与其他客户相比，涉农小微客户的风险水平普遍偏高，结果是现有风控能力下以农商行为代表的农村商业性金融机构服务涉农小微客户的意愿降低。此外，自2016年以来，受经济下行、市场竞争加剧、监管趋严等因素影响，小额贷款公司从扩张期步入衰退期，机构数量和贷款余额逐渐下降。截至2022年12月末，全国共有小额贷款公司5958家，较年初减少495家；贷款余额9086亿元，较年初减少337亿元①。

---

① 中国人民银行：《2022年小额贷款公司统计数据报告》，2023年2月3日，http://www.pbc.gov.cn/goutongjiaoliu/113456/113469/4782193/index.html。

表 3 2021 年商业银行主要指标分机构类情况

单位：%

指标	大型商业银行	股份制商业银行	城市商业银行	民营银行	农村商业银行
不良贷款率	1.43	1.41	1.87	1.27	3.62
拨备覆盖率	229.17	206.39	189.87	320.39	128.70
资本充足率	16.68	13.51	12.91	13.01	12.32

资料来源：中国银行保险监督管理委员会《商业银行主要指标分机构类情况表（法人）2021》。

2. 立法缺失和自身经营模式不成熟导致农村新型合作金融发展迟滞

自 2004 年以来的 20 个中央一号文件中，有 10 个文件强调“促进和规范新型合作金融发展”。但受制于经营模式的不成熟和法律基础的缺失，农村新型合作金融发展受限。一是缺乏立法保障，试点工作进展缓慢。截至 2022 年底，农村资金互助社和农民专业合作社内部信用合作等内容尚未得到立法确认，相关实践缺乏法律基础。而且，农村资金互助社和农民专业合作社内部信用合作的试点进展也较慢。2012 年，原银监会暂缓对农村资金互助社的批准许可；2017 年，银监会明确表示暂不扩大农民专业合作社内部信用合作试点。结果是农村新型合作金融的发展受限，农村居民依托自身力量满足金融需求的尝试未取得显著成效。二是新型合作金融组织并未探索出成熟的经营模式，治理水平相对低下。2014 年中央一号文件明确提出“社员制，封闭性，不对外吸储放贷，不支付固定回报、属地管理”等新型合作金融发展的基本原则，但实际落地情况并不理想。而且在运行管理、风险防范、外部监督等方面，并未探索出成熟可靠的运营机制，治理成效较差，甚至出现负责人跑路和引发地方金融风险等事件。

（二）农村金融产品体系存在的主要问题

1. “三农”领域信贷资源投放结构失衡

在乡村发展资金需求不断提升的情况下，金融机构对乡村发展的信贷支持力度仍在下降。自2016年以来，虽然中国本外币涉农贷款和农村贷款的余额逐年增长，但涉农贷款和农村贷款占贷款余额的比重呈下降趋势，分别从2016年的25.19%和20.53%下降到2022年的22.47%和18.72%（见表4）；与此同时，“十三五”时期，涉农贷款和农村贷款的增速也低于同年度金融机构本外币总贷款余额增速，2021年和2022年情况有所好转。

表4　2016~2022年金融机构本外币贷款余额情况

单位：万亿元，%

年份	总贷款		涉农贷款			农村贷款		
	总量	增速	总量	占比	增速	总量	占比	增速
2016	112.06	12.79	28.23	25.19	7.13	23.00	20.53	6.43
2017	125.61	12.09	30.95	24.64	9.64	25.10	19.98	9.13
2018	141.75	12.85	32.68	23.05	5.59	26.64	18.79	6.14
2019	153.11	12.30	35.19	22.98	7.70	28.84	18.84	8.30
2020	172.75	12.80	38.95	22.55	10.70	32.27	18.68	11.90
2021	192.69	11.54	43.21	22.42	10.94	36.15	18.76	12.02
2022	219.10	10.4	49.25	22.47	14.00	41.02	18.72	13.50

资料来源：中国人民银行《金融机构贷款投向统计报告》。

此外，金融机构的信贷供给结构与乡村振兴战略的需求不完全匹配。产业振兴是乡村振兴乃至共同富裕的基础，因此，满足乡村产业发展的资金需求是金融企业助力乡村振兴的重中之重。在中国涉农贷款余额高速增长的情况下，农业贷款占比连续下降，且增速均低于当年涉农贷款余额增速，与农户贷款余额占比总体呈增长趋势截然相反（见表5）。

表5　2016~2022年金融机构本外币涉农贷款余额

单位：万亿元，%

年份	涉农贷款余额		农户贷款			农业贷款		
	总量	增速	总量	占比	增速	总量	占比	增速
2016	28.23	7.13	7.08	25.08	15.12	3.66	12.96	4.27
2017	30.95	9.64	8.11	26.20	14.55	3.90	12.60	6.56

续表

年份	涉农贷款余额		农户贷款			农业贷款		
	总量	增速	总量	占比	增速	总量	占比	增速
2018	32.68	5.59	9.23	28.24	13.81	3.94	12.06	1.03
2019	35.19	7.68	10.34	29.38	12.10	3.97	11.28	0.70
2020	38.95	10.68	11.81	30.32	14.20	4.27	10.96	7.50
2021	43.21	10.90	13.47	31.17	14.00	4.57	10.57	7.10
2022	49.25	14.00	14.98	30.42	11.20	5.06	10.27	10.70

资料来源：中国人民银行《金融机构贷款投向统计报告》。

2. 农业保险供给总体“品少面窄”

一是农业保险尚不能有效满足新型农业经营主体的差异化风险管理需求。新型农业经营主体的经营模式、产品结构与传统农业经营主体有较大差异，形成了差异化的风险管理需求。但现阶段，农业保险仍以面向传统小农户的低保障、广覆盖的成本保险为主，相对缺乏特色农产品险种。二是农业保险对新型农业经营主体的风险保障水平不足。虽然2019年中国在6个省份开展三大粮食作物完全成本保险和种植收入保险试点，2021年逐步扩大到13个粮食主产省份的所有产粮大县，但从全国范围看，玉米、水稻、小麦三大粮食作物亩均保险金额仍然较低，不能完全适应现代农业高成本、高投入的生产特点，尤其是难以满足规模化经营主体的保障需求。此外，由于部分地区农户金融意识较差，通常采用村集体统一投保模式，但这也增加了保险赔付资金被挪用和延期支付的风险，不利于农业保险业务的开展。

3. 农产品期货市场功能和上市品种结构待优化

一是部分农产品期货的功能发挥效果不佳。从套期保值功能看，中国农产品期货品种的套期保值效果较低。国外成熟期货市场的经验表明，农产品期货的套期保值效果应高于90%。然而，在国内无论使用主力合约或近月合约，棉花期货的套期保值效果均无法达到25%，豆一期货的套期保值效果均无法达到61%①。二是农产品期货上市品种结构仍不完善。已上市的农产品期货品种以种植业为主，禽畜产品中仅鸡蛋和生猪期货，水产品中没有上市的期货品种。同时，中国期货市场仍缺乏规避自然灾害风险的品种，例如，以天气期货为代表的自然风险类衍生品。

（三）农村金融基础设施体系存在的主要问题

1. 信用信息体系的实用性不足

一是农村信用信息平台重复建设，统筹性较弱。农村信用信息平台的建设主体包括政府部门、供销社系统、金融科技公司和商业银行等。各主体之间因技术标准、功能定位及产品服务等方面存在较大差异，造成农村信用信息体系重复性建设，无法形成规模效应和综合品牌效应。二是信息覆盖面窄，与金融机构需求不匹配。现有的信用信息系统主要是采集贷款农户家庭状况和涉农企业注册登记的基本信息，但对于涉农经营主体的生产经营、财务收支等信息覆盖不足；而且现阶段信用信息平台与政府公共部门之间存在信息壁垒，并未纳入金融机构更为关注的纳税、水电缴费、资产抵押、社保缴纳状况等信息，从而导致信用信息系统的实用性不强。三是信息化服务效果不佳。受限于文化水平，农村居民对农村信息化建设的了解和认识较弱，加上平台主体对农户缺少专门的指导和培训，导致信用信息平台建设后的使用率较低，信息化服务的效果大打折扣。

2. 政策性农业信贷担保力度有待进一步提升

一是担保基金与风险补偿的长效机制不健全，制约了担保公司的担保能力。政策性担保机构的资本金主要源于地方财政资金和划入资金，但由于经济下行周期地方政府财政收支压力加大，政府担保机构难以持续、充足和及时地得到资本金的补充甚至有些省份没有资本金补充渠道，加上涉农担保机构的风险补偿机制尚不健全，政策性担保机构的担保能力被限制。二是政策

① 程安、郭卫东、李国景：《我国农产品期货市场的发展现状、问题与对策》，《农业经济》2022年第6期。

性农业信贷担保供给与多元化融资需求之间存在错位。政策性农业信贷担保业务的品种较少且以短期担保为主，与当前农业经营主体长周期的多元化融资需求不匹配。

三　优化农村金融服务体系的对策建议

农村金融服务体系建设应当从农村实际出发，客观认识现有金融服务体系的不足，立足于农村金融服务需求，塑造结构合理、机制协调、功能有效的农村金融服务体系。

（一）均衡发展农村金融组织体系

一是进一步提高农村商业性金融机构治理水平，增强生存能力。积极引导农村金融机构提升金融科技研发应用水平，创新建立基于移动互联的业务模式，提升自身经营效率和风险防控水平，增强市场竞争能力。针对农村居民日益增长的消费新金融需求和理财需求，因地制宜开发多元化金融产品和服务，增加自身非利息收入占比，增强生存能力，以更好服务“三农”客户群体。

二是要继续创新发展规范化的农村合作金融。合作金融在缓解融资难、融资贵问题方面比商业性金融更有制度优势。规范的合作金融技能提升农户的金融意识和素养，又能有效发挥农户自发的参与感和互帮互助的动力，从根源上解决商业性金融与服务金融弱势群体之间的制度性矛盾。

（二）针对性推进农村金融产品体系创新

一是积极开发特色农村信贷产品。鼓励农村金融机构结合当地经济社会发展实际创新金融产品供给，开发与各类经营主体的产业特征、经营模式、资金需求等相匹配的信贷产品，尤其是基于产业链供应链信用的贷款产品。

二是按照“扩面、增品、提标”的要求加快推进农业保险产品体系建设。鼓励农业保险机构根据农业产业特征积极创新特色农产品险种，构建多层次农业保险产品体系。探索开展“农业保险+”业务模式，推动农业保险与信贷、担保、期货等金融工具联动，综合性发挥金融工具的风险分散作用。强化农业保险保费补贴政策的落实，进一步规范农业保险承保理赔管理。加快推进全国农业保险数据信息系统建设，以更强的数据共享助推农业保险产品创新，进一步完善农村风险保障体系。

三是积极推进农产品期货市场“扩围增量”。一方面，加快推进农产品期货工具研发，创新农产品期货服务模式，扩大对各类农产品的覆盖面。同时，结合保险和信贷，大力推行“订单+保险+期货”与“信贷+保险+期货”等新模式，建立利益联结机制与风险共同体。另一方面，积极引导有条件的农业产业化龙头企业积极稳妥参与农产品期货市场，增加投资主体与入市资金，扩大农产品期货市场规模，更好发挥市场机制的风险分散作用。

（三）健全完善农村金融基础设施体系

一是多措并举加快农村信用信息体系建设。完善农村信用信息体系建设制度框架，强化立法引领。建议推动制定“信用信息法”等相关法律法规，全面规范个人信用信息的收集和使用、信息主体权益的保护等职责。尽快制定全国统一的个人公共信用信息目录、分类标准和共享交换规范，为高质量、高效率地采集和使用信用信息提供制度规范。同时，需要加强信用信息平台的统筹建设。一方面，加快推进现有信用信息平台的统筹合作，实现已有信息资源的共享共用，并探索政府公共数据与个人信用信息数据的互联互通。另一方面，适时推动省级信用信息平台的建设，按照“标准统一、互联互通”的标准，搭建省、市、县三级信用信息体系，实现上下协同、互通共享，避免重复建设。

二是推动政策性农业信贷担保体系进一步完善。建议建立政策性农业信贷担保机构资本金和风险补偿基金的长效投入机制，推动纳入同级财政年度预算管理，并视市场环境变化情况适时调整。完善政府部门、担保机构、银行、资金需求者（农户）等各方平等的风险分担机制，加强金融风险的统筹管理。鼓励政策性农业信贷担保机构聚焦“三农”客户的新特征，创新农担产品，精准匹配现代农业各环节发展需求，提高担保效能。

参考文献

马九杰、何广文、汪小亚、张照新、孙同全、刘西川：《新时期农村合作金融健康发展笔谈》，《农村金融研究》2022 年第 3 期。

杜志雄、田雅群：《金融企业要在强化乡村振兴金融服务上有大作为》，《中国发展观察》2022 年第 2 期。

王小华、杨玉琪、程露：《新发展阶段农村金融服务乡村振兴战略：问题与解决方案》，《西南大学学报》（社会科学版）2021 年第 6 期。

何广文、何婧、郭沛：《再议农户信贷需求及其信贷可得性》，《农业经济问题》2018 年第 2 期。

Abstract

In 2022, China's agriculture and rural economy have played a significant supporting role. The value added of the primary industry was 8834. 5 billion Yuan, a real increase of 4. 1 percent over the previous year, and its contribution to GDP growth rate was 9. 9 percent, an increase of 3. 2 percentage points over 2021. The growth of the primary industry led to a real GDP growth of 0. 7 percent, an increase of 0. 2 percentage points over the previous year. The investment in fixed assets in the farming, forestry, livestock and fisheries industries increased by 4. 2 percent, the investment in fixed assets in the agricultural and sideline food processing industries increased by 15. 5 percent, and the investment in fixed assets in the food manufacturing industry increased by 13. 7 percent. The retail sales of rural consumer goods reached 5928. 5 billion Yuan, maintaining the same level as the previous year, accounting for up to 13. 5 percent in the proportion of the total, an increase of 0. 1 percentage points compared with the previous year.

In 2022, the production structure of grain crops, oil-bearing crops and cotton crops further optimized. The total output of grain was 686. 52 million tons, an increase of 3. 67 million tons or 0. 5 percent over the previous year. The steady increase in the sown area of grain contributed to the increase in the total output of grain. The annual sown area of grain was 118. 33 million hectares, an increase of 0. 70 million hectares or 0. 6 percent over the previous year. Significant results have been achieved in the expansion of the sown area of soybean. The annual sown area of soybean was 10. 24 million hectares, an increase of 1. 83 million hectares or 21. 7 percent over the previous year. The total output of soybean reached 20. 28 million tons, an increase of 3. 88 million tons, up by 23. 7 percent.

In 2022, the total output of oil-bearing crops and cotton increased to varying degrees. The annual output of oil-bearing crops was 36. 53 million tons, an increase of 0. 41 million tons, up by 1. 1 percent over the previous year. The output of cotton was 5. 98 million tons, an increase of 0. 25 million tons, up by 4. 3 percent over the previous year.

In 2022, the total output of meat, poultry, eggs, milk and aquatic products generally increased in a steady manner. The annual output of pork, beef, mutton and poultry was 92. 27 million tons, an increase of 3. 4 million tons, up by 3. 8 percent over the previous year. Among them, the output of pork was 55. 41 million tons, an increase of 2. 45 million tons, up by 4. 6 percent over the previous year. The output of beef was 7. 18 million tons, an increase of 0. 2 million tons, up by 3. 0 percent over the previous year. The output of mutton was 5. 25 million tons, an increase of 0. 11 million tons, up by 2. 0 percent over the previous year. The output of poultry meat was 24. 43 million tons, an increase of 0. 63 million tons, up by 2. 6 percent over the previous year. The output of aquatic products was 68. 69 million tons, an increase of 1. 79 million tons, up by 2. 7 percent over the previous year. Of this total, the output of cultured aquatic products was 55. 68 million tons, an increase of 1. 74 million tons, up by 3. 2 percent.

In 2022, the total value of imports and exports of agricultural products further increased. The total value of imports and exports of agricultural products for the year was 334. 3 billion U. S. dollars, an increase of 30. 2 billion U. S. dollars, up by 9. 9 percent over the previous year. Among them, the total value of exports of agricultural products reached 98. 3 billion U. S. dollars, an increase of 13. 9 billion U. S. dollars, up by 16. 5 percent. The total value of imports of agricultural products reached 236. 1 billion U. S. dollars, an increase of 16. 2 billion U. S. dollars, up by 7. 4 percent. The trade deficit in imports and exports of agricultural products was 137. 8 billion U. S. dollars, an increase of 2. 3 billion U. S. dollars, up by 1. 7 percent over the previous year.

In 2022, the total volume of imports of most agricultural products decreased significantly. The annual volume of imports of grain was 146. 87 million tons, a decrease of 17. 67 million tons, down by 10. 7 percent over that of the previous year. The annual volume of imports of edible vegetable oil decreased to 6. 48 million tons, a decrease of 3. 91 million tons, down by 37. 6 percent over that of the previous year. The annual volume of imports of cotton was 1. 94 million tons, a decrease of 0. 21 million tons, down by 9. 8 percent over that of the previous year. The annual volume of imports of meat (including offal) was 7. 4 million tons, a decrease of 1. 98 million tons, down by 21. 0 percent compared with that in 2021. Among them, the annual volume of imports of pork was 1. 76 million tons, a decrease of 1. 95 million tons, down by 52. 6 percent over that of the previous year.

In 2022, The overall fluctuation range of agricultural products and food prices was relatively small. The producer prices for farm products grew up by 0. 4 percent over the previous year, while the consumer prices for food grew up by 2. 8 percent. Although the producer prices for farm products and the consumer prices for food were generally stable or fluctuated slightly, structural differences were significant. Owing to the structural fluctuations of the consumer prices for food, the nominal growth rate of consumption expenditure for food, tobacco and alcohol was not only greater than that of the consumer prices, but also greater than that of the per capita consumption expenditure of residents. The nationwide per capita consumption expenditure of residents for food, tobacco and alcohol was 7481 Yuan, an increase of 4. 2 percent over the previous year, 2. 2 percentage points higher than the consumer price index of residents, and 2. 4 percentage points higher than the growth rate of the per capita consumption expenditure, further leading to a rise in the Engel's coefficient of residents. The Engel's coefficient of residents was 30. 5 percent, an increase of 0. 7 percentage points over the previous year.

In 2022, the income growth rate of rural residents was higher than the economic growth rate. The annual per capita disposable income of rural residents was 20133 Yuan, a real growth of 4. 2 percent, 5. 5 percentage points lower than that of 2021. Despite the fact that the actual growth rate of per capita disposable income of rural residents significantly decreased, it remained 1. 2 percentage points higher than the actual growth rate of GDP. Wage income still contributed the most to the increase of rural residents' income. The per capita wage income of rural residents was 8449 Yuan, an increase of 6.2 percent, contributing 40.9 percent to the increase in rural residents' income. The contribution rate of rural residents' per capita net operating income to rural residents' income growth significantly increased, with the per capita net operating income of rural residents reaching 6972 Yuan, an increase of 6.2 percent. The contribution rate of rural residents' per capita net operating income to rural residents' income growth rose to 33.7 percent, 6.6 percentage points higher than that of 2021. The income distribution pattern between urban and rural residents further improved. In 2022, the annual growth rate of per capita disposable income of rural residents was 2.3 percentage points higher than the actual growth rate of per capita disposable income of urban residents, and the income ratio between urban and rural residents was 2.45, a decrease of 0.05 percentage points compared to the previous year.

It is projected that in 2023, there will be a significant increase in favorable factors for promoting rational operation and a high-quality development of China's agriculture and rural economy, although uncertainties in the international environment remain. The overall development of the farming, forestry, livestock and fisheries industries will maintain a good momentum, and rural consumption and rural investment will both increase. The prices for key agricultural products will remain within a reasonable range, and their supporting roles for the development and stability of China's economy and society will remain prominent. It is predicted that the value added of the primary industry will exceed 9 trillion Yuan in 2023, an increase of 4 percent. The total output of grain will likely exceed 690 million tons, among which the output of corn will probably reach 290 million tons and the output of soybean will likely exceed 21 million tons. The production structure of grain will be further optimized. The total output of pork, beef, mutton and poultry will likely reach nearly 95 million tons. The total value of imports and exports of agricultural goods will exceed 350 billion U.S. dollars, among which the total value of exports of agricultural goods will exceed 100 billion U.S. dollars, and the total value of imports of agricultural goods will exceed 250 billion U.S. dollars. The volume of imports of major agricultural goods will continue growing. The overall fluctuation range of agricultural products and food prices will remain limited, but the structural fluctuations and short-term fluctuations will continue. The producer prices for farm products will fall by about 3 percent, and the consumer prices for food will rise by about 3 percent. The per capita disposable income of rural residents will increase to about 22000 Yuan, an increase of about 10 percent. The income ratio between urban and rural residents will further decrease to 2.40, a decrease of 0.05 compared with 2022.

Keywords: Agriculture and Rural Economy; Supply of Agricultural Products; Agricultural Powerful Country; High-quality Development

Contents

I General Report

Abstract: In 2022, agriculture and rural economy effectively supported the development and stability of China's economy and society. The value added of the primary industry was 8. 8 trillion Yuan, up by 4. 1 percent over the previous year, contributing 9. 9 percent to the real GDP growth. The investment in fixed assets in the agricultural and sideline food processing industries increased by 15. 5 percent. The total retail sales of consumer goods in rural areas reached 5. 9 trillion Yuan, maintaining the same level as the previous year, accounting for an increase of 0. 1 percent in the proportion of the whole society. The total output of grain was 686. 52 million tons, an increase of 3. 67 million tons over the previous year. Among them, the output of soybean was 20. 28 million tons, an increase of 3. 88 million tons. The steady increase in the sown area of grain contributed to the increase in the total output of grain. The annual sown area of grain was 118. 33 million hectares, an increase of 0. 70 million hectares over the previous year. The total output of pork, beef, mutton and poultry in 2022 was 92. 27 million tons, an increase of 3. 4 million tons, among which the output of pork was 55. 41 million tons, an increase of 2. 45 million tons. The import volume of major agricultural products such as grain crops, oil-bearing crops and meat decreased significantly. However, the total value of imports and exports of agricultural goods in 2022 was 334. 3 billion U. S. dollars, an increase of 30. 2 billion U. S. dollars compared with that in 2021. The overall fluctuation range of agricultural products and food prices was relatively small, and producer prices for farm products grew up by 0. 4 percent compared with that in the previous year. The market price of corn was beneficial to farmers' income growth. The consumer prices for food went up by 2. 8 percent over last year. It is projected that in 2023, China will have favorable conditions for the development of agriculture and rural economy, showing a trend of a high-quality development. The value added of the primary industry will exceed 9 trillion Yuan. The total output of grain will likely reach 690 million tons, among which the output of soybean will probably reach 21 million tons. The total output of pork, beef, mutton and poultry will reach nearly 100 million tons. The total value of imports and exports of agricultural goods will exceed 350 billion U. S. dollars. The producer prices for farm products will fall by around 3 percent, while the consumer prices will rise by around 3 percent. The structural and short-term fluctuations in agricultural products and food prices will continue. The per capita disposable income of rural households will reach 22000 Yuan, and the urban-rural per capita disposable income ratio is likely to decrease to 2. 4. The income distribution pattern among rural households will be improved.

Keywords: Agriculture and Rural Economy; Agricultural Production; International Trade in Agricultural Product; Agricultural Product Price; Farmer's Income

Ⅱ Special Reports

Abstract: In 2022, the per capita disposable income of China's rural residents reached 20133 Yuan, exceeding 20000 Yuan for the first time, with a nominal increase of 6. 3 percent over the previous year, and a real increase of 4. 2 percent after deducting price factors. Affected by multiple factors such as the pandemic, the nominal growth rate and actual growth rate decreased by 4. 2 and 5. 5 percentage points, respectively, compared to the previous year. The income growth of rural residents was faster than that of urban residents, and the income gap between urban and rural residents continued to narrow. In terms of income structure, the year-on-year growth rate of all the four items of income revenues reached over 6. 0 percent, achieving a stable growth overall. The per capita consumption expenditure of rural residents was 16632 Yuan, a nominal increase of 4. 5 percent and a real increase of 2. 5 percent after deducting price factors. The basic life consumption expenditure increased rapidly with an effective guarantee of basic livelihood. In 2022, the Engel's coefficient of rural residents was 33. 0 percent, with a slight increase compared to the previous year, while the proportion of service consumption expenditure in consumption expenditure decreased.

Keywords: Income of Rural Resident; Consumption Expenditure; Service Consumption Expenditure

Abstract: In 2022, China's agricultural production overcame the impacts of the Covid-19 and disasters and operated smoothly on the whole. The total output of grain was 686. 5 million tons, achieving an increase in production and a bumper harvest. The production of pigs was stable, the production of beef and mutton increased steadily, and the supply of meat, poultry, eggs and milk was sufficient. The prices for major agricultural products remained basically stable, while the prices for corn, wheat and soybeans increased at high levels, and the price for pigs generally decreased.

Keywords: Agricultural Production; Output of Grain; Pig Production; Agricultural Product Price

G.4 The Development of the Farming Industry in 2022 and Prospects for 2023

Zhang Ruijuan / 068

Abstract: In 2022, the total sown area of grain crops has further increased, with the total output stabilizing at over 650 million tons for eight consecutive years. Among them, the total output of wheat and maize increased slightly compared to 2021, the total output of rice and potato decreased, while the output of soybeans increased by 19.58 percent. In 2022, the prices for wheat and maize increased significantly. The sown area of cotton slightly decreased, but the unit yield and total output increased significantly. The industrial pattern of "moving cotton from the East to the West" has been formed. In 2022, the sown area of oil-bearing crops increased slightly by 0.31 percent, the unit yield increased by 1.11 percent, and the price for oil-bearing crops increased by 12.7 percent. The sown area of sugar crops increased by 0.68 percent, with a slight decrease in output compared to the previous year. China's grain imports decreased by 18.60 percent compared to the previous year, while China's imports of various types of edible vegetable oils significantly decreased, with soybean oil imports falling by 69.30 percent. It is predicted that in 2023, the output of grain crops will further increase steadily, the output of soybeans, oil-bearing crops and sugar crops will further increase, while the price for wheat will increase slightly, and the price for oil-bearing crops and sugar crops will decline. The overall import pressure of the farming industry will remain high, and the volume of exports of high-quality domestic soybeans will increase.

Keywords: Grain Crop; Cash Crop; Production in the Farming Industry; Trade in Farm and Food Product; Market in the Farming Industry

G.5 The Development of the Forestry Industry in 2022 and Prospects for 2023

Zhao Hailan / 089

Abstract: In 2022, China's forestry investment scale increased slightly, with a slight increase in the nationwide afforested area. The total forestry output value was 8.04 trillion Yuan, a decrease compared with the previous year, and the domestic timber production decreased. The trade value of forest products was 191 billion U. S. dollars, of which wood forest products accounted for 67.77 percent. The main imported forest products were wood pulp, logs, sawn timber and paper products. The volume of imports of wood pulp decreased but its import value increased. The imports of logs, sawn timber and paper products all decreased. The main exported forest products were paper products and wooden furniture. The exports of paper products increased while the exports of wooden furniture decreased. The domestic market of forest products has further shrunk, with an obvious state of market differentiation. In 2023, China's afforestation area will decrease slightly, and the proportion of the forestry tertiary industry will further increase. The import and export trade of forest products will further increase, and the export situation of forest products will improve further. The recovery of the domestic forest products market will accelerate, and the prices for wood products will tend to stabilize.

Keywords: Forestry Production; Forest Products Market; Forest Products Trade

G.6 The Development of the Livestock Industry in 2022 and Prospects for 2023

Abstract: In 2022, the output of livestock products achieved a steady growth, with a significant increase in the output of milk and pork by 6.8 percent and 4.6 percent, respectively, compared to the previous year. The total volume of imports of pork, mutton, poultry meat and dairy products decreased to varying degrees, with declines of 52.6 percent, 12.8 percent, 16.2 percent and 16.3 percent, respectively. The imports of beef increased significantly by 15.3 percent. The overall production of pigs remained stable with smaller price fluctuations in pork. Chicken prices increased significantly, while the prices for beef, mutton, and raw milk remained relatively stable. In 2022, the benefits of pig breeding fluctuated, while the profitability of dairy farming demonstrated an overall downward trend. In 2023, with the rapid recovery of domestic demand for livestock products and the steady progress of a high-quality development of animal husbandry, the overall supply and demand situation for livestock products will be relatively relaxed, and demand recovery and growth will become a critical driving force for promoting the industry's development. It is expected that the overall supply of live pigs will increase steadily, and the supply stability will significantly improve. The production of cattle and sheep industries will further develop, resulting in a steady increase in the supply capacity of beef and mutton, and prices will fluctuate at high levels. Poultry meat production will increase, with a strong demand that supports its prices. The consumer demand for dairy products is set to recover, breeding costs are expected to remain high, resulting in a slight increase in dairy imports.

Keywords: Livestock Product; Livestock Industry; High-quality Development; Price Fluctuation

Abstract: In 2022, benefited from the normalization of Covid-19 pandemic prevention and control, the spillover effects of social and economic development, and the green and high-quality development policies of the industry, the overall operation of the fishery economy has made a steady progress. In terms of fishery production, the output of aquatic products continued to increase to 68.69 million tons, with a growth rate of 2.67 percent, expanding for four consecutive years. The proportion of aquaculture production in total output increased to 81.06 percent. The effectiveness of resources conservation policies over the years has shown initial signs, and the growth rate of capture yield has changed from negative to positive since 2016. In terms of the market, the aquatic products market was not optimistic due to the repeated Covid-19 pandemic in major marketing areas and major production areas, as well as the difficulties in recruitment and market suspension. The trading volume and trading value of aquatic products decreased by 11.27 percent and 7.21 percent, respectively. In terms of international trade, mainly benefiting from the trade facilitation of frozen food imports, the rapid growth of imports of aquatic products has driven the trading volume and trading value of aquatic products to 8.24 million tons and 46.71 billion U.S. dollars, respectively, with the corresponding growth rate of 11.65 percent and 17.01 percent. China's international trade in aquatic products experienced a deficit for the first time, with a net import value of 690 million U.S. dollars. In 2023, the macro environment for the operation of China's fishery economy, especially the closely related catering and tourism industries, will be comprehensively improved, and fishery production will maintain a steady and positive momentum. It is predicted that the output of aquatic products will increase to about 69.5 million tons, an increase of about 1.2 percent. The recovery and release of growth in aquatic products consumption will be conducive to market trading activities, with slight fluctuations and slight increases in aquatic product prices. The total trading value of aquatic products trade is expected to reach 50 billion U.S. dollars, an increase of 7 percent, and the trade deficit tends to grow slightly.

Keywords: Fishery Economy; Output of Aquatic Product; Aquaculture; Aquatic Products Market; Aquatic Products Trade

G.8 The Opening-up and Foreign Trade of China's Agriculture in 2022 and Prospects for 2023

Abstract: In 2022, affected by the previous U.S. dollar monetary easing policies, the adverse factors such as the conflict between Russia and Ukraine, extreme weather, and the Covid-19 pandemic, global agricultural product prices rose significantly, and mankind has experienced the most serious food crisis since World War II. In this context, as the world's largest importer of agricultural products, China has also experienced a process of volume reduction and increase, bearing additional trade costs. Moreover, China's trade deficit in agricultural products continued to increase in 2022. In 2023, with the continued withdrawal of the quantitative easing monetary policies of the United States and the negative impacts of the conflict between Russia and Ukraine, the global grain supply and demand pattern will be eased, and the global agricultural product prices will continue with a downward trend.

Keywords: Agricultural Product Trade; Agricultural Opening-up; Agricultural Product Price; Grain Supply and Demand

Ⅲ Key Issues

Abstract: The security of food crop seed supply is an important basis for ensuring national food security. This report calculates the seed self-sufficiency rates of three major food crops under different constraints based on historical dimensional data and an analysis of the basic characteristics of food crop seed supply and demand, import and export, national reserves and enterprise stocks, as well as market prices. The results show that the self-sufficiency rates of hybrid rice, conventional rice, maize and wheat in China are all at high levels, with the lowest self-sufficiency rates of the four crops since 2013 being 119.9 percent, 105.3 percent, 110.6 percent and 132.5 percent, respectively. However, China's seed supply still suffers from a wide range of seed varieties and serious homogenization of the same strains in the mid-range, resulting in a shortage of high-quality varieties in supply. Seed production areas are relatively concentrated and highly susceptible to extreme climate impacts. The separation between seed production areas and seed use areas is remote and the circulation pressure is high. The costs of seed production continue to rise, and the income of seed production enterprises and farmers decreases. It is difficult to predict market conditions in seed production plans, resulting in inventory surplus or out of stock. In order to improve the seed supply capacity, China should take market-oriented measures to increase the supply of high-quality seeds, enhance the emergency security capacity for seed supply, improve the modern technology level of seed production, reduce seed production costs, and encourage enterprises to expand foreign seed production markets.

Keywords: Seed Supply Security; Food Security; Seed Supply Rate; Seed Quality

G.10 Establishing a Diversified Food Supply System: Mechanisms, Challenges and Recommendations

Abstract: The policy of restricting the use of cultivated land cannot fully offset the potential benefits created by the upgrading of food consumption patterns, so the problem of "non-agriculturalization" and "non-graining" of cultivated land remains prominent. A diversified food supply system is part of a new direction of agricultural supply-side reform under the integration of cultivated land utilization priorities. Under the premise of ensuring food security, the construction of a diversified food supply system requires the government to implement market-oriented methods to encourage food production and circulation units to adjust their production and management decisions. In particular, it is necessary to reduce the production costs of uncultivated land resources, the information costs of food circulation and import trade, and the institutional costs of food supply policies. The construction of a diversified food supply system faces a number of challenges including the limited space for the overall planning of food crops, cash crops and feed crops, a yet-to-be improved environment for developing forestry, livestock and fisheries, the insufficient utilization of the advantages of different food production modes, a low efficiency of food circulation channels, and the oligopoly pattern of soybean imports. Finally, this report proposes a number of policy recommendations, namely, to optimize farmland use control and improve comprehensive food production capacity to coordinate agricultural cultivation, to reduce the marginal costs of forestry, animal husbandry and fishery production on non-arable land, to formulate differentiated programs for the integration of primary, secondary and tertiary industries, to promote the development of data service industries in the food circulation sector, and to optimize the international supply chain pattern of soybeans.

Keywords: Diversified Food Supply System; Big Food Concept; Land and Resource

Abstract: Developing new rural collective economy and modernizing the collective economy is an important way to realize rural revitalization and common prosperity. In the process of steadily promoting the reform of rural collective property rights system, the development of rural collective economy has achieved phased results and created foundations for the development of new rural collective economy. At present, the development of rural collective economy is in an important strategic opportunity period. During the period of deepening rural reforms and promoting an integrated development of urban and rural areas, the compatibility of collective economy and market economy remains challenging. The new rural collective economy which can be categorized in business-oriented and service-oriented types has been facing several organizational and institutional challenges in realizing clear property rights, rational governance structure, sound operation mode and reasonable income distribution. In order to promote a high-quality development of new rural collective economy under the conditions of socialist market economy and enhance the market competitiveness of rural collective economy, it is necessary to further improve the governance mechanisms of collective economic organizations and their interest linkage mechanisms, promote a sustainable development of rural collective economy and explore new models and paths to enlarge space for its transformation and the realization of common prosperity in rural areas.

Keywords: New Rural Collective Economy; Business-oriented Collective Economy; Service-oriented Collective Economy; Market Economy

G.12 The Current Situations and Institutional Innovations of Rural Land Value-added Income Distribution in China

Li Dengwang / 219

Abstract: With the continuous deepening of the rural land system reform, the distribution mechanisms of rural land value-added income in China have been improved, and the distribution patterns of rural land value-added income have been continuously optimized. The scope of rural land expropriation has been significantly reduced, the compensation standards for expropriation has been largely improved. The entry of collectively operated construction land into the market has gradually become large-scale, and the proportion of value-added income of village collectives and their members has been increased significantly. However, there is still room for improving an effective adjustment mechanism for value-added income that takes into account the interests of the state, village collectives and farmers. In the future, China should continue to carry out innovative explorations such as the coordination of value-added benefits between the state and village collectives, the sharing of value-added benefits within village collectives, the coordination of value-added benefits among village collectives, and the construction of relevant supporting systems.

Keywords: Value-added Income from Rural Land; Distribution Mechanism; Rural Land

G.13 Benefit Compensation in Major Grain-producing Areas: The Situation, Effects and Institutional Innovations

Abstract: Grain production security is the cornerstone of national development, and major grain-producing areas have made great contributions to ensuring national food security. China has been implementing three types of compensation policies for major grain-producing areas, including support for the development of the grain industry, subsidies for major grain-producing counties, and financial and public service support. From the perspective of compensation, the total scale of support funds received by major grain-producing areas is larger, but the support intensity enjoyed by unit grain output or unit cultivated land area is generally lower compared to non-major grain-producing areas. The gap between the two areas in financial and public service support policies continues to narrow, while the gap in grain industry development support policies continues to expand. Under the current compensation framework, productivity and efficiency of grain production have achieved synchronous improvement in major grain-producing areas, accompanied by larger grain factories, rapid growth in per capita disposable income of rural residents and improved total revenue of local budget. However, there are still some challenges ahead, such as limited compensation funds, poor incentive effects and a lack of diversities in compensation methods. To solve these problems, the report proposes a number of institutional innovations, including expanding the scale of financial transfer payments, supplementing the responsibility sharing mechanism for non-major grain-producing areas, and introducing social capital to invest in the development of the grain industry in major grain-producing areas.

Keyword: Major Grain-producing Area; Benefit Compensation; Grain Industry

G.14 The Abandonment of Farmland in China: Current Situations, Causes and Strategies

Li Tingting, Liu Changquan / 254

Abstract: The abandonment of farmland not only causes a great waste of land resources, but also poses a certain threat to China's food security. This report finds that since the 21st century, the phenomenon of farmland abandonment has been widespread in China, with the abandonment rate fluctuating around 5.86 percent. The phenomenon of farmland abandonment is most serious when the farmland becomes finer and the slope is greater than 15°. However, China's farmland abandonment has also shifted from high altitude to low altitude areas. In addition, the spatial transfer and regional differences of farmland abandonment in China have brought about several prominent issues. The shift of the center of gravity of farmland abandonment to the southern China and the dislocation of the spatial distribution of water resources with more in the south and less in the north will exacerbate the water soil imbalance. The abandonment of farmland in the grain production and consuming balance areas and the major grain-consuming areas has further increased the pressure on China to achieve its grain self-sufficiency strategy. The abandonment rate of the supplementary farmland is always higher than that of the original farmland, which affects the implementation effect of the farmland occupation and compensation balance policies. The main incentives for the abandonment of farmland in China include low agricultural comparative benefits, poor land circulation mechanisms, and the strategy of supplementing farmland with inferior land. The report proposes to take multiple measures to improve agricultural comparative income and solve the problem of agricultural human capital shortage, break through barriers such as high rent, difficulties in transferring out, and land system constraints. Moreover, there is a need to improve the "party and government responsibility" supervision mechanism for farmland protection and food security.

Keywords: Abandonment of Farmland; Land Resource; Food Security

Abstract: Building a beautiful and harmonious countryside that is desirable to live and work in is a new requirement proposed by the Central Committee of the Communist Party of China (CPC) for rural construction during the transition period from a comprehensive well-off society to common prosperity. Its connotation consists of three keywords. It is to promote agricultural modernization and rural modernization as a whole and realize comprehensive improvement of rural areas. The goal of building a beautiful and harmonious countryside that is desirable to live and work in is to make the countryside basically equipped with modern living conditions. The main content is to coordinate the layout of rural infrastructure and public services, improve the completeness of rural infrastructure, convenience of public services, and comfort of living environment, so that farmers can enjoy a modern civilized life on the spot. The pathways to build a livable, business-friendly, and beautiful countryside is to accelerate the improvement of rural public service facilities, continue to promote the modernization of rural governance, build a system and mechanism for urban-rural integrated development, and take the lead in breaking the urban-rural dual structure and achieving urban-rural integrated development at the county level.

Keywords: Rural modernization; Being Desirable to Live and Work in; Beautiful and Harmonious Countryside; Urban-rural Integration; Rural Construction

Abstract: Improving rural financial service system is an important part of enhancing high-quality rural financial supply, which is of great significance for strengthening rural revitalization of financial services. China has basically built a multi-level and widely covered rural financial organization system, product system and financial infrastructure system. However, along with the economic development, China's rural financial needs have changed greatly, and the existing rural financial service system still has room for improvement, resulting in difficulties in matching the financial needs of rural economic and social development at a high level. In the context of rural revitalization, it is necessary to further deepen the reform of rural financial service system by starting with the organizational system, product system and policy guarantee system, develop the rural financial service organizational system in a balanced way, innovate the rural financial product system in a targeted way, and improve the financial infrastructure system to improve the ability of financial service to rural revitalization.

Keywords: Rural Financial Service System; Financial Demand; Rural Revitalization

S 基本子库
UB DATABASE

中国社会发展数据库（下设 12 个专题子库）

紧扣人口、政治、外交、法律、教育、医疗卫生、资源环境等 12 个社会发展领域的前沿和热点，全面整合专业著作、智库报告、学术资讯、调研数据等类型资源，帮助用户追踪中国社会发展动态、研究社会发展战略与政策、了解社会热点问题、分析社会发展趋势。

中国经济发展数据库（下设 12 专题子库）

内容涵盖宏观经济、产业经济、工业经济、农业经济、财政金融、房地产经济、城市经济、商业贸易等 12 个重点经济领域，为把握经济运行态势、洞察经济发展规律、研判经济发展趋势、进行经济调控决策提供参考和依据。

中国行业发展数据库（下设 17 个专题子库）

以中国国民经济行业分类为依据，覆盖金融业、旅游业、交通运输业、能源矿产业、制造业等 100 多个行业，跟踪分析国民经济相关行业市场运行状况和政策导向，汇集行业发展前沿资讯，为投资、从业及各种经济决策提供理论支撑和实践指导。

中国区域发展数据库（下设 4 个专题子库）

对中国特定区域内的经济、社会、文化等领域现状与发展情况进行深度分析和预测，涉及省级行政区、城市群、城市、农村等不同维度，研究层级至县及县以下行政区，为学者研究地方经济社会宏观态势、经验模式、发展案例提供支撑，为地方政府决策提供参考。

中国文化传媒数据库（下设 18 个专题子库）

内容覆盖文化产业、新闻传播、电影娱乐、文学艺术、群众文化、图书情报等 18 个重点研究领域，聚焦文化传媒领域发展前沿、热点话题、行业实践，服务用户的教学科研、文化投资、企业规划等需要。

世界经济与国际关系数据库（下设 6 个专题子库）

整合世界经济、国际政治、世界文化与科技、全球性问题、国际组织与国际法、区域研究 6 大领域研究成果，对世界经济形势、国际形势进行连续性深度分析，对年度热点问题进行专题解读，为研判全球发展趋势提供事实和数据支持。